Shirley Everett · Lisa Carlone Steindorf

Frieden lernen®

Widmungen

Für Jennifer, Natalie und Quinn, meine Kinder, die das größte Geschenk in meinem Leben sind.

Shirley Everett

Für Dominik Tyler und Leah Lorén, meine Lehrmeister und mein größtes Glück. Mit dankbarem Herzen für das göttliche Licht, das in uns allen scheint.

Lisa Carlone Steindorf

Shirley Everett
Lisa Carlone Steindorf

Frieden lernen®
Das Praxishandbuch für ein
positives Schulklima

Aus dem Amerikanischen von
Regina Erich und Sigrid Janssen

Cornelsen
SCRIPTOR

 http://www.cornelsen.de

Bibliografische Information: Die Deutsche Bibliothek verzeichnet diese Publikation in der Deutschen Nationalbibliografie; detaillierte bibliografische Daten sind im Internet über http://dnb.ddb.de abrufbar.

Dieses Werk berücksichtigt die Regeln der reformierten Rechtschreibung und Zeichensetzung.

5.	4.	3.	2.	1.	Die letzten Ziffern bezeichnen
08	07	06	05	04	Zahl und Jahr der Auflage.

© 2004 Cornelsen Verlag Scriptor GmbH & Co. KG, Berlin
Das Werk und seine Teile sind urheberrechtlich geschützt. Jede Nutzung in anderen als den gesetzlich zugelassenen Fällen bedarf deshalb der vorherigen schriftlichen Einwilligung des Verlags.
„Frieden lernen"® wurde für Lisa Steindorf als Gemeinschaftsmarke angemeldet.
Hinweis zu § 52a UrhG: Weder das Werk noch seine Teile dürfen ohne eine solche Einwilligung eingescannt und in ein Netzwerk eingestellt werden. Dies gilt auch für Intranets von Schulen und sonstigen Bildungseinrichtungen.
Redaktion: Marion Clausen, Göttingen
Herstellung: Brigitte Bredow, Berlin
Satz: FROMM MediaDesign GmbH, Selters im Taunus
Umschlagentwurf: Bauer + Möhring, Berlin
Druck und Bindearbeiten: Clausen und Bosse, Leck
Printed in Germany
ISBN 3-589-21890-8
Bestellnummer 218908

 Gedruckt auf säurefreiem Papier,
umweltschonend hergestellt aus chlorfrei gebleichten Faserstoffen.

Inhalt

Vorwort 11

Einführung 16
Was ist Friedenserziehung? 18
Auf dem Weg zu einer friedvollen Schule 19
Warum Frieden lernen? 19
Was ist eine friedvolle Schule? 20
Warum brauchen wir friedvolle Schulen? 20
Was ist eine friedvolle Klasse? 22
Warum muss Friedenserziehung in der Schule stattfinden? 22
Die Bausteine des Programms „Frieden lernen" 25
Warum ist „Frieden lernen" einzigartig? 27
Warum ist „Frieden lernen" wirkungsvoll? 28
Was „Frieden lernen" nicht ist 29
Lektionen zu dem Programm 30
Frieden ist... 30
Eine friedvolle Schule 31
Wir sind alle ein Teil des Puzzles 31

1. Baustein: Lebensführung 33
Theorie 33
Die Atmosphäre im Klassenzimmer 34
Innere Ausgeglichenheit und Stille 35
Musik und das Lernumfeld 37
Dankbarkeit und Wertschätzung 38
Wohlwollen und Freundlichkeit 40
Achtung und Anerkennung 42
Verstehen und Akzeptieren von Unterschieden 44
Glück und Zufriedenheit 47
Freundschaft 50
Teamgeist und Fairness 51

Lektionen 56
Der Stille lauschen 56
Ein Set für alle Fälle des Lebens 57
Gestalten eines Friedenshefts 58
Zielvereinbarung 58
Das Motto für den Tag (die Woche) 60
Friedensvertrag 62
Gesprächskreis in der Klasse 63
Dankbarkeit empfinden 64
Dankbarkeit zeigen 64
Buchstaben der Dankbarkeit 65
Freundlichkeit ist 66
Die „Freundlichkeiten-Schachtel" 68
Das Set, um etwas Besonders zu bewirken 68
Achtung ist 71
Oh, Entschuldigung! 72
Die persönliche Wahrnehmung 74
Das Geschenk 75
Aufwertende und abwertende Bemerkungen 77
Lächelwettbewerb 78
Ein Freund ist 80
Formen der Freundschaft 81
Friedensfest 82
Problembewältigung mit einem Freund 83

2. Baustein: Selbstwertgefühl 85
Theorie 85
Selbstbild 86
Eine positive innere Einstellung 91
Fehler als Lernchance 92
Gefühle formulieren 93
Die Kunst des Anerkennens 94
Unsere Wortwahl 96
Hören und Zuhören 99
Lektionen 104
Aus dem Herzen sprechen 104
Was andere uns geben 106
„Wirf einen Kiesel ins Wasser" 107

Die Luft rauslassen 109
Die Macht der Wörter 111
Ich bewirke etwas Besonderes 113
Hoch gesteckte Ziele 114

3. **Baustein: Disziplin und Respekt** 117
   Theorie 117
   Was ist Disziplin? 118
   Aufbau wirksamer Disziplin und Verhaltenskontrolle 122
   Gründe für Problemverhalten bei Kindern 130
   Verhalten ändern 136
   Prävention von Problemverhalten 137
   Verantwortliches Verhalten unterrichten 139
   Zieldefinition als wesentliches Element von Prävention 142
   Lektionen 146
   Rechte und Verantwortung 146
   Verantwortung lernen 147
   Wer ist verantwortlich? 148
   Gemeinsam Regeln finden 150
   Gemeinsam Konsequenzen erarbeiten 151
   Verhalten verändern 152

4. **Baustein: Konfliktlösung und Gewaltprävention** 155
   Theorie 155
   Innensteuerung versus Außensteuerung 156
   Einfühlungsvermögen 157
   Wut und Impulskontrolle 164
   Konfliktbewältigung 167
   Lektionen 173
   Was ist ein Konflikt? 173
   Mit Konflikten umgehen 174
   Meine Sichtweise – deine Sichtweise 175
   Wie fühlen sich Gefühle an? 176
   Wut untersuchen 178
   Mit Wut umgehen 179
   Wenn ich an deiner Stelle wäre 180
   Aktives Zuhören 182
   „Ich" hier, „Du" dort 184

Der Sprech-Stab 186
Verschiedene Reaktionsweisen 188
Vorwürfe und Anschuldigungen beseitigen 191
Probleme lösen 191
Einen Konflikt friedlich bewältigen 192

5. **Baustein: Umgang mit Schikane** 195
   Theorie 195
   Schikane und ihre Auswirkungen 196
   Strategien im Umgang mit Schikane 197
   Lektionen 202
   Was ist Schikane? 202
   Schikane tut weh 204
   Was kann ich bei Schikane tun? 205
   Schikane mit Selbstvertrauen entgegentreten 206
   Über Schikane informieren 208
   Schikane beenden – die Rolle des Zeugen 211
   Unfaires und aggressives Verhalten positiv beeinflussen 213

6. **Baustein: Mitschüler-Mediation** 215
   Theorie 215
   Die fünf Schritte einer Mediationssitzung 219

Umsetzung und Auswertung 223
   Beispiel für einen Umsetzungsplan 223
   Auswertung des Programms „Frieden lernen" 231

Schlussbemerkung 234

Anhang 235
   Kopiervorlagen 236
   Die Friedenstaube 236
   Was ist eine friedvolle Schule –
   was ist ein friedvolles Klassenzimmer? 237
   Warum brauchen wir eine friedvolle Schule? 238
   Der Verstand der Gans 239
   Set für alle Fälle des Lebens 240
   Friedensvertrag 241

Ein Lächeln geschenkt 242

Fragebogen zum Thema Freundschaft 243

Button „Etwas Besonderes bewirken" 244

Schülerrechte und Schülerverantwortung 245

Verantwortung lernen 246

Eine gute Regel ist 248

Welche Konsequenzen? 249

Verhaltensweisen umkehren:
Aus negativem Verhalten wird positives Verhalten 250

Schüler-Vertrag 251

Gefühle 252

Von Wut erzählen 253

Wenn ich wütend bin 254

Rollenspiele – Umgang mit Gefühlen 255

Verschiedene Sichtweisen 256

Rollenspiele – Verschiedene Sichtweisen 257

Beobachtungsbogen Rollenspiel 258

Aufmerksames Zuhören 259

Unaufmerksames Zuhören 260

Mit anderen sprechen 261

Rollenspiele – Aufmerksames Zuhören 262

Ich-Botschaften 263

Rollenspiele – Ich-Botschaften 264

Verschiedene Reaktionsweisen 265

Selbstbehauptung 266

Rollenspiele – Selbstbehauptung 267

Ein Problem lösen 268

Einen Konflikt friedvoll lösen 269

Rollenspiele – Einen Konflikt friedvoll lösen 270

Konfliktlösung 271

Schikane 272

Schikane oder nicht? 273

Interview: Welche Erfahrungen hast du mit Schikane? 274

Was kann ich bei Schikane tun? 275

Sicher oder gefährlich? 276

Gegen Schikane: allein oder mit Hilfe? 277

Mit Selbstvertrauen gegen Schikane 279

Was ist Petzen? – Was ist eine Mitteilung? 281

Mitteilung von Schikane 282

Rollenspiele – Mitteilung von Schikane 283

Jeder ist verantwortlich 284

Warum manche Menschen Schikane ausüben 285

Literaturverzeichnis 286

Vorwort

Vor einigen Jahren betrat ich wieder ein Klassenzimmer, diesmal als Vertretungslehrerin an einer deutschen Schule. Ich hatte seit Jahren nicht mehr unterrichtet. Die Erziehung unserer Kinder hatte dafür gesorgt, dass ich meine Aufgaben in die häusliche Umgebung verlegte – eine Erziehung anderer Art. Obwohl ich mein Bestes tat, um mit der mir neuen Gruppe von Kindern zusammenzuarbeiten und die Inhalte meines Unterrichts zu vermitteln, war ich ständig mit Verhaltensproblemen beschäftigt. Kinder, die umherliefen, wenn ihnen eine Aufgabe übertragen worden war, die andere schlugen, wenn sie es für angebracht hielten; Schüler, die ihre Bleistifte als Waffen und nicht als Schreibwerkzeug benutzten, und verbale Angriffe waren einige der auftretenden Störungen.

Sie finden, das ist ein normaler Arbeitstag? Die Erinnerungen an meine eigene Schulzeit, als Respekt und Höflichkeit im Klassenzimmer vorherrschten, waren schnell überschattet. Heutzutage wird man weder als Erwachsener respektiert noch dann, wenn man es sich redlich verdient hat. Respekt ist heute zumeist kein Begriff, der von jungen Leuten wirklich verstanden wird.

Es war also klar, dass sich vieles seit meiner eigenen Schulzeit nicht nur drastisch verändert hatte, sondern dass die Veränderungen das Lernumfeld störten und den Lernprozess behinderten. Das waren keine wünschenswerten Arbeitsbedingungen für einen Lehrer und vor allem nicht das, was ich mir für meine eigenen Kinder als Lernerfahrung vorstellte. Was aber konnte getan werden?

Heute begreifen die meisten Kinder nicht, dass das Lernen ein wesentlicher Teil des Lebens ist. Wohlstand und ein bequemeres Leben für die meisten Familien haben viele Vorteile gebracht. Doch die Notwendigkeit einer guten Erziehung, eines sinnvollen Berufs, eines regelmäßigen Einkommens und einer guten Arbeitsleistung stehen heute nicht im Mittelpunkt. Die Folge ist ein Mangel an Motivation und eine vorherrschende Einstellung nach dem Motto: „Bedien mich!" Achtung vor sich selbst, vor anderen und unserer Umgebung generell zu haben, ist vielen eine fremde Vorstellung. Klagen und eine negative innere Einstellung scheinen die Regel zu sein. Das Fehlen von anwendbaren sozialen Kompetenzen, um mit Situationen des Lebens und dem eigenen Verhalten umzugehen, ist auffällig.

Ich war überzeugt, dass es ein Programm, ein Konzept geben müsse, das uns helfen könnte, mit den heutigen Bedingungen klarzukommen, – und das den Jugendlichen helfen könnte, einen Weg zu finden, positiv mit ihrem Leben und ihrer Welt umzugehen. Bei der Suche nach einem geeigneten Programm, um die ‚Schwierigkeiten' anzugehen, fand ich Tausende, mehr als 125.000 allein im Internet, die sich mit Gewalt in Schulen der westlichen Welt beschäftigten. Dies war offensichtlich ein Problem, das nicht nur mir Sorgen machte. Mein Ziel war es aber nicht nur, Gewalt und negatives Verhalten zu verhindern, sondern darüber hinaus Kinder und ihre Lehrer dabei zu unterstützen, ein Lernumfeld zu schaffen, in dem gegenseitige Achtung, eine positive innere Einstellung, ein starkes Selbstwertgefühl, Gruppenarbeit und Akzeptanz ohne Beurteilung die Regel und nicht die Ausnahme sind.

Die Suche nach Konzepten zur Vermittlung von Sozialkompetenz und einer positiven inneren Einstellung reduzierte die Auswahl drastisch. Ein Programm, das sich aufgrund seiner Ausführlichkeit und seiner Fokussierung auf Werte und die Betonung des Individuums deutlich von den anderen abhob, war das kanadische Programm „Learning Peace – On the Road to a Peaceful School". Als ich Kontakt mit der Urheberin und Leiterin dieses Programms, Shirley Everett, aufnahm, war es von Anfang an klar, dass sie eine Person ist, die für ihre Überzeugungen einsteht. Mit ihrer mehr als dreißigjährigen Erfahrung als Pädagogin und als Mutter von drei Kindern hat sie nicht nur eine tief greifende Kenntnis der Verhältnisse an Schulen, des Fühlens und Denkens von Jugendlichen und Lehrkräften sowie der sich verschärfenden sozialen Probleme, sondern sie entwickelte und verkörpert auch eine einfühlsame, überzeugende und philanthropische Methode.

Diese vermittelt Erziehern und Kindern, wie sie ein positives, friedvolles, dynamisches Leben als Individuum und in einer Gruppe leben können. Meinen Hintergrund als Pädagogin der Feldenkrais-Methode, alternativer Lehrmethoden und bewusster Verfahren der elterlichen Kindererziehung, meine Kenntnisse der Sprachen sowie der Betriebswirtschaft brachte ich in unsere Partnerschaft ein. Es war eine gelungene Kombination. Geistige Fügung, harte Arbeit und Überzeugung verbinden sich in dem dynamischen und bereichernden Projekt „Frieden lernen".

Der ersten Schulung eines deutschen Kollegiums folgten weitere und schnell würde das Konzept bekannt. Die Einzigartigkeit von „Frieden lernen" und die tragischen Ereignisse in vielen Schulen, insbesondere die Massaker in Columbine/Colorado und in Erfurt, führten zu einer breiten Berichterstattung über das Konzept in Presse, Funk und Fernsehen. Es gab zahlreiche Bitten, unser Konzept für die Fortbildung von Lehrerkollegien in Buchform zu fassen.

Es war dann die außergewöhnlich innovative und zukunftsorientierte Verbindung mit Cornelsen Scriptor und mit der Cornelsen Akademie, die es uns ermöglicht hat, Ihnen diese Arbeit zu präsentieren. Wir hoffen, dass wir Ihnen mit diesem Buch einen Einblick in Wesen und Wirkungsweise von Friedenserziehung und vor allem den Impuls geben können, sich auf den Weg zu einer friedvollen Schule zu machen.

Lisa Carlone Steindorf
Im Frühjahr 2004

Danksagungen

Großartiges ist überall um uns herum und es heißt, man soll sich mit großartigen Menschen umgeben. Ich möchte den folgenden großartigen Menschen danken, die maßgeblich daran beteiligt waren, dass das Buch „Frieden lernen" jetzt vorliegt.

Lisa Steindorf dafür, dass sie immer an mich geglaubt hat, für ihren Sachverstand und ihre Sachkenntnis, für ihr unermüdliches Engagement und ihre Hingabe und für ihren Altruismus ... eine geschätzte Partnerin und wahre Freundin.

Ali O'Donnell für sein immerwährendes Verständnis, seine Unterstützung, seinen Zuspruch und seine beständige Liebe.

Meiner Familie für ihre bedingungslose Liebe und die Unterstützung, die sie mir mein ganzes Leben lang gegeben hat.

Tara Irons für ihr Engagement für dieses Projekt, ihre Sachkenntnis und die endlosen Stunden, die sie mit dem Abschreiben des Manuskripts verbrachte.

All meinen Kollegen und lieben Freunden für ihre Inspiration und ihren Zuspruch während des gesamten Projekts.

Meinen Schülern dafür, dass sie mir gezeigt haben, dass „Frieden" zu leben, etwas Besonderes bewirkt.

Herrn Horst Linder vom Cornelsen Verlag Scriptor für sein Vertrauen in diese Arbeit und seine Hilfe, diesen Traum Wirklichkeit werden zu lassen.

Shirley A. Everett
Halifax, Nova Scotia, Kanada

Nichts, das von Wert ist, wird allein vollbracht, und deshalb möchte ich den folgenden Menschen danken, die mich auf meinem Weg unterstützt und wesentlich dazu beigetragen haben, dass das Konzept und das Buch „Frieden lernen" entstehen konnte:

Detlef Steindorf, meinem besten Freund, dafür, dass wir gemeinsam Frieden gefunden haben.

Melanie Kilmarx für ihre strahlende Präsenz in dieser Welt.

Verena Damm für ihre Sachkenntnis, ihre sprachliche Begabung, ihren Beitrag zu dieser Arbeit und für ihre gute Freundschaft.

Ursula und Christian Büchi für ihre treue Freundschaft und ihren unerschütterlichen Glauben an mich.

Maite Hohenstatt für ihre immerwährende Ruhe und ihren Zuspruch.

Meiner Familie für ihre Liebe und dafür, dass sie mich mit reicher Erfahrung beschenkt hat.

Den vielen Eltern und Lehrern, die sich in der Anfangsphase des Konzeptes in Deutschland mit so viel Elan, Überzeugung und Zeit engagiert haben, besonders Magdalena Gerlach, Jürgen Wenzel, Brigitte Ewering, Gudrun Rehbach, Diana Dimitrov und Marjan Pel. Ohne sie wäre die Idee nie über den großen Teich gekommen.

Herrn Horst Linder vom Cornelsen Verlag Scriptor für seinen Weitblick.

Und vor allem Frau Shirley Everett, meiner Partnerin, Freundin und Lehrmeisterin, deren Warmherzigkeit, wendiger Geist und Entschlossenheit mein Leben bereichern.

Lisa C. Steindorf
Hofheim, Deutschland

Dino Geschichten.

Vor Lange Langer Langer Zeit
Trafen sich zwei Dinos. Da
Sagte Der Eine Dino Du willst
Mir Bestimmt weh tun. Nein
Das will ich Nicht
Doch - Nein - Doch - Nein - Doch -
Diesen Streit Sahen Alle
Dinos. So wurden. Alle Dinos
Agressiv.

Dominik, 6 Jahre alt

Einführung

„Frieden bedeutet nicht Schwäche, und es bedeutet nicht die einfache Abwesenheit von Krieg. Es bedeutet innere Harmonie und starke Individualität, eine vollständige Teilnahme am gemeinschaftlichen Leben, Verantwortung für die Welt und die Verwaltung ihrer Ressourcen. Frieden beinhaltet Respekt vor der Würde und Einzigartigkeit des Menschen, auf der Grundlage, die Rechte für alle zu schützen und zu verteidigen."　　Maria Montessori

Stellen Sie sich vor, Sie besuchen die örtliche Schule. Sie wollen herausfinden, warum diese Schule einen so guten Ruf hat. Während des Unterrichts gehen Sie die Flure entlang, die Türen sind geöffnet. Als Sie in ein Klassenzimmer spähen, um zu schauen, ob auch wirklich Kinder da sind, sehen Sie eine Klasse in einer Stillarbeitsphase. Die Kinder heben die Hand, um Fragen zu stellen, und sprechen höflich mit dem Lehrer und den Mitschülern. Sie beobachten, dass die Schüler sich gegenseitig Hilfe anbieten, wenn jemand Schwierigkeiten mit der Arbeit hat. Es wird leise gelacht und es herrscht eine angenehme, entspannte Stimmung. Sie fragen sich, ob dies ungewöhnliche Kinder sind, und entscheiden, bis zur Pause zu warten. Vermutlich werden sie dann aus dem Klassenzimmer rasen, drängeln und schubsen, um zuerst zur Schaukel zu kommen.

Es läutet und wieder sind Sie erstaunt. Die kraftvolle Energie, die die Kinder ausstrahlen, ist eindeutig spürbar, aber es herrscht eine Atmosphäre der Kameradschaft, als sie aufgeregt zu den Ausgängen gehen, ja gehen, und dann beginnen um die Wette zu laufen. Immer noch auf der Suche nach vermeintlich normaler Aggression und Feindseligkeit unter heutigen Schülern schauen Sie ihnen beim Spielen zu. Aha, es gibt Uneinigkeit wegen eines Balls. Es kommen noch ein paar Kinder hinzu und bestimmt wird nun ein Streit ausbrechen. Aber nein, die später Hinzugekommenen helfen den anderen Kindern, das Problem zu lösen, und die Gruppe spielt zusammen.

Sie fühlen sich inzwischen wie in einem Traum und sprechen einen Lehrer an, um zu erfahren, warum diese Kinder sich so verhalten. Als Antwort wird Ihnen das Konzept „Frieden lernen" präsentiert. Der Lehrer versichert, dass eine friedvolle Schule möglich ist, wenn alle an der Schule für das Ziel einer unterstützenden, respektvollen und friedlichen Koexistenz eintreten. Auch an dieser Schule gibt es Probleme, aber man geht anders mit ihnen um und durch die Vermittlung prosozialer Kompetenzen werden viele im Vorfeld verhindert.

Ihre Neugier ist geweckt. Sie möchten mehr wissen …

Die Wörter „Frieden" und „Friedenserziehung" werden oft mit sanften, heimeligen, netten Dingen assoziiert. Einige stellen sich darunter vor, dass einfach das Raue geglättet und das Harte unter den Teppich gekehrt wird, um eine Pseudoharmonie zu schaffen. Das hat mit Friedenserziehung nichts zu tun, wie es Maria Montessori richtig gesagt hat. Wir verstehen Frieden als eine aktive, erwartungsvolle innere Einstellung. Es ist nichts Passives oder Schwaches. „Frieden lernen" vermittelt Kindern, selbstbestimmt, verantwortlich und fürsorglich zu sein. Durch Friedenserziehung werden Kinder mit konkreten Instrumenten ausgestattet, die sie anwenden können, um selbstsichere, produktive und zufriedene Mitglieder unserer Gesellschaft zu werden. Friedenserziehung ist kein zusätzliches Unterrichtsfach, das dem Lehrplan hinzugefügt wird, sondern vielmehr ein wesentlicher Bestandteil dessen, eine Priorität. Sie muss ein integrierter Aspekt in unseren Klassen und Schulen sein. Friedenserziehung bietet eine Grundlage, auf der sich Schüler, Lehrer und Eltern für die Erziehung und positive Entwicklung der Kinder einsetzen können.

Wir müssen Kinder als wertvolle Individuen sehen. Ihre Vorstellungen, Gedanken, Einsichten, ihr Humor sind unschätzbar für unsere Welt und unsere Entfaltung. Ihre Stimme ist von großer Bedeutung bei Entscheidungsfindungen und Problemlösungen. Wir lernen von ihnen, wie sie auch von uns lernen. Wir sind Lehrer und Schüler gleichermaßen. Es ist unerlässlich, dass wir ihnen zeigen, wie wichtig sie für die Schaffung und Aufrechterhaltung einer friedlichen Atmosphäre, einer friedvollen Schule sind. Kinder wertzuschätzen, gibt uns auch die Möglichkeit, in ihre Welt einzutreten und die Unschuld und das Erstaunen zurückzugewinnen, die sie noch haben. Wir sollten uns klarmachen, dass wir nicht aufhören zu spielen, weil wir älter werden. Wir werden älter, weil wir aufhören zu spielen. Und jung zu bleiben ist entscheidend, insbesondere im Umgang mit Jugendlichen.

Was ist Friedenserziehung?

„Ich wurde einmal gefragt, warum ich nicht an Demonstrationen gegen den Krieg teilnehme. Ich erwiderte, sobald es eine Versammlung für den Frieden gäbe, würde ich sofort dabei sein."   *Mutter Theresa von Kalkutta*

Zu verstehen, dass wir alle gemeinsam auf diesem Planeten leben, jeder auf seine Art und mit mannigfaltigen Unterschieden, ist einer der Schwerpunkte von Friedenserziehung. Sie beinhaltet viele Aspekte, die Individuen formen und Gruppen positiv beeinflussen. Dazu gehören

- die Akzeptanz der eigenen Stärken und Schwächen,
- Einfühlungsvermögen,
- effektive Kommunikationsfertigkeiten,
- das Einüben von Konflikt- und Problemlösungsstrategien,
- das Erkennen und die Integration menschlicher Werte und
- eine kooperative Gruppendynamik im Klassenzimmer, auf dem Sportplatz und zu Hause.

Friedenserziehung hört nicht an den Grenzen des Schulgeländes auf. Frieden lernen ist ein Prozess, der uns lebenslang erfolgreich in persönlichen und beruflichen Beziehungen helfen kann. Wenn damit in jungen Jahren und in einem beständigen sozialen Umfeld wie der Schule begonnen wird, sind die Chancen, das Vermittelte wirklich zu integrieren, am größten.

Frieden lernen ist – wie alles, was man lernt – ein Prozess. Es ist ein langfristiges Engagement, das steter Übung bedarf, so wie es auch beim Erlernen eines Musikinstruments oder einer Sportart ist. Die Phasen, die man während eines Lernprozesses durchläuft, sind:

1. Heranführen – die erste Begegnung mit einem Thema
2. Experimentieren – ausprobieren, aus Fehlern lernen
3. Anwenden und Üben – herausfinden, wie das Erlernte in das Leben integriert werden kann
4. Verinnerlichen – das Erlernte in den Alltag übernehmen. Mit der Zeit ist dies kein bewusstes Bemühen mehr, sondern wird zur Gewohnheit und/oder Überzeugung. Schließlich ist das Erlernte ein integraler Teil des eigenen Selbst geworden.

Im Folgenden stellen wir Ihnen die Inhalte vor und machen Vorschläge für die Experimentierphase. Angewendet und geübt werden sie von Ihnen und Ihren Schülern im Laufe der Zeit. So wird der Prozess des Friedenlernens ein integraler Bestandteil des Schulalltags.

Auf dem Weg zu einer friedvollen Schule

Warum Frieden lernen?

Positive soziale Verhaltensweisen und Fertigkeiten müssen vermittelt werden. Unsere heutige Welt tut wenig dafür, uns vorzugeben, wie man friedfertig miteinander umgeht oder Konflikte bewältigt. Darum ist es eine Notwendigkeit und eine Priorität in der Erziehung geworden, unseren Kinder die Prinzipien des Friedenlernens aktiv zu vermitteln, wenn sie mit einem starken Charakter und als verantwortliche, unabhängige Individuen aufwachsen sollen. Die Schule ist der Ort, wo dies am wirkungsvollsten umgesetzt werden kann, da alle Kinder die Schule besuchen, in frühem Alter damit begonnen werden kann und es hier möglich ist, sie regelmäßig damit zu konfrontieren und sie zu trainieren.

Kennzeichen vieler heutiger Schulen

- Disziplinprobleme
- Vergeudete Zeit im Klassenzimmer, verlorene Unterrichtszeit
- Störungen im Klassenzimmer
- Unterschiedliche und wechselnde Problemlösungsstrategien
- Vergessene oder missachtete Verhaltensrichtlinien
- Ausgelebte Aggression im Klassenzimmer und auf dem Schulhof
- Beschimpfungen, Diskriminierung, Angriffe
- Intoleranz gegenüber Unterschieden
- Ausgrenzung
- Mangel an Einfühlungsvermögen
- Furcht der Kinder vor Aggression und Gewalt

Kennzeichen einer friedvollen Schule

- Einheitliche und angewandte Problemlösungsstrategien
- Geübte Selbstdisziplin
- Klare Regeln und Konsequenzen
- Toleranz und Akzeptanz unterschiedlicher Denk-, Lebens- und Handlungsweisen
- Hilfsbereitschaft
- Einfühlungsvermögen
- Zugehörigkeitsgefühl/Teamgeist
- Ein Gefühl der Sicherheit und Geborgenheit in der Schule
- Effektiver Unterricht, der Spaß macht

- Eine angenehme Arbeits- und Lernatmosphäre
- Die Schule hat einen guten Ruf

Was ist eine friedvolle Schule?

Zu jeder Schulkultur gehört:
- Wie wir lernen
- Wie wir mit uns selbst und anderen umgehen
- Wie wir Fremde begrüßen und einführen
- Wie wir mit Eltern umgehen
- Wie wir kommunizieren
- Wie wir Problemen begegnen und sie lösen
- Wie wir mit Konflikten umgehen
- Wie wir unsere Emotionen ausdrücken
- Wie wir mit Fehlern umgehen
- Wie wir mit Zeitfragen umgehen
- Wie wir Raum nutzen
- Unser Humor
- Unsere Helden und Heldinnen
- Wie wir Erfolge würdigen

Eine friedvolle Schule hat in all diesen Bereichen einen positiven Ansatz. Die aktive Vermittlung der Lektionen im Klassenzimmer und alltägliche Ereignisse werden genutzt, um unser Verhalten, unsere inneren Einstellungen und unsere Schwierigkeiten ins Bewusstsein zu rücken, damit wir eine effektive, wohlwollende und faire Art finden, damit umzugehen. Eine friedvolle Schule impliziert, dass alle Lehrerinnen und Lehrer sich dafür einsetzen, eine Atmosphäre gegenseitigen Respekts und Wohlwollens zu schaffen (siehe „Was ist eine friedvolle Schule?" im Anhang auf S. 237).

Warum brauchen wir friedvolle Schulen?

Es gibt konkrete Gründe, warum wir uns für die Schaffung friedvoller Schulen einsetzen sollten. In einem solchen Schulumfeld
- werden Kooperation, Teilen, Anteilnahme und gemeinsames Arbeiten groß geschrieben;
- wird effektives Lernen gefördert;
- wird verantwortungsvolles Verhalten geschult;

- werden Selbstdisziplin und Selbstbeherrschung erlernt und integriert;
- werden Einfühlungsvermögen und positive Konfliktlösungsstrategien beherrscht;
- werden auftretende Probleme fair gehandhabt und deren Eskalation verhindert;
- wird niemandem weh getan;
- wird ein Zugehörigkeits- und Sicherheitsgefühl entwickelt;
- werden Individuen gewürdigt und Gruppen unterstützt.

Ziele des Programms „Frieden lernen":
Die folgenden Ziele können als Eckpfeiler im Prozess des Friedenlernens mit Ihren Schülern, deren Eltern und Ihren Kollegen betrachtet werden.

- Den Geist dieses Konzepts vermitteln und leben (die immateriellen Eigenschaften Anteilnahme, Zugehörigkeit, Engagement, Spaß und Integrität).
- Eine Atmosphäre schaffen, die von eindeutiger Kommunikation, friedfertiger Konfliktbewältigung und Vertrauen geprägt ist, damit unter Schülern, Lehrern und Eltern Respekt entwickelt und bewahrt werden kann, was dazu führt, das sich alle wohler fühlen.
- Jedem Schüler die Bausteine dieses Programms auf wöchentlicher Basis vermitteln, damit die Inhalte als Grundlage positiven sozialen Verhaltens gelernt, geübt und integriert werden können.
- Die Wichtigkeit von Teamarbeit zwischen Schülern, Lehrern und Eltern hervorheben und sie kontinuierlich zur Anwendung bringen.
- Eine positive Beziehung zwischen Eltern und Lehrern fördern. Bedürfnisse verstehen und daran Anteil nehmen, um die Kinder zu stützen, und Einsicht in die täglichen Herausforderungen aller beteiligten Personen verschaffen.
- Das Kollegium dabei unterstützen, einen eigenen Weg der Umsetzung zu finden.
- Lehrer, Schüler und Eltern dabei unterstützen, Friedenserziehung zu nutzen, um an der Schule eine von Zusammenarbeit, Achtung, Harmonie und Wohlbefinden geprägte Kultur zu schaffen.

Was ist eine friedvolle Klasse?

In einem friedvollen Klassenzimmer werden die Bausteine des Programms „Frieden lernen" eingeführt und angewendet. Gemeinsam mit ihren Lehrern lernen Kinder, wie diese Ideale praktisch umsetzbare Aspekte des täglichen Lebens werden. In einer Atmosphäre der Akzeptanz dienen die Aufgaben, Fehler, Stärken und Schwächen, denen wir täglich begegnen, als Trainingsinstrumente. So wird jeder immer besser in die Lage versetzt, mit sich selbst, seinen Freunden und seinem Leben effektiver umzugehen.

Warum muss Friedenserziehung in der Schule stattfinden?

Schule sollte keine Vorbereitung für das Leben sein. Schule ist das Leben.

Zu Beginn des 20. Jahrhunderts gab es klare Rollen innerhalb des Schulsystems. Was ein Lehrer war, tat und was von ihr oder ihm erwartet wurde, war ebenso eindeutig definiert wie das von den Schülern erwartete Verhalten. Damals verließen sich Eltern völlig auf die Erfahrung und Sachkenntnis des Lehrers im Hinblick auf die Ausbildung und oft auch Formung ihrer Kinder. Die Eltern waren in der Regel selbst nicht sehr gebildet und konnten ihre Kinder darum kaum unterstützen. Die Autorität des Lehrers, die autoritäre Rolle Erwachsener überhaupt, homogene kulturelle Strukturen, die moralische Rolle der Kirche, das Fehlen von Massenmedien usw. erleichterten einen einheitlichen Unterricht in einem einheitlichen Lernumfeld.

Einen so definierten Rahmen gibt es nicht mehr in unserer westlichen Welt. Die Erwartungen an die schulischen Leistungen sind viel größer und folglich sind die Anforderungen, die an den Lehrer gestellt werden, höher. Schülern wird mehr Freiheit gegeben, über die eigene Zukunft, den zeitlichen Ablauf und den Bereich des Lernens zu entscheiden. Dieses vielfältige, personalisierte und komplizierte Bildungssystem leistet den meisten Schülern zweifellos gute Dienste und dennoch ging etwas verloren. Womit wir uns hier beschäftigen wollen, sind die veränderten Bedingungen, unter denen Lernen und Unterrichten heute stattfindet.

Je mehr sich unsere Gesellschaft verändert, desto breiter gefasst und komplexer wird die Rolle, die Lehrer spielen. Ein Bereich, dem während der Lehrerausbildung zunehmend Aufmerksamkeit geschenkt wird, ist die notwendige Vermittlung sozialer Kompetenzen im Unterricht. Dies ist ein neues Feld und bei den meisten der heute unterrichtenden Lehrer gehörte es während ihrer eigenen Ausbildung noch nicht zum Lehrplan. Nun müssen sie tagtäglich Probleme bewältigen, wofür sie selbst nicht ausgebildet wurden. Darüber hinaus wird es dadurch schwieriger, ein positives Lernumfeld zu schaffen und den verordneten Lernstoff zu vermitteln.

Oft sagen Lehrer, dass es nicht in ihrer Verantwortung liegt, ihren Schülern soziale Kompetenzen zu vermitteln und sie einzuüben. Das sei Aufgabe der Eltern und des privaten Bereichs. Ob dem nun so ist oder nicht, die Aufgabe bleibt letztendlich doch dem Lehrer überlassen, weil die Schule der Ort ist, an dem die soziale Interaktion heutiger Jugendlicher vorwiegend stattfindet. Unsere Welt verändert sich immer schneller, wird kleiner und ist in vielerlei Hinsicht miteinander vernetzt. Doch die persönliche Verbindung und Interaktion scheint in unserem Zeitalter der Technologie zu leiden. Massenmedien, „Patchwork-Familien", fehlende soziale Bindungen, uneinheitliche oder mangelnde Moral- und Wertvorstellungen und verminderte religiöse und geistige Beeinflussung sind einige Faktoren, die zu immer häufigeren und sich vergrößernden Verhaltens- und Sozialschwierigkeiten unter Jugendlichen beitragen.

Diese Faktoren haben verständlicherweise eine entmutigende Wirkung auf Lehrer in unseren heutigen Schulen. Es ist aber wichtig, sich deutlich zu machen, dass Lehrer, die glauben, etwas bewirken zu können, dies auch tun. Wir müssen alle bei uns selbst anfangen. Es kann als Lehrer notwendig sein, dass wir unsere eigenen Überzeugungen und Verhaltensweisen ändern müssen, um unsere Richtung wechseln und neue Ziele ansteuern zu können. Dieses Buch gibt Ihnen Instrumente, Leitlinien und Anreize, um genau das zu tun.

Jedes Individuum ist für sich wertvoll, wie es auch ein wichtiger Teil des Ganzen ist. Kein Teil der Schule könnte ohne den anderen existieren, weder die Lehrer ohne die Schüler, noch die Schüler ohne die Eltern oder die Eltern ohne die Verwaltung und so weiter. Und so ist es auch bei einem Programm wie „Frieden lernen". Jede Person, Idee, Äußerung, Handlung und Bemühung ist wesentlicher Bestandteil des täglichen Erfolges eines friedvollen Miteinanders.

Wenn das Lehrerkollegium gut als Team zusammenarbeitet, wird die schrittweise Umsetzung von „Frieden lernen" gut verlaufen. Die gemeinsame Arbeit schweißt das Kollegium enorm zusammen. Das wirkt sich auch stark auf die Schüler aus. Es ist wichtig, dass alle am Schulbetrieb beteiligten Personen in den Prozess des Friedenlernens integriert werden. Wenn die Schüler in der gesamten Schule einer konsequenten Einstellung hinsichtlich sozialem Verhalten, Konfliktbewältigung, Disziplin und freundlichem Umgang miteinander begegnen, ist die Wahrscheinlichkeit, diese Lektionen in den Schülern zu verankern, sehr hoch. Alle in diesen Prozess einzubeziehen, erhöht die Wirksamkeit enorm.

Es ist sinnvoll und hilfreich, wenn die Schüler während der Dauer des Programms ein so genanntes „Friedensheft" führen (und führen Sie selbst auch eins), in das alle Arbeitsschritte und -ergebnisse eingetragen werden können. Das Heft dient dazu, das Gelernte zu vertiefen und den Schülern eine kreative Sammlung ihrer Erfahrungen auf dem Weg zum Frieden an die Hand zu geben, die ihnen Freude bereitet. Die individuellen Hefte mit der gesamten Klasse zu gestalten, ist ein guter Einstieg in das Konzept (siehe Lektion „Friedensheft", S. 58). Auf das Friedensheft wird in diesem Buch und in den Lektionen immer wieder Bezug genommen.

Eine friedvolle Schule lässt sich nicht über Nacht erschaffen, nur weil wir es so wollen. Sie entsteht durch Vision, Arbeit, Akzeptanz, Geduld und Liebe. Ein friedvolles Klima ist oft schwer zu definieren. Es ist eine Atmosphäre, in der eine Haltung spürbar ist, friedvolle Beziehungen pflegen zu wollen. Es ist kein Zufall, dass einige Schulen eine freundlichere und angenehmere Atmosphäre haben als andere. Man spürt dies, wenn man das Gebäude betritt und mit den Schülern und Lehrern zusammen ist. Wir müssen uns dafür entscheiden und einsetzen, einen Ort zu schaffen, an dem sich Kinder sicher, akzeptiert und geachtet fühlen, und wo sie lernen, sich positiv mit der Welt, in der sie leben, auseinander zu setzen. Nur dann sind sie und wir in der Lage, eine bessere Welt zu gestalten. Folgende kurze Geschichte soll Sie bei dem Vorhaben „Frieden lernen" bestärken:

Das Gewicht des Nichts

„Sag mir, was wiegt eine Schneeflocke?", fragte die Tannenmeise die Wildtaube. „Nicht mehr als nichts", gab sie zur Antwort.
„Dann muss ich dir eine wunderbare Geschichte erzählen", sagte die Meise. „Ich saß auf dem Ast einer Fichte, dicht am Stamm, als es zu schneien anfing; nicht etwa heftig mit Sturmgebraus, nein, wie im Traum, lautlos und ohne Schwere. Da ich nichts Besseres zu tun hatte, zählte ich die Schneeflocken, die auf die Zweige und Nadeln meines Astes fielen und darauf hängen blieben. Genau drei Millionen siebenhunderteinundvierzigtausendneunhundertzweiundfünfzig waren es. Als die drei Millionen siebenhunderteinundvierzigtausendneunhundertdreiundfünfzigste Flocke niederfiel – nicht mehr als nichts, wie du sagst – brach der Ast ab." Damit flog sie davon.
Die Taube, seit Noahs Zeiten eine Spezialistin in dieser Frage, sagte zu sich nach kurzem Nachdenken: „Vielleicht fehlt nur eines einzigen Menschen Stimme zum Frieden der Welt."   *Kurt Kauter*

Quelle: Kurt Kauter, Das Gewicht des Nichts. Lebenskunst-Stücke für jeden Tag, 1973, entnommen aus: Werte – Wandel – Wir. SKF-Impulsmappe 2003–2005. Luzern 2002.

Die Bausteine des Programms „Frieden lernen"

Die folgenden Bausteine bilden den Kern von „Frieden lernen". Es ist wichtig, dass diese Bausteine über das gesamte Schuljahr hinweg so umfassend wie möglich vermittelt werden. Sie sind miteinander verwoben, wechselseitig miteinander verbunden, erfordern aber keine bestimmte Reihenfolge, in der sie behandelt werden sollten. Das heißt, Sie können zunächst mit nur einem beliebigen oder mit allen Bausteinen gleichzeitig beginnen. Die Bausteine sind inhaltlich so abgeschlossen und umfassend, dass jeder für sich stehen kann. Da sie gemeinsame und manchmal überschneidende Elemente haben, ist jeder Baustein eine optimale Ergänzung und Stütze für die anderen. Wir empfehlen dennoch, mehrere gleichzeitig zu behandeln.

Forschungen zeigen, dass man sich regelmäßig und in die Tiefe gehend mit der emotionalen Persönlichkeit eines Menschen beschäftigen muss, um effektiv mit Gewalt und potenzieller Gewalt umgehen zu können. Mit anderen Worten, Gewalt ist der Ausdruck einer unkontrollierten Eskalation persönlicher Interaktion. Wenn man berücksichtigt, dass aggressives Verhalten unterschiedliche Motivationen hat, abhängig von der Person und den Umständen, dann muss man sich mit den *motivationalen Faktoren* beschäftigen.

Aus pädagogischer Sicht kann Konflikt-und Aggressionsverhalten auf zwei allgemeine motivationale Ursachen zurückgeführt werden: erstens auf das Beharren darauf, den eigenen Willen oder egoistische Impulse durchzusetzen; zweitens auf angstbasierte Aggression. Daraus lassen sich folgende Kompetenzen ableiten, die es aufzubauen gilt und die in den Bausteinen von „Frieden lernen" – neben weiteren – berücksichtigt werden:

- Selbstkontrolle – Selbsterfahrung – Einfühlen in andere
- Selbstbewusstsein – Selbstbehauptung – Ich-Stärke

Die sechs Bausteine von „Frieden lernen" sind:

1. Lebensführung: In diesem Baustein soll Kindern gezeigt werden, wie sie gut miteinander leben und ein persönliches Verantwortungsgefühl in der Gesellschaft entwickeln können. Diese Lektionen beschäftigen sich mit menschlichen Werten, die notwendig sind, damit Kinder in Frieden und Harmonie miteinander umgehen können. Zu den behandelten Themen gehören:

- die Atmosphäre im Klassenzimmer,
- Dankbarkeit und Wertschätzung,
- Wohlwollen und Freundlichkeit,

- Achtung und Anerkennung,
- Verstehen und Akzeptieren von Unterschieden,
- Glück und Zufriedenheit,
- Freundschaft und Teamgeist.

Diese Lektionen machen jungen Menschen deutlich, dass sie an sich selbst glauben sollen. Durch die Beschäftigung mit diesen Themen gewinnen sie die Gewissheit, dass sie wichtig sind und eine einflussreiche Kraft dabei sein können, dauerhafte Veränderungen in unserer Gesellschaft und unserer Welt herbeizuführen.

2. Selbstwertgefühl: Wie viel Selbstvertrauen eine Person hat, ist ein wichtiger Faktor bei der Gestaltung des eigenen Schicksals. Es ist der Schlüsselfaktor, wenn es darum geht, wie gut unsere Schüler innerhalb und außerhalb des Unterrichts zurechtkommen werden. Ein positives Selbstverständnis und ein starkes Selbstwertgefühl zu fördern, ist unerlässlich in der Erziehung unserer Kinder und für ihr allgemeines inneres Wohlbefinden. Dies ist die Basis, auf der alles andere aufgebaut ist. Dieses Kapitel enthält praktische, leicht umzusetzende Vorschläge und Strategien.

3. Disziplin und Respekt: Kinder brauchen ein sicheres, harmonisches, förderndes Lernumfeld. Wir erreichen dies, wenn wir Kinder dabei unterstützen, sich in der Schule respekt- und verantwortungsvoll zu verhalten. Dazu gehören Grundprinzipien wie Regeln und Strukturen zu entwickeln, sie zu achten und mitzutragen sowie Selbstdisziplin zu schaffen und fein abzustimmen. Dieser Baustein präsentiert Vorschläge und Strategien zur Entwicklung von aus Einsichten gewonnenen Selbstdisziplintechniken, die dazu beitragen, Disziplin wirksam herzustellen, und die gleichzeitig die Würde des Schülers wahren.

4. Konfliktlösung und Gewaltprävention: In den letzten Jahren haben uns die Medien erschütternde Beweise geliefert, dass wir in einer von zunehmender Gewalt geprägten Gesellschaft leben, wobei viele der Gewalttaten von jungen Menschen verübt wurden. Wir müssen unsere Kinder lehren, dass Konflikte in Ordnung sind, nicht aber Gewalt. Wir können Konflikte nicht vermeiden, aber Kindern die innere Einstellung und die Kompetenzen vermitteln, die sie brauchen, um Konflikte friedfertig und mit gegenseitigem Respekt zu bewältigen. Schüler müssen prosoziale Kompetenzen und Strategien erwerben, um impulsives und aggressives Verhalten abzubauen. Das Kapitel liefert Vorschläge und Strategien für ein stärkeres Einfühlungsver-

mögen, für eine zwischenmenschliche positive Problemlösung und Konfliktlösung, den Erwerb effektiver Kommunikationsfähigkeiten, von Verhaltens-
kompetenz und Wut-Management.

5. Umgang mit Schikane: Schikane stellt ein ernsthaftes Problem mit verheerenden Auswirkungen dar. Wir müssen nicht lang suchen, um Belege
hierfür zu finden. Ständige Medienberichte über Gewalt, Selbstmorde,
Schießereien usw. sind der Beweis, dass das Problem ein weltweites ist und
sich verschärft. Drangsalierungen sind das Sprungbrett für die meisten häufig vorkommenden Gewalttaten. Das Kapitel stellt praktische Vorschläge
und Strategien vor, die Kinder bei der Entwicklung prosozialer Kompetenzen, bei der Schärfung ihres Bewusstseins für Drangsalierungen, deren Vermeidung und ihrem Umgang mit drangsalierenden Verhaltensweisen unterstützen sollen.

6. Mitschüler-Mediation: Konflikte sind ein natürlicher Bestandteil des Zusammenlebens. Mediation ist ein Weg, Konflikte gemeinschaftlich zu lösen.
Schüler ab dem Alter von etwa neun Jahren können Prinzipien der Mediation und Fähigkeiten erlernen, um ihren Mitschülern zu helfen, einen Konflikt friedlich, ohne eine erhebliche Intervention Erwachsener, zu lösen.
Dieser Baustein gibt Einblicke, wie ein Schüler-Mediationsprogramm erstellt werden kann, das sich für Problemlösungen einsetzt, bei der alle Parteien gewinnen. Mediation ist eine wirkungsvolle Alternative zu herkömmli-
cher Konfliktbewältigung.

Zu jedem Baustein finden Sie in den folgenden Kapiteln ausführliche theo-
retische Überlegungen, Lektionen und Arbeitsblätter (Letztere sind im Anhang ab S. 235 zusammengestellt).

Warum ist „Frieden lernen" einzigartig?

Aufgrund der folgenden Aspekte ist dieses ein außergewöhnliches Programm zur Gewaltprävention, sogar im Bereich der Friedenserziehung.

- Indem alle Aspekte potenzieller Gewalt angesprochen werden, nämlich
  Selbstwertgefühl, Einfühlungsvermögen, Wut-Management, Kommunikationsfertigkeiten, menschliche Werte, innere Disziplin, Konfliktbewäl-
  tigungskompetenzen, Wertschätzung, das positive Kanalisieren von Aggression und die Konzeptionen von Teamarbeit, Zugehörigkeit und
  Nicht-Beurteilung, lernen Kinder, dass *Frieden eine aktive Form des Da-
  seins* ist.

- „Frieden lernen" ist ein prosoziales Konzept. Es basiert auf der Erfahrung und Überzeugung, dass es die natürliche Neigung von Kindern anspricht, respektvoll und friedlich miteinander zu leben. Dabei geben wir ihnen die nötige Unterstützung.

- Auf Aggression wird reagiert, bevor sie zur Gewalt wird. Es wird eine Atmosphäre geschaffen, in der Gewalt nicht toleriert wird, in der Vertrauen, Sicherheit, ein positives Selbstwertgefühl, ein Zugehörigkeitsgefühl, Einfühlungsvermögen und wirkungsvolle Problemlösung zu einer Atmosphäre der gegenseitigen Achtung und der Selbstachtung aller beitragen – dies ist keine optimale Brutstätte für Gewalt.

- Der die gesamte Schule umfassende Ansatz ist wirkungsvoll, da aufgrund der ständigen Interaktion aller Schüler und aller an der Schule Beschäftigten die Regeln, inneren Einstellungen und Unterstützungssysteme schulweit einheitlich sind. Das gesamte Lehrerkollegium, alle Mitarbeiter, Angestellte oder Freiwillige sind daran beteiligt, den Schülern dieses Konzept zu vermitteln. Das Ergebnis ist eine Atmosphäre einer friedvollen Schule.

- Dieses Programm kann den Anforderungen, den Gegebenheiten und Wünschen jeder Schule oder Bildungseinrichtung angepasst werden. Es bietet einen Rahmen, der auf die unterschiedlichsten Situationen ausgerichtet und angewendet werden kann.

- Die wöchentliche Vermittlung und die Aneignung der Lektionsinhalte dieses Programms im Unterricht und auf allen Ebenen einer Schule kann das gesamte Schulumfeld positiv verändern.

Warum ist „Frieden lernen" wirkungsvoll?

Umfangreiche Forschungen in den Vereinigten Staaten zeigen, dass drei Hauptfaktoren für den Erfolg des Gewaltpräventionsprogramms verantwortlich sind:

1. Eine breit gefächerte Zielgruppe
2. Eine möglichst junge Zielgruppe
3. Regelmäßige Begegnung mit den Programminhalten und deren Anwendung.

Konsequenz und die Vermittlung der Ideale und Instrumente des Programms bei jeder Gelegenheit sind der Schlüssel zum Erfolg. Ohne die ständige und langfristige Anwendung der Programminhalte können sich kein lang anhaltender Lernerfolg und keine Integration der Werte und Problemlösungskompetenzen einstellen.

Anstatt gegen Gewalt zu kämpfen, setzen wir unsere Energien aktiv für die Erschaffung eines Umfelds ein, in dem Kinder lernen, sich selbst und andere zu schätzen, Regeln zu entwickeln und sich zum Vorteil aller daran zu halten. In diesem Umfeld werden sie motiviert, Mitgefühl, Respekt und Güte zu zeigen. Das Ergebnis ist ein enormer Rückgang von Gewalt und ein größeres Bewusstsein für menschliche Werte.

Was „Frieden lernen" nicht ist

- „Frieden lernen" ist nicht normativ. Wir bieten eine strukturelle Grundlage an, die auf eigene Wünsche oder Bedürfnisse zugeschnitten werden kann. Wir geben Ihnen keine Richtlinien vor, denen Sie folgen sollen, sondern Sie können den geeigneten Weg für sich und die anderen an ihrer Schule finden. So haben Sie auch die Möglichkeit, in das Programm hineinzuwachsen und das Programm mit Ihnen und den Bedürfnissen Ihrer Schule wachsen zu lassen.
- „Frieden lernen" ist nicht religiös oder dogmatisch. Wir bieten einen umfassenden Ansatz an, menschliche Werte zu leben; diese Grundsätze wurden durch alle Zeiten und von allen großen Religionen vermittelt. Sie geben Menschen die Chance, sich zu mitfühlenden, respektvollen, ausgeglichenen Individuen zu entwickeln.
- „Frieden lernen" ist auch kein schnell wirkendes Allheilmittel. Die Entscheidung, das Konzept an Ihrer Schule einzusetzen, bedeutet ein Engagement, das fortwährende Arbeit und Hingabe erfordert. „Frieden lernen" ist ein dynamischer und weit reichender Prozess. Es gibt kein endgültiges Produkt. Jede vermittelte Lektion und jeder unternommene Schritt ist eine weitere Etappe auf dem Weg zu einer friedvollen Schule. Wenn Sie und Ihre Schule sich für diesen Prozess einsetzen, sind tief greifende und substanzielle Ergebnisse für den gesamten Schulbetrieb zu erwarten.

Lektionen zu dem Programm

Frieden ist ...

Ziel: Ein Bewusstsein und Verständnis dafür entwickeln, was Frieden ist

Material: Filzstifte, Bleistifte, Buntstifte, für jedes Kind eine Kopie vom Umriss einer Friedenstaube (siehe Anhang, S. 236).

Arbeitsschritte: Schreiben Sie den Begriff „Frieden" an die Tafel. Die Schüler sollen sich dazu äußern, was Frieden für sie bedeutet. Halten Sie die Antworten fest. Besprechen Sie die Schülerbeiträge.

Diskutieren Sie mit den Kindern folgende Punkte:
- Frieden ist etwas, das wir immer praktizieren.
- Frieden ist etwas, das wir uns wünschen; es ist etwas, das wir sind; es ist etwas, das wir tun; und es ist etwas, das wir mit anderen teilen und ihnen geben.
- Frieden ist innere Harmonie und starke Individualität, volle Teilnahme am Gemeinschaftsleben und positive Reaktion auf die Welt.
- Frieden ist, sich erwartungsvoll und aktiv zu verhalten.
- Frieden ist ein fortlaufender Prozess.
- Frieden ist eine Art zu leben für alle.

Die Kinder sollen ihre Definition von Frieden in den Umriss der Friedenstaube schreiben. Sie können die Friedenstauben jeweils farbig gestalten und ausschneiden, damit sie ausgestellt werden können.

Vertiefung:
Mögliche Diskussionspunkte:
1. Warum ist Frieden wichtig?
2. Wollen wir alle Frieden?
3. Warum gibt es keinen Frieden auf der Welt?
4. Was kann jeder tun, um sich zu Hause, in der Schule und in seinem täglichen Leben für Frieden einzusetzen?

Ergänzendes Unterrichtsangebot: Die Kinder können ihre Definition von Frieden auf Zeichenpapier schreiben oder eine zu dieser Definition passende Zeichnung anfertigen (Transparente, Poster, Wandplakate usw. sind auch möglich). Es können Gedichte, Geschichten usw. darüber geschrieben werden, was Frieden ist.

Lektion
Eine friedvolle Schule

Ziel: Ein Bewusstsein und Verständnis dafür entwickeln, was eine friedvolle Schule ist. Ein Bewusstsein und Verständnis dafür entwickeln, warum wir friedvolle Schulen brauchen.

Material: Plakatbogen, Filzstifte, Bleistifte, große Karteikarten, OHP-Folien: „Was ist eine friedvolle Schule?", „Was ist ein friedvolles Klassenzimmer?" und „Warum brauchen wir eine friedvolle Schule?" (siehe Anhang, S. 237 f.).

Arbeitsschritte: Die Kinder sollen sich vorstellen, dass ihre Schule als friedvolle Schule berühmt ist. Es kommen Besucher von nah und fern, um herauszufinden, was die Schule so einzigartig macht. Es wurde im Fernsehen sowie in Zeitungen und Zeitschriften über die Schule berichtet. Viele Kinder und Lehrer wollen auch auf diese besondere Schule gehen.

„Was macht unsere Schule so einzigartig und warum hat sie einen so guten Ruf als friedvolle Schule?"

Die Kinder sollen Antworten auf diese Fragen auf große Karteikarten schreiben.

Vertiefung: Besprechen Sie die Beiträge der Schüler mit der ganzen Klasse. Zeigen Sie die OHP-Folien: „Was ist eine friedvolle Schule?" und „Was ist ein friedvolles Klassenzimmer?" Diskutieren Sie die darauf festgehaltenen Informationen mit den Schülern.

Teilen Sie die Schüler in Dreier- oder Vierergruppen ein. Schreiben Sie für jede Gruppe auf einen Plakatbogen „Warum brauchen wir eine friedvolle Schule?". Die Schüler sollen ihre Antworten auf die Plakatbögen schreiben.

Die Gruppen stellen ihre Antworten der übrigen Klasse vor. Lassen Sie der Klasse genügend Zeit, um die Antworten zu kommentieren.

Lektion
Wir sind alle ein Teil des Puzzles

Ziel: Deutlich machen, dass jeder von uns bei der Schaffung eines friedlichen Umfelds eine Rolle zu spielen hat

Material: weißes Transparentpapier; Scheren; Bleistifte, Bunt- oder Filzstifte; Klebeband oder Klebstoff, die Geschichte „Das Gewicht des Nichts" (siehe Seite 24).

Arbeitsschritte: Diskutieren Sie mit den Kindern die These, dass jeder einen eigenen Anteil bei der Schaffung eines friedlichen Umfelds hat. Lesen Sie der Klasse die Geschichte vor. Diskutieren Sie deren Bedeutung. Sammeln Sie Ideen dazu, wie jeder einen Beitrag leisten kann. Halten Sie die Antworten an der Tafel fest. Die Kinder sollen aufschreiben, was sie tun wollen, um sich für Frieden einzusetzen.

Schneiden Sie das Transparentpapier in Puzzlestücke. (Sie brauchen so viele Teile, wie Sie Schüler haben.) Markieren Sie jedes Stück an der Vorderseite mit einem X, bevor Sie mit dem Zerschneiden beginnen, damit die Kinder dann wissen, wo die Vorder- und Rückseite ist. Nummerieren Sie die Stücke, um das Zusammenlegen zu vereinfachen.

Verteilen Sie die Einzelteile und bitten Sie die Kinder, darauf ein Selbstporträt zu zeichnen. Die Porträts sollten farbig gestaltet werden. (Es ist möglich, dabei andere Materialien wie Bastelkarton, Garn, Stoff, Knöpfe usw. zu verwenden) Ein jeweils bunt gestalteter Hintergrund erhöht die Gesamtwirkung dieses Projekts. Unter das Porträt trägt jedes Kind ein, was es tun will, um zu einer friedvollen Klasse beizutragen. Kleben Sie die Puzzleteile mit Klebestreifen zusammen oder mit Klebstoff auf ein anderes großes Stück Transparentpapier. Das Puzzle kann mit einer passenden Überschrift ausgestellt werden, um daran zu erinnern: *Wir sind alle ein Teil des Puzzles.*

Vertiefung:

- Diskutieren Sie, inwiefern diese Unterrichtsaktivität zu einer friedvollen Atmosphäre in der Klasse und in der Schule beitragen kann.
- Diskutieren Sie, wie Schüler und Lehrer ihre Worte kontinuierlich in Taten umsetzen können.

Ergänzendes Unterrichtsangebot: Diskutieren Sie mit den Schülern, wie wichtig jedes Mitglied einer Gruppe für das allgemeine Wohl und die Leistungsfähigkeit der Gruppe insgesamt ist, sei es im Sport, in der Klasse, der Familie, Jugendgruppe usw. Nennen Sie als Beispiel die Tasten einer Schreibmaschine oder eines Computerkeyboards. Was käme dabei heraus, wenn die Taste für den Buchstaben „e" nicht funktionieren und stattdessen jedes Mal ein „x" erscheinen würde?

> Alle anderen Tastxn funktionixrxn richtig, abxr dass dixsx xinx Tastx nicht funktionixrt, vxrändxrt allxs. Xs ist genauso in xinxr Gruppx. Jxdx Pxrson ist wichtig, damit dix ganzx Gruppx gut funktionixrt.

Die Schüler sollen sich andere Vergleiche überlegen, die die Wichtigkeit jedes Einzelnen in einem Team verdeutlichen.

1. Baustein: Lebensführung

Theorie

„Wir dürfen junge Menschen nicht wie leere Flaschen sehen, die gefüllt, son-dern wie Kerzen, die angezündet werden müssen.“   Robert Shaffer

Unser Leben besteht aus Träumen, Verantwortlichkeiten, Freude und Her-ausforderungen. Mit Bewusstsein können wir manchmal die Richtung unse-res Lebens selbst bestimmen, durch schwierige Situationen steuern oder po-sitive Situationen schaffen. Meistens wird der größte Teil des Tages jedoch durch das bestimmt, was uns passiert.

Es wird oft gesagt, dass nicht die Geschehnisse unsere Zufriedenheit aus-machen, sondern wie wir darauf reagieren. Das ist ein einfacher, aber den-noch profunder Gedanke. Wir sind wortwörtlich jede Minute vor die Wahl gestellt, wie wir auf das reagieren wollen, was als Nächstes passiert. Wenn Sie beim Lesen gestört werden oder der Strom ausfällt oder Sie einen Anruf bekommen, in dem Sie gebeten werden, für eine karikative Organisation zu spenden, liegt es ganz in Ihrer Hand, wie Sie dieses Ereignis aufnehmen. Sie können frustriert, offen, interessiert sein oder alles ignorieren und sich ent-scheiden, spazieren zu gehen oder einen Apfel zu essen.

Um die Entscheidungen zu treffen, die das Leben fröhlicher, schöner, ange-nehmer machen, mit guten Beziehungen, brauchen wir Fertigkeiten, mit de-nen wir unser Leben nach unseren Wünschen gestalten können. Das Kapitel „Lebensführung“ präsentiert und vermittelt diese Fertigkeiten, die uns dabei dienlich sein können, das Leben so zu definieren und zu leben, dass wir es als lohnend und gut erachten. Die Anwendung der hier vorgestellten Prinzipien kann zu dramatischen Veränderungen in allen Bereichen des Lebens führen. Ob Sie einen Aspekt herausgreifen und konsequent danach leben oder alle Aspekte täglich umsetzen: Es wird positive, konkrete Auswirkungen haben.

Die Komponenten der „Lebensführung“, auf die wir in diesem Kapitel näher eingehen, sind: die Atmosphäre im Klassenzimmer, Dankbarkeit und Wertschätzung, Wohlwollen und Freundlichkeit, Achtung und Anerken-nung, Verstehen und Akzeptieren von Unterschieden, Glück und Zufrieden-heit, Freundschaft und Teamgeist.

Als Lehrer haben wir die Verantwortung, unseren Schülern nicht nur intellektuelle Kompetenzen, sondern auch menschliche Werte zu vermitteln. Eine friedvolle Schule basiert auf einem Umfeld, das gegenseitige Akzeptanz, Verständnis, Zusammenarbeit und Respekt vor sich selbst und anderen fördert. Junge Menschen können in diesem Baustein Verhaltensweisen erwerben, die ihnen helfen, positiv miteinander umzugehen und ein eigenes Verantwortungsgefühl zu entwickeln, um in Frieden und Harmonie miteinander zu leben.

Die Atmosphäre im Klassenzimmer

Die Welt, so wie wir sie gestalten, werden wir als Erbe an unsere Kinder weitergeben. Kinder in einem kleinen, überschaubaren Zusammenhang darin zu fördern, eine friedliche Atmosphäre aufzubauen, heißt, dazu beizutragen, ihnen positive Zukunftsperspektiven innerhalb der großen Zusammenhänge auf gesamtgesellschaftlicher Ebene zu sichern. In einer friedlichen Klasse spiegelt sich eine Kultur des Friedens. Als Lehrer sind wir Vorbilder. Unsere Schüler blicken zu uns auf, sie zitieren uns, sie nehmen sich ein Beispiel an unserem Verhalten. Wir sind diejenigen, die den Grundton für den Tag bestimmen. Wir tun dies in dem Moment, in dem wir unsere Schüler begrüßen. Wenn wir sie anlächeln und mit freundlichen Worten und einer positiven inneren Einstellung begrüßen, hat dies eine tief greifende Auswirkung auf ihren Tag: Hatte der Tag bis dahin für ein Kind ohne Probleme begonnen, setzt ein solches Verhalten den positiven Anfang fort. Sollte der Tag für ein Kind aber negativ begonnen haben, kann ein herzlicher, Anteil nehmender Lehrer diese negative Stimmung positiv verkehren.

Unsere innere Einstellung ist die Art und Weise, wie wir die Welt sehen, und die Grundstimmung, mit der wir auf sie reagieren. Es ist eine persönliche Eigenschaft, die den Erfahrungen entspringt, die wir in unserer Umwelt gesammelt haben, und die sich mit bewusstem Engagement verändern und nach Belieben einsetzen lässt. Die innere Einstellung, mit der wir das Klassenzimmer betreten, hat großen Einfluss auf die darin herrschende Atmosphäre.

Das Leben fragt uns nicht, was wir wollen, sondern gibt uns, was es zu bieten hat. Es bietet uns Ereignisse und Umstände an und wir sagen: „Oh, sieh dir das an." Durch unsere innere Einstellung gestalten wir, wie es weitergeht. Wir entscheiden: „Hmm, ich glaube, das ist es, was ich will" oder „Dies will ich mit Sicherheit nicht".

Das Leben gibt uns das Ausgangsmaterial, wie einen Klumpen Ton; es ist unsere Aufgabe, ihm Gestalt zu geben. Wenn Sie Ihren Schülern Ton zum Modellieren geben, nehmen sie ihn zu allererst in die Hand. Sie fühlen seine Kühle, seine Feuchtigkeit, seine Festigkeit und riechen den Duft feuchter Erde. Den Ton bewusst wahrzunehmen und seine Eigenschaften zu erkennen, ist der erste Schritt bei der Begegnung mit dem Material. Normalerweise geht dieser erste Schritt unbewusst vor sich; er ist allerdings für den nachfolgenden Prozess von entscheidender Bedeutung. Ansonsten würde der Ton, wie das Leben, als selbstverständlich hingenommen.

Wir empfehlen, diesen ersten Schritt bewusst zu machen, täglich ins Bewusstsein zu rücken, dass jeder Tag ein Geschenk ist. Der erste Schritt ist also die Erkenntnis, dass uns jeder Tag gegeben wird und dass er, wie der Ton, nicht aus uns selbst heraus entsteht. Er wurde uns geschenkt. Wir haben die Freiheit, ihn so zu leben und zu nutzen, wie wir wollen. Wenn wir das Leben erst einmal zu schätzen wissen, können wir es gestalten, formen und bearbeiten, wie wir es für richtig halten, um das Leben nach unseren Wünschen leben zu können.

Es ist wichtig, Kindern bewusst zu machen: Jeder Tag ist ein Geschenk. Er ist eine Kostbarkeit von unschätzbarem Wert; jeder Tag wird nur einmal vergeben, kostenlos, er kann nicht gekauft werden. Werden wir ihn in all seinen Möglichkeiten ausschöpfen oder werden wir ihn vergeuden? Unsere innere Einstellung entscheidet darüber.

Innere Ausgeglichenheit und Stille

„In unserer heutigen Welt sind Stille und Einsamkeit rar und ungeheuer kostbar. Wenn wir sie finden, versetzen sie uns zurück in einen Zustand des inneren Wohlgefühls. Wir empfinden ein Gefühl der Harmonie und des Friedens. Geistige Aufnahme, kreative Einsichten und eine Verbundenheit mit allem Existierenden werden möglich.“   *Eileen Campbell*

Es besteht kein Zweifel daran, dass unsere Welt unglaublich schnelllebig geworden ist. Wir Erwachsenen spüren die Auswirkungen von Zeitdruck und Hetze, in denen alles, von E-Mails bis hin zu der selten gewordenen Kunst der Konversation, abgewickelt wird. Kinder, die noch einen engeren Bezug zu ihrem Biorhythmus haben, leiden stark durch das sie umgebende Lebenstempo und den Stress. Viele Krankheiten und Störungen heutiger Kinder werden wirkungsvoll mit Übungen behandelt, die zu Entspannung und in-

nerer Ausgeglichenheit führen, wie Feldenkrais, Yoga, progressive Muskel-
entspannung und Meditation. Unser Körper und unser Geist können in einem Zustand der inneren Ruhe und Gelassenheit die normalen Funktionen
wieder aufnehmen und uns besser zu Diensten stehen.

Wenn Sie kleine Kinder beobachten, werden Sie feststellen, dass ihre Welt
zeitlos ist (vorausgesetzt, ihre körperlichen Bedürfnisse wurden befriedigt).
Ob sie spazieren gehen, einen Fussel vom Boden aufheben oder Ihr Gesicht
mit den Händen erforschen: Zeit spielt für sie keine Rolle. Sie haben es einfach nicht eilig. Wenn sie etwas wollen, können sie auch schnell sein, aber es
ist keine nervöse Hast in ihrer Schnelligkeit. Aber mit der Zeit treiben wir unseren Kindern ihren natürlichen Sinn, ihrem eigenen Tempo zu folgen, aus.
Wir treiben sie mit Bemerkungen an wie: „Beeil dich, trödel nicht, die Zeit
drängt, wir werden zu spät kommen, die Zeit rennt uns davon, Trödelliese"
usw. Die Redensarten wie der Druck sind endlos. Wenn sich unsere Kinder
unserem hektischen Tempo angepasst haben, versuchen wir dann wieder
dagegen zu steuern, indem wir sie ermahnen, sich Zeit beim Schreiben zu
lassen, langsam zu kauen und nicht so schnell zu fahren. Es wäre sinnvoller,
sie in der Kunst zu unterweisen, ihren natürlichen Rhythmus, ihre innere
Ruhe und ihren Sinn für Rechtzeitigkeit beizubehalten. Dies kann wirkungsvoll mit Kindern im Schulalter geschehen. Auf diese Weise könnten ihre Ge-
sundheit, ihre Konzentrationsfähigkeit, ihr Gefühl des In-sich-Ruhens und
ihre Kreativität bewahrt und weiterentwickelt werden.

Stille Wasser

Unsere heutige Welt bombardiert uns pausenlos mit Informationen, die wir
aufnehmen sollen – über das Fernsehen, die Musik, Werbung, das Internet,
Druckmedien und den täglichen Kommunikationsaustausch mit anderen.
Unsere Sinne werden überflutet und überlastet. Indem wir uns nach innen
wenden und mit Hilfe verschiedener Methoden Bewusstheit anstreben, können wir wieder wahrnehmen, wo wir stehen und was in uns vorgeht. Diese
Erfahrung ist nötig und regenerierend. Durch die Reizüberflutung von
außen wissen wir oft nicht mehr, was wir fühlen und was unsere Bedürfnisse sind. Wenn wir uns in die innere Stille versenken, können wir unsere Sin-
neswahrnehmungen weg von äußerer Stimulation hin zu unseren inneren
Vorgängen lenken, zum Beispiel indem wir unsere Körperhaltung wahrnehmen, auf die Atmung achten, durch die Natur gehen oder nur ein paar Minuten still sitzen und schweigen. Damit wird uns ein Instrument an die Hand
gegeben, das uns in vielerlei Hinsicht nützlich ist: Es hilft, den Blutdruck zu

senken, sich besser zu konzentrieren und zu entspannen, gelassener mit unserer Familie, Kollegen und Freunden umzugehen und uns einen Zustand der inneren Ausgeglichenheit zu bewahren, während wir unseren täglichen Aufgaben nachkommen. Sich der inneren Stille zuzuwenden, kann unsere innere Welt bereichern und uns ein Fundament und einen Anker für die „Innensteuerung" unseres Lebens geben. Innere Ausgeglichenheit macht es leichter, mit den meisten Situationen des Lebens umzugehen. Sie verschafft uns Zugang zu unserem Potenzial, sodass wir mit den Herausforderungen des Lebens fertig werden. In der inneren Stille können wir ein Gefühl der Ruhe und Gelassenheit erfahren, aus der unsere Güte entspringt und sich frei entfalten kann.

Musik und das Lernumfeld

Musik hat eine intensive Wirkung auf das Lernumfeld. Forschungen untermauern, dass Barockmusik (Bach, Corelli, Händel, Tartini) und klassische Musik (Mozart, Satie, Rachmaninow) ein optimales Lernumfeld schaffen und erhalten können. In den 60er- und 70er-Jahren des neunzehnten Jahrhunderts untersuchte Dr. Lazanow die Wirkung von Barockmusik auf die körperliche Verfassung und die Lernfähigkeit des Menschen. Seine Forschungsergebnisse belegen, dass durch die Verlangsamung der Atmung und die dadurch reduzierte Herzfrequenz die geistige Aufnahmefähigkeit angeregt wird und, noch wichtiger, neue Informationen besser aufgenommen werden können. Die Lernkurve steigt also enorm an. Musik hilft dem Körper, in einen Zustand wacher Aufmerksamkeit und gleichzeitiger Entspanntheit einzutreten. Sie stimuliert die Aufnahme- und Wahrnehmungsfähigkeit. Nach stressigen Situationen und intensiver Tätigkeit kann Musik zur Entspannung beitragen. Musik ist zudem ein Hilfsmittel, um störende Geräusche wie das Summen von Lampen oder Stimmen im Nebenraum auszublenden.

Für den Unterricht eignen sich am besten instrumentale Musikstücke. Musik mit Textbegleitung kann eingesetzt werden, um eine bestimmte Wirkung zu erzielen. Wählen Sie dann Texte mit positiver Aussage.

Die richtig ausgewählte Musik stimuliert, erfrischt und stützt nicht nur das Lernen bewusst wie auch unbewusst, sondern hat darüber hinaus eine ausgesprochen beruhigende Wirkung. Sie erzeugt ein Gefühl der Entspanntheit und des inneren Friedens. Musik stellt ein äußerst nützliches Instrument dar, um eine friedliche Lernatmosphäre zu bewahren.

Dankbarkeit und Wertschätzung

Dankbarkeit empfinden zu können ist die Fähigkeit, etwas wertzuschätzen, zu erkennen, was wir haben, und zu wissen, dass es uns geschenkt wurde. Es ist auch die Bereitschaft zu zeigen, wie sehr wir ein freundliches oder gütiges Verhalten schätzen und dass wir beides gleichermaßen zurückgeben wollen. Diese Fähigkeit kann man lernen und praktisch anwenden. Zufriedenheit mit dem Leben und persönliches Glück beginnen mit Wertschätzung und Dankbarkeit. Wenn wir Dankbarkeit empfinden, konzentrieren wir unsere Aufmerksamkeit auf das, was wir haben, und lassen diese Dinge damit an Bedeutung gewinnen.

„Aber warum sollte ich dankbar sein?", könnte jemand fragen. Wir glauben, dass damit ein Gefühl der Freude und des Staunens im Hinblick auf unsere Welt verbunden ist, das uns mit der Zeit abhanden gekommen zu sein scheint. Wenn wir verstehen, dass wir Teil eines größeren Zusammenhangs sind und dass für uns in vielerlei Hinsicht Sorge getragen wird, wird uns ein Gefühl der Isolation genommen.

Dankbarkeit hat damit zu tun, wie wir die Dinge im Alltag sehen. Unsere Tage sind, vom Aufstehen, Duschen, Frühstücken, über die Fahrt zur Arbeit, das Einkaufen, Gespräche usw., angefüllt mit den unterschiedlichsten Dingen. Ab einem bestimmten Bewusstseinsgrad ordnen wir jede Situation für unser eigenes inneres Wohlbefinden als gut oder schlecht ein. Die Situationen, denen wir keinen Wert beimessen, gehen meist nicht in unsere Erinnerung des Tages ein. Indem wir uns eine „innere Einstellung der Dankbarkeit" zu Eigen machen, lernen wir, die positiven Seiten zu sehen, die alle Ereignisse – auch die zunächst misslichen – ebenfalls haben.

Wenn wir eine bestimmte Situation in ihrer Gesamtheit betrachten können, sind wir eher in der Lage, uns die positiven Aspekte der Situation bewusst zu machen. Dafür müssen wir uns abwenden von dem, was automatisch durch den Kopf geht (Frustrationen, Enttäuschungen usw.), hin zu dem, was solche Situationen auch bergen, was aber vielleicht außerhalb unserer Wahrnehmung liegt.

Wenn Sie sich durch den Berufsverkehr gekämpft haben, endlich in der Schule angekommen sind und feststellen, dass die Raumpfleger vergessen haben, Ihren Klassenraum zu reinigen, ist das für Sie vielleicht ein schlechter Tagesbeginn. Aber es geht noch weiter: Die Direktorin überträgt Ihnen eine zusätzliche Verantwortung im bevorstehenden Schulprojekt und der Referendar hat sich krank gemeldet. Die Schüler erscheinen und ihr wildes Benehmen macht Sie wahnsinnig. Sie haben vergessen, dass heute Schülerpräsentationen auf dem Plan stehen, und werden mit einem Frosch, dem riesigen Poster eines weit entfernten Landes und ausgefallenen Zähnen in einer kleinen Schachtel konfrontiert. Sie möchten am liebsten nach Hause gehen und ins Bett kriechen. Dies wäre ein idealer Zeitpunkt, Dankbarkeit zu üben. Beginnen Sie mit der Fahrt zur Schule. Seien Sie dankbar, dass Sie wohlbehalten in der Schule angekommen sind ohne einen Kratzer am eigenen Leib oder am Auto und sogar noch pünktlich. Wenn Sie den schmutzigen Boden des Klassenzimmers sehen, könnten Sie sich die Zeit nehmen, um den Raumpflegern zu danken. Wie viele Tage im Jahr kommen Sie in die Klasse und finden sie sauber und aufgeräumt vor? Dieses bisschen Schmutz erinnert daran, wie viel Arbeit diese Leute täglich leisten, damit Sie sich wohl fühlen. Ihrer Direktorin könnten Sie für die zusätzliche Aufgabe danken, weil sie damit zeigt, wie viel Vertrauen sie in Ihre Fähigkeiten setzt. Der Referendar, der krank zu Hause ist, hat Anerkennung verdient, weil er oft zusätzliche Arbeit macht, ohne dass er darum gebeten wurde.

Und nun zu den Kindern: Hören Sie sich ihre lautstarken Äußerungen an und beobachten Sie sie in Aktion. Seien Sie dankbar für diese kreative Energie, die unsere Welt so nötig hat. Dass diese Kinder Teil Ihres Lebens sind, Ihnen fast täglich Freude, Einsichten und Erstaunen ermöglichen, ist zweifellos ein Geschenk. Und was die Schülerpräsentationen anbelangt, so lehnen Sie sich zurück und genießen Sie, was Ihnen geboten wird. Hören Sie sich an, was diese jungen Seelen bewegt und wie sie ihre Welt sehen. Das ist gewiss etwas, wofür man dankbar sein kann.

Die äußeren Umstände haben sich zwar nicht geändert, aber Ihre Wahrnehmung derselben. Das Gefühl der Dankbarkeit für die schlichten Aspekte des Lebens ermöglicht uns, besser mit den Aspekten fertig zu werden, die eine größere Herausforderung für uns darstellen. Es ist, als würden Sie die Kehrseite einer Medaille betrachten, ein kleiner Zaubertrick, der weit reichende Folgen haben kann. Unabhängig davon, dass andere jetzt wissen, dass ihre Bemühungen als wertvoll geschätzt sind, wird die eigene Lebensqualität bereichert, wenn Sie sich im Gefühl der Dankbarkeit üben. Sie fühlen sich einfach besser.

Übung

Wenn Sie morgens unter der Dusche stehen, denken Sie an all die Dinge, für die Sie dankbar sind, zum Beispiel dafür, dass Sie aufgewacht sind, dass sie gesund sind, dass warmes Wasser aus der Dusche kommt, für ihre Familie, ihre Arbeit, den Sonnenschein ... es können allgemeine oder besondere Dinge sein. Damit bestimmen Sie den Grundton für Ihren Tag. Wenn Sie abends ins Bett gehen, denken Sie an mindestens drei Dinge, die Ihnen tagsüber passiert sind, für die Sie dankbar sind, zum Beispiel: Das Meeting mit dem wichtigen Kunden verlief erfolgreich; mein Kind hat einen neuen Freund gefunden; ich habe heute viel gelacht.

Wenn wir zu Hause und im privaten Bereich das Gefühl der Dankbarkeit üben, werden wir davon zweifelsohne profitieren. Praktizieren wir es als Vorbilder auch in der Schule, wo täglich so viele Menschen zusammenkommen, dann geben wir vielen anderen einen Impuls, sich auch auf das Positive zu konzentrieren.

Wohlwollen und Freundlichkeit

Wohlwollend sein heißt zeigen, dass man an anderen Anteil nimmt, indem man ihnen Verständnis entgegenbringt und ihnen Gutes tut. Wir können nicht davon ausgehen, dass Kinder dies automatisch tun, insbesondere nicht in einer Welt, die sehr unbarmherzig und grausam sein kann. Kinder werden überflutet mit Aussagen und Bildern, die Gemeinheiten und sogar Gewalt fördern ... zu Hause, in der Schule, unter Gleichaltrigen, in den Medien, durch elektronische Spiele usw. Wir müssen Wohlwollen, Mitgefühl und Anteilnahme in den Kindern entwickeln, damit sie ein gutes Selbstgefühl bekommen und ihren Beitrag zu einer friedlichen Welt leisten können.

Zuerst müssen wir Kindern verständlich machen, was Wohlwollen bedeutet und wie wichtig es ist, Wohlwollen zu zeigen. Wir müssen sie motivieren, ihre wohlwollenden Gedanken auch in die Tat umzusetzen, weil sie damit nicht nur anderen, sondern auch sich selbst Zufriedenheit verschaffen.

Unsere Handlungsabsichten entstehen in uns, wir wissen also zuerst, wie wir andere behandeln wollen und werden. Das ist immer so, ob wir nun freundlich, böse, verbindlich oder aggressiv sind. Unser Verstand, unser Körper und unsere Gefühle registrieren jeden Gedanken und jede Handlungsabsicht, die wir dann in die Tat umsetzen. Da wir auf unser persönliches inneres Wohlbefinden achten sollten, das uns in unserem Leben leitet, sollten wir sorgfältig auswählen, was wir selbst erfahren und dann schließlich an andere weitergeben wollen.

Wohlwollendes, freundliches Verhalten ist dafür ein gutes Beispiel. Wenn ein Kind zum Beispiel einem fremden Mädchen hilft, die heruntergefallene Schultasche wieder einzuräumen, wird es zunächst selbst mit dem guten Gefühl belohnt, jemandem etwas Nettes zu tun. Die Empfängerin der Tat, das Mädchen, freut sich über die Hilfe und spürt das Wohlwollen, das an sie weitergegeben wurde. Wenn sie nun ihrerseits ihr gutes Gefühl an andere weitergeben kann, setzt sich diese Kette fort.

Allerdings muss man die Bedürfnisse des anderen, dessen momentane Situation und die weiteren Umstände berücksichtigen, bevor man jemandem etwas Gutes tut, denn jeder Mensch ist anders, hat eigene Bedürfnisse und eigene persönliche Grenzen.

Anderen mit Wohlwollen und Freundlichkeit zu begegnen, heißt nicht, dass es unbedingt große Mühe kosten muss. Auch kleine Gesten oder freundliche Worte bringen dies zum Ausdruck, zum Beispiel indem man jemanden in ein Gespräch mit einbezieht oder ihm Informationen weitergibt, die er braucht. Gerade mit Worten freundlich zu sein, ist leicht. Wenn uns an jemandem eine schöne Jacke auffällt oder ein beschwingter Gang, braucht es nicht viel, dies dieser Person gegenüber zu erwähnen: „Mensch, was hast du für eine schöne Jacke an" oder „An deinem Gang sieht man schon, dass es dir gut geht". Damit lassen wir andere an unseren positiven Gedanken teilhaben, geben sie in die Innenwelt anderer weiter und schaffen Platz für neues Positives in unserer eigenen Innenwelt. Wenn man wohlwollend und freundlich ist, gibt es nur Gewinner.

Wohlwollen und Freundlichkeit zeigen heißt nicht, sich von anderen ausnutzen zu lassen oder zu nachgiebig zu sein. Im Gegenteil tut man oft anderen nur etwas Gutes, wenn man ihnen gegenüber bestimmt auftritt, weil man ihr Wohlergehen im Auge hat. Zum Beispiel lässt man niemanden betrunken Auto fahren. Wohlwollen beinhaltet Stärke und Vertrauen.

Einige Anregungen für freundliches Verhalten (von Lehrern und Schülern, entsprechend modifizieren):

- Lassen Sie andere gelegentlich beim Spielen gewinnen.
- Bieten Sie einem anderen das größte Stück (eines Kuchens o. Ä.) an.
- Äußern Sie sich positiv über jemanden, über den andere gerade schlecht reden. Meistens hört der Tratsch dann auf.
- Nehmen Sie einen neuen Kollegen mit zum Stammtisch nach der Arbeit.
- Wenn Sie Ihren Bleistift anspitzen, bieten Sie an, auch den eines Kollegen anzuspitzen.
- Helfen Sie Schülern, während der Pause ein Spiel in Gang zu bringen.
- Teilen Sie Ihren Kuchen, Ihre Kekse oder sonst etwas mit Ihren Kollegen.
- Führen Sie zum Geburtstag eines Kollegen (oder der Schüler) ein nettes, aber unaufwändiges Ritual ein, das das Geburtstagskind ehrt.
- Entlasten Sie jemanden, der sich um ein krankes Familienmitglied kümmern muss, indem Sie ihm Arbeit abnehmen.
- Helfen Sie, wenn Sie sehen, dass jemand Probleme hat.
- Geben Sie sachliche Informationen großzügig weiter.

Achtung und Anerkennung

Man hat Achtung vor anderen, wenn man ihren Wert zu schätzen weiß und sie respektvoll behandelt, gemäß der goldenen Regel: Behandle andere, wie du selbst behandelt werden möchtest beziehungsweise wie sie deines Wissens behandelt werden möchten. Respektvolles Verhalten ist unerlässlich für die Entwicklung zwischenmenschlicher Beziehungen und unterstützt Kinder dabei, verantwortliche Bürger zu werden, die jedes menschliche Wesen wertschätzen. Achtung ist eine Voraussetzung für Erfolg in allen Bereichen des Lebens.

Es ist eine beunruhigende Tendenz, dass die heutigen Kinder weit weniger respektvoll mit sich und anderen umgehen als vorherige Generationen. Bedauerlicherweise vermitteln viele Einflüsse unserer modernen Welt unseren Jugendlichen eine falsche Botschaft: Grobheiten, eine unangemessene und vulgäre Sprache werden zunehmend angewendet und antrainiert, respektloses Verhalten wird durch Film, Fernsehen und Computerspiele normalisiert. Der Verlust an Rollenbildern hat eine tief greifende Auswirkung auf Kinder. Wenn Kinder von Eltern, Verwandten, Lehrern, Trainern und Gleichaltrigen selbst oft respektlos behandelt werden, nehmen sie sich ein falsches Bespiel daran.

Es ist entscheidend, dass wir unseren Kindern die Bedeutung von Achtung vermitteln, und unerlässlich, dass auch wir selbst uns in respektvollem Verhalten üben.

Selbstachtung: Sich der Person, die wir sind, bewusst sein, und bewusst entsprechend unseren Werten und Träumen zu leben, ist die Grundlage für Selbstachtung. Dazu gehört, sich über die eigenen Stärken und Schwächen, über Träume und Wünsche bewusst zu werden. Auf dieser Grundlage können wir uns für die Umstände entscheiden, die uns und unsere Werte stützen. Wir vermeiden oder korrigieren dann auch Situationen, die uns einschränken oder abwerten würden. So entwickeln und wahren wir Respekt vor uns selbst.

Respektiert jemand unsere Wünsche nicht, erklären wir ruhig, was wir wollen und was nicht. Wir arbeiten dann darauf hin sicherzustellen, dass unseren Bedürfnissen entsprochen wird, solange andere beteiligte Personen ebenfalls respektiert werden. Verhalten wir uns selbst nicht entsprechend den Werten, die wir vertreten, dann müssen wir die daraus entstehenden Schwierigkeiten selbst ausbügeln. Wir übernehmen Verantwortung für unser Handeln, indem wir mit anderen beteiligten Personen sprechen und die Sache wieder gutmachen oder anbieten, sie wieder gutzumachen.

Wenn wir für unsere Überzeugungen einstehen, bauen wir auf den Eckpfeilern unserer Selbstachtung auf und können anderen die gleiche Achtung entgegenbringen.

Gutes Benehmen unterstützt die Akzeptanz der eigenen Person und trägt positiv zu unserem sozialen Umfeld bei. Sich gut zu benehmen entspricht der Selbstachtung und der Achtung anderer. Bietet man seinen Sitzplatz im Bus einer älteren Person oder einer schwangeren Frau an oder hilft man einem Klassenkameraden, der hingefallen ist, hinterlassen diese Handlungen bei allen Beteiligten ein gutes Gefühl. Man zeigt so Wohlwollen, Respekt und Rücksichtnahme und bei regelmäßiger Anwendung formen solche Taten unser tägliches Verhalten. Langfristig stärkt positives Verhalten unser Selbstwertgefühl, was sich dann wiederum nach außen kehren und unserem Umfeld zugute kommen kann.

„Danke" und „bitte" zu sagen, ist nicht nur eine Formalität, sondern macht deutlich, wie wir Personen gegenüber stehen. Bedanken wir uns bei jemandem, der uns bei einer Problemlösung geholfen hat, zeigen wir, dass wir seine Freundlichkeiten anerkennen. Es sollte nicht abwesend und nachlässig dahingesagt sein, sondern als ernst gemeintes Gefühl und Ausdruck der Anerkennung anderer verstanden werden.

Höfliches Benehmen wird zur Gewohnheit. Das ist gut so, denn dies trifft leider auch auf Fluchen und Unhöflichkeiten zu. Verwendet ein junger Mensch stets derbe Kraftausdrücke, wenn etwas schief geht, dann trainiert er sich buchstäblich den Gebrauch negativer Sprache an und bekommt dabei noch von vielen Menschen seines Umfelds „Hilfestellung". Umso wichtiger ist es, dass wir als Vorbilder Kinder dabei unterstützen, positive Gewohnheiten zu trainieren und anzunehmen, was mit höflicher Ausdrucksweise und höflichem Benehmen beginnt. Ein solches Training kann zu Veränderungen des Verhaltens und der inneren Einstellungen führen.

Indem wir die gesellschaftlichen Regeln unseres Kulturkreises respektieren, erweisen wir den anderen in unserem Umfeld Respekt und können harmonischer und reibungsloser zusammenleben. Entschuldigen wir uns zum Beispiel, wenn wir in der Öffentlichkeit rülpsen, bedecken wir unseren Mund beim Husten oder Gähnen, gebrauchen wir eine Serviette beim Essen und halten jemandem die Tür auf, sind dies Handlungen, die unseren Mitmenschen Respekt bezeugen und einem inneren Gefühl der Rechtschaffenheit entspringen.

Nun soll das nicht heißen, dass sich alle in allen Lebenssituationen immer gleich verhalten sollen. Im Gegenteil, indem wir unser Selbstwertgefühl stärken und auch indem wir uns respektvolle Verhaltensweisen aneignen, wird uns klarer, wer wir sind, woran wir glauben und wie wir unser Leben leben wollen. Nichts könnte mehr zu unserer Individualität beitragen.

Positive, bestärkende Worte geben uns Auftrieb, wenn wir niedergeschlagen sind, oder lassen uns einfach wissen, dass jemand gut über uns denkt. Solche Bestärkungen fördern unser persönliches inneres Wohlbefinden. Durch anerkennende Worte fühlen wir uns bestätigt, besonders, wenn wir Zeit und Energie auf etwas verwendet haben. Uns wird dadurch von anderen ein Spiegel vorgehalten, in dem wir das von uns Geleistete sehen. Es ist wichtig, andere zu bestärken, ohne dabei zu beurteilen, was diese Person getan oder erreicht hat. Wichtiger ist, dass sich diese Person darauf konzentriert hat, ihr Bestes – gemessen am eigenen Standard – zu geben und selbst gesetzte Ziele zu erreichen. Wenn wir Anerkennung erfahren, betrachten wir das, was wir gemacht haben, mit einer gewissen Befriedung: „Ja, ich habe hart gearbeitet und meine Bemühungen haben sich gelohnt" oder „Na ja, es ist nicht perfekt, aber ich habe mich seit dem letzten Mal enorm verbessert". Einfache Aussagen, die die Bemühungen anderer würdigen, die das Ergebnis zusammenfassen oder Verbesserungen bestätigen, können eine äußerst wirksame Bestärkung sein.

Beispiele:
- Du hast den ganzen Vormittag gearbeitet, ohne aufzugeben. Das ist Entschlossenheit.
- Du hast das Kunstprojekt genau so gemacht, wie es der Lehrer gesagt hatte.
- Was für eine fantasievolle Idee! Ich bin sicher, dass du sie gut umsetzen kannst.
- Ich sehe, du hast bei dieser Hausaufgabe dein Bestes gegeben.
- Selbst wenn es nicht ganz so gut gelaufen ist, wie du dir gewünscht hattest, zeigt es, wie eifrig du daran gearbeitet hast. Ich glaube, dass du es noch schaffen wirst.

Verstehen und Akzeptieren von Unterschieden

Liebe finden die, die die menschliche Natur so akzeptieren, wie sie ist.

Akzeptanz ist die Bereitschaft, anzunehmen, zu glauben, als richtig oder gültig anzuerkennen und/oder entsprechend zu handeln. Außerhalb unseres kleinen Freundes- und Familienkreises sehen wir nur wenige Menschen, die unsere persönlichen Ansichten, unsere Geschichte und Vorlieben teilen. Wir interagieren täglich mit zahlreichen Individuen, die sich innerlich und äußerlich sehr von uns unterscheiden. Ihre Haut- oder Haarfarbe, ihr Akzent, ihre Art, sich zu kleiden, zu gehen, zu kommunizieren und zu essen, kann uns seltsam erscheinen und sogar stören. Eine Ursache liegt darin, dass es uns fremd ist und wir Menschen oft eine Furcht vor dem Unbekannten haben.

Überall außerhalb unseres Heimatlandes sind wir Fremde. Das bedeutet, dass die meisten Bräuche und Eigenheiten, die wir auf der Welt finden, uns erst einmal fremd sind. Aber wie ist das hier zu Hause? Was ist mit den Unterschieden, die wir täglich in der Schule, auf der Straße und in unserer Stadt sehen? Ist es möglich, diese augenscheinlichen Unterschiede nur als eben das zu betrachten, was sie sind? Als etwas anderes, als wir es gewohnt sind? Wir mögen nicht alle Situationen oder Menschen als angenehm oder einfach empfinden. Aber die Bereitschaft, sie zu *akzeptieren* und ihnen Wohlwollen entgegenzubringen, bereichert uns alle und führt zu friedlicher Koexistenz.

Indem wir andere Menschen, ihre Einstellungen und Gewohnheiten kennen lernen, erweitern wir unseren Horizont, selbst wenn diese unserer eigenen Lebensart konträr gegenüberstehen.

**Auf einem großen Werbeplakat
war einmal zu lesen:**

Eure Jeans sind amerikanisch.
Euer Auto ist deutsch.
Eure Pizza ist italienisch.
Eure Tulpen sind holländisch.
Euer Reis ist chinesisch.
Euer Erlöser war ein Jude.

Selbst wenn wir uns nicht bewusst dafür entscheiden, so leben wir doch heute interkulturell. Entweder direkt oder durch die Medien werden wir mit vielfältigen Unterschieden konfrontiert. Menschen, die mit ihrem Körper, ihren Worte oder Ideen anders umgehen als wir, machen unsere Welt aus und wir ihre. Für sie sind wir die Fremden, die auf sie ebenso andersartig wirken. „Ich bin eben, wie ich bin", sagen Sie? Ja, richtig, das sind Sie. Und die anderen denken das Gleiche.

Da jeder Mensch auf diesem Planeten unter anderen Umständen aufwächst, ist es Fakt, dass wir uns alle voneinander unterscheiden. Wenn wir uns öffnen und versuchen, den Hintergrund einer anderen Person zu verstehen, und zu erforschen, welche Ursachen ihr Verhalten hat, kann das unseren eigenen Blickwinkel erweitern und unser Verständnis der Welt vertiefen. Wenn man andere versteht und akzeptiert, gibt man ihnen ein Gefühl der Zugehörigkeit, eben weil sie sind, wer und was sie sind, einschließlich aller Unterschiede.

Über andere ein *Werturteil* abzugeben heißt, sie zu kritisieren oder sogar zu verurteilen, in der Annahme, man sei in einer überlegenen Position. Dies ist ein destruktiver Charakterzug, der häufig aus dem Gefühl entsteht, einen Mangel an Selbstwertgefühl kompensieren zu müssen. Andere zu beurteilen ist eine erworbene Eigenschaft, die man sich abgewöhnen kann.

> Früh am Abend stiegen ein Vater und seine vier Kinder in ein volles Abteil der Frankfurter S-Bahn ein. Die Kinder fingen an, sich anzuschreien, mit Gegenständen zu werfen und sich wild zu gebärden. Die müden Fahrgäste, nach einem langen Arbeitstag auf dem Weg nach Hause, waren wenig erfreut über ihr Verhalten. Der Vater saß ruhig da und starrte vor sich hin, augenscheinlich unberührt von den Störungen, die seine Kinder verursachten. Ein zorniger Fahrgast sprach den Vater an und fragte unfreundlich: „Können Sie Ihre Kinder nicht besser unter Kontrolle halten?" Der Vater sah den Mann einen Moment lang an, bevor er mit leiser Stimme sagte: „Wir kommen gerade aus dem Krankenhaus im Stadtzentrum, wo meine Frau, ihre Mutter, starb. Keiner von uns weiß so richtig, wie er damit umgehen soll."

Wir wissen nie, was in anderen abläuft. Es ist von entscheidender Bedeutung für das innere Wohlbefinden und die positive Verbundenheit der Menschen in allen Gruppen, Altersstufen und Nationalitäten, dass wir versuchen zu verstehen und zu akzeptieren. Das ist machbar, wenn wir davon ausgehen, dass alle ihr Bestes tun, je nach ihren jeweiligen Kenntnissen und Möglichkeiten. Wenn wir uns angewöhnen, die Welt aus diesem Blickwinkel zu sehen, wird es viel leichter, sich von dem Verhaltensmuster des Beurteilens zu lösen.

Das heißt nicht, dass wir Verhaltensweisen oder Handlungen zustimmen oder stützen, die nach unserer Auffassung eindeutig falsch sind. Wir lenken aber unsere Aufmerksamkeit auf unsere eigenen „inneren Baustellen", statt auf das zu achten, was andere falsch gemacht haben.

Das nächste Mal, wenn Sie gar nicht zufrieden sind mit Ihrer eigenen Leistung oder Ihrem Verhalten, machen Sie sich bewusst, dass sie Ihr Bestes gegeben haben. Dann sehen Sie sich genauer an, was nicht gut war, und machen einen Plan, was Sie in Zukunft anders machen können. Gibt es einen Fehler, der korrigiert, oder eine Kränkung, die überwunden werden muss, dann gehen Sie es an. Das nächste Mal, wenn Sie das Verhalten, die Erscheinung oder die Leistung eines anderen beurteilen, egal, ob derjenige ihnen bekannt ist oder nicht, erinnern Sie sich daran, dass diese Person auch ihr Bestes tut, je nach ihren jeweiligen Kenntnissen und Möglichkeiten. Spielen Sie nicht den Richter. Bieten Sie Hilfe an, wenn nötig, sehen Sie hinter das Bild der Person, das Sie vordergründig wahrnehmen. Menschliche Begegnungen können dann stattfinden, wenn die negativen Schranken gefallen sind.

Glück und Zufriedenheit

Es gibt keinen Weg zum Glück; *Glück ist der Weg.*

Man sagt, Glück sei ein Gefühl der Freude, Zufriedenheit und des inneren Friedens. Wir hören Leute sagen: „Ich werde glücklich sein, wenn es wieder Sommer ist; ich werde glücklich sein, wenn ich in der Oberstufe bin, wenn ich an der Universität bin; ich werde glücklich sein, wenn ich einen Job finde, wenn ich verheiratet bin, wenn ich Kinder habe, wenn ich pensioniert werde." Wenn man Glück über das definiert, was man nicht hat, dann wird man nie glücklich sein. Wie John Lennon sagte: „Leben ist das, was passiert, wenn man darauf wartet, dass das Leben beginnt."

Wir müssen Kindern helfen, sich bewusst zu machen, dass Glück und Zufriedenheit im Hier und Jetzt zu finden sind, unabhängig von dem, was morgens oder in der letzten Woche passierte oder was am Abend oder nächsten Monat passieren wird.

Die Vergangenheit existiert nicht mehr und die Zukunft noch nicht. Ein Mensch ist nicht glücklich, weil er unter bestimmten Umständen lebt, zum Beispiel berühmt oder wohlhabend ist, sondern weil er bestimmte innere Einstellungen hat. Unser Denken ist entscheidend für unser Glück. Auch Sie sind nur einen Gedanken davon entfernt, sich glücklich zu fühlen. Glück wird bestimmt durch das, was Sie *sind*, und nicht durch das, was Sie *haben*. Glück ist abhängig von einer Entscheidung, *Ihrer* Entscheidung.

Viele glauben, dass sie glücklich werden, wenn sie bekommen, was sie wollen. Stimmte das und betrachten wir das Leben statistisch, dann müssten wir den größten Teil unseres Lebens unglücklich sein. Das Leben bietet uns vieles, aber eben nicht immer, was wir wollen. Was machen wir also nun?

Wir können überlegen, was genau hinter jeder von uns zu treffenden Entscheidung und Wahl steckt. Was wir wollen, ist einfach nur das – eben, was wir wollen. Die Erfüllung eines Wunsches birgt keine Glücksversprechen. Sie haben sich zum Beispiel schon lange ein neues Auto gewünscht und endlich genug Geld dafür zusammengekratzt – Farbe, Größe, Geschwindigkeit, einfach alles ist perfekt. Als Sie dann hinter das Lenkrad schlüpfen, denken Sie, Sie könnten nicht glücklicher sein. Sie scheinen zu schweben. Ihr Wunsch ist in Erfüllung gegangen.

Wie lange aber hält dieses Gefühl des ‚Glücks' an? Eine Woche, einen Monat? Bis das Auto seine ersten Kratzer hat? Zu bekommen, was wir wollen, macht uns nicht glücklich. Weil unser ‚Glück' unweigerlich von kurzer Dauer ist. Dann stürzen wir uns auf das Nächste, das wir haben wollen.

Wir haben in jedem Augenblick und in jeder Situation die Wahl, wie wir reagieren wollen. Ob wir nun bekommen, was wir wollen, oder nicht, muss keinen Einfluss auf unser inneres Wohlbefinden, unser Gefühl des Glücks haben. Probieren Sie es einmal aus. Wenn Sie das nächste Mal die Grünphase an der Ampel nicht mehr schaffen, einen Test nicht bestehen, einen wichtigen Termin verpassen oder Ihre Bemühungen nicht gewürdigt werden, machen Sie sich bewusst, dass Sie Ihre Reaktion jeweils selbst bestimmen können. *Sie allein* entscheiden, wie Sie dazu stehen wollen. Es steht Ihnen frei, trotzdem ein Gefühl des inneren Wohlbefindens zu haben. Dies ist eine schlichte und einfache, aber befreiende Methode.

Kinder sind oft richtig glücklich in ihrem Tun und Treiben, bis ihnen jemand etwas Verlockendes in Aussicht stellt – ein Stück Kuchen, eine neue CD, einen Kinobesuch. Wenn dies dann aus irgendeinem Grunde nicht klappt und den Kindern verwehrt wird, beginnt das Klagen und Jammern. Wie schnell kann sich Glück in Unglück verwandeln!

Stellen Sie sich vor, das Kind hätte gelernt zu entscheiden, dass es glücklich sein und sein Gefühl der Freude bewahren kann, selbst wenn es das in Aussicht Gestellte nicht bekommt! Und stellen Sie sich vor, welche Auswirkung es auf das Leben des Kindes hätte, würde es sich diese Wahlmöglichkeit langfristig bewahren.

Wir müssen also unsere Kinder dabei unterstützen, dass sie sich bewusst werden, was Glück ist und was es für sie persönlich bedeutet; dass Glück von innen kommt, in der Gegenwart zu finden ist und vor allem, dass man sein Glück wie sein Unglück auf andere ausstrahlt. Unser Ziel, eine friedvolle Schule zu schaffen, wird erreicht, wenn wir Glück fördern und verbreiten. Glückliche Menschen sind friedfertige Menschen. Es macht Spaß, mit jemandem zusammen zu sein, der glücklich ist. Man kann dann auch selbst leichter Zufriedenheit und Glücksgefühle erleben. So entsteht zwischen Menschen eine Wechselwirkung der guten Gefühle, von der jeder profitiert.

Die geheimen Schlüssel zur Freude:

- Lache unbeschwert und oft.
- Sag „ja" zu dir selbst, zu anderen und dem Leben.
- Verzeih, wenn etwas Falsches getan wurde.

Lachen ist nicht nur Spaß und ein Ausdruck des Glücks, es wirkt sogar kathartisch (das griechische Wort *kathartikos* bedeutet [kultisches] Reinigen). Es läutert, erlöst, schafft Bewegung und befreit. Lachen hat eine tief greifende Auswirkung auf die persönliche Wahrnehmung. Wir sehen die Welt in der Tat anders, wenn wir lachen. Durch das Lachen können wir unseren Blickwinkel verändern und eine neue Sichtweise entwickeln.

Eine solche Verschiebung der Wahrnehmung kann eine erfrischende Erfahrung von Glück bedeuten.

> „Nicht die Dinge selbst, sondern die Meinungen über dieselben beunruhigen die Menschen".
> Epiktet, 1. Jh. n. Chr.

Menschen lachen oder weinen oft, um Spannung, Stress oder Schmerz abzubauen bzw. zu lindern. Wenn wir solche verborgenen Emotionen herauslassen, dann lockern wir die strikte Kontrolle darüber. Die Kontrolle aufzugeben, gilt in unserer Gesellschaft im Allgemeinen nicht als vernünftig, aber es ist sehr gesund und kann Vertrauen schaffen.

Lachen ist mehr, als Muskeln und Stimme zu gebrauchen. Es koordiniert die verschiedenen Systeme des Körpers und hat eine tief greifende Wirkung auf sie. Die Wissenschaft der Psychoneuroimmunologie hat bewiesen, dass Lachen und Glück, also positive innere Einstellungen, unter anderem die Freisetzung von Endorphinen im Körper bewirken – Endorphine sind die natürlichen Schmerzmittel unseres Körpers. Neue Untersuchungen zeigen, dass eine Minute herzhaften Lachens zu tiefer Entspannung des gesamten Körpers führt. Das Lachen spielt also eine große Rolle beim Stressabbau bei jungen und alten Menschen.

Was genau bewirkt das Lachen bei uns?

- Es reduziert die Muskelspannung.
- Es baut überschüssige nervöse Energie ab und entspannt das sympathische Nervensystem (Teil des vegetativen Nervensystems).
- Während des Lachens steigt der Blutdruck zunächst an. Nach einer Weile herzhaften Lachens fällt er jedoch auf einen Wert unter normal.
- Herzhaftes Lachen löst die Freisetzung von Endorphinen im gesamten Körper aus, diese Chemikalie erzeugt ein euphorisches Gefühl und spielt eine Rolle bei der Schmerzlinderung.
- Heftiges Atmen regt die Blutzirkulation an und das Blut wird durch einen vollen, tiefen Atemrhythmus mit Sauerstoff angereichert.
- Das Zwerchfell zieht sich in Abständen zusammen und massiert so die inneren Organe.

- Die Gesichtsmuskeln werden trainiert. Jede Katharsis, auch Weinen und Gähnen, bewirkt dies.
- Es stärkt das Immunsystem.
- Kortison, ein natürlicher Entzündungshemmer, wird ebenfalls durch Lachen produziert.
- Ein offenes, nicht abfälliges Lachen verbindet uns mit anderen auf direkter, nonverbaler Ebene.

Was also hält uns vom Lachen ab?

- Wir denken, dass wir einen Grund zum Lachen brauchen. Es muss irgendetwas Lustiges da sein. Wenn andere nicht lachen, trauen wir uns nicht, eine Situation humorig oder spaßig zu finden.
- Wir müssen glücklich sein, um lachen zu können. Doch ist es möglich oder sogar zulässig, glücklich zu sein angesichts des Leidens in der Welt? Leiden wird jedoch nicht durch Ernsthaftigkeit gelindert. Tatsächlich kann unser Lachen andere aufrichten, wenn alles düster zu sein scheint. Wir fühlen uns oft glücklicher, weil wir lachen, anstatt zu lachen, weil wir glücklich sind.
- Zum Lachen muss man Humor haben. Viele sind der Meinung, dass Lachen und Humor intellektuelle Vorgänge sind. Das ist nicht der Fall. Humor ist nicht einmal Voraussetzung für das Lachen und ist keinesfalls universell; das Lachen hingegen schon.

Lachen ist ansteckend und wirkt sich automatisch positiv auf unseren seelischen Zustand aus. Lachen Sie oft und bringen Sie damit auch andere zum Lachen!

Freundschaft

Ein Freund ist ein Geschenk, das man sich selbst macht.

Freundschaften unter Kindern erfüllen viele wichtige Entwicklungsfunktionen; sie stärken das Selbstbewusstsein, geben sozialen Halt, gewährleisten die Gesellschaft anderer und sind eine Übung für künftige Beziehungen. Im Kindergarten wird bereits der Grundstein dafür gelegt, ob Kinder zu Beginn ihrer Schulzeit schnell Freundschaften schließen können. Diese Kinder nehmen die Schule insgesamt positiver wahr und erbringen bessere geistige Leistungen.

Forschungen zeigen ebenfalls, dass Freundschaften dabei helfen, Schikanen und Anfeindungen vorzubeugen und mit Hilfe von anderen auch besser damit fertig zu werden, wenn sie trotzdem passieren. Wir müssen den Kindern soziale Kompetenzen vermitteln, damit sie leicht Freundschaften schließen können. Von allein entwickeln sich diese Fähigkeiten nicht in jedem Fall.

Kinder sollten mit anderen ins Gespräch kommen, um gemeinsame Interessen zu entdecken und Anerkennung zu zeigen. Sie müssen wissen, wie sie sich erfolgreich einer Gruppe anschließen können, was sehr wichtig für erfolgreiche Beziehungen zu Gleichaltrigen ist. Kinder sollten auch lernen, wie man Meinungsverschiedenheiten fair bewältigt, ohne eine Beziehung zu beeinträchtigen.

Teamgeist und Fairness

Fairness ist eine Reaktion in kritischen Situationen, die uns selbst und das Team positiv aufbaut. *Harry Sheehy*

Kinder besitzen außerordentliche Energien auf allen Ebenen. Damit sie diese Kraft dauerhaft positiv einsetzen können, muss das schulische Umfeld ihre kreativen, sozialen und physischen Energien kanalisieren, um sie als Individuen in ihrer Gesamtheit zu erfassen. Die körperliche Energie von Kindern braucht unbedingt ein Ventil. Mannschaftssportarten und Gruppenaktivitäten in den Pausen greifen diese Energie positiv auf und reduzieren aggressive Tendenzen. Außerdem fördern sie den Teamgeist.

Durch die regelmäßige Teilnahme am Sporttraining oder Teamaktivitäten entwickelt sich eine positive Arbeitsethik. Die Kinder lernen, sich realistische Ziele zu setzen, Erfolg zu definieren und danach zu streben. Sie bekommen ein Verständnis für höchste Qualität und behalten die zwei Seiten der Medaille im Auge: das Gewinnen und das Verlieren. Zudem werden ein gesunder Wettbewerbsgeist, Bescheidenheit und ein Gefühl für Fairness ausgebildet. Im gemeinsamen Sporterlebnis dürfen die Kinder Enthusiasmus zeigen und Spaß haben, aber auch Kritik und Anerkennung annehmen und austeilen. Es liegt in der Verantwortung des Lehrers oder des Trainers, sich während aller Trainingseinheiten, Spiele und Wettbewerbe aktiv auf diese Aspekte zu konzentrieren.

Das gesunde körperliche Ausleben von aufgestauter Spannung, Frustration und Aggression rundet die Friedenserziehung ab und ergänzt sie. Bei Mannschaftssportarten kann man ‚Dampf ablassen' und ein Grundgerüst von Werten und sozialen Kompetenzen erwerben, auf das man im späteren Leben zurückgreifen kann. Die in einem positiven Teamumfeld vermittelten

Instrumente werden später täglich am Arbeitsplatz und in anderen sozialen Zusammenhängen gebraucht.

Wenn Sport als wichtigstes Ziel die Vermittlung von Integrität, Charakterstärke und Fairness verfolgt, können Kinder auch Teamgeist entwickeln. Es soll nicht hauptsächlich um Leistung und Gewinnen gehen. Unterstützen Sie dies, indem Sie nach gemeinsamen Sport- oder anderen Teamerlebnissen folgende Fragen stellen und sie in der Klasse besprechen:

- Hat das Spiel, das Projekt oder die Aktivität Spaß gemacht?
- Was habt ihr darüber in Erinnerung?
- Woran möchtet ihr jetzt gerne arbeiten?

Das Wichtigste dieses Kapitels in Kürze

☑ Durch Übung kann eine positive Sicht auf die Dinge und Geschehnisse des Lebens erreicht werden.

☑ Der Gedanke bestimmt die Wörter, die wir verwenden. Wörter manifestieren sich und bestimmen die Welt, die wir erfahren. Darum ist es ratsam, dass wir auf unsere Wortwahl achten.

☑ Unsere Entscheidungen haben kreative Wirkkraft.

☑ Jeder gibt immer sein Bestes nach seinen jeweiligen Kenntnissen und Möglichkeiten.

☑ Indem wir uns konsequenter für Liebe statt Furcht entscheiden, können wir das Wesen und die Qualität unserer Beziehungen verändern.

☑ In jedem von uns ruht der Keim eines Freundes. Wir können uns dafür entscheiden, den Keim zum Wachsen zu bringen.

☑ Wahre Akzeptanz schließt Ansprüche oder Erwartungen aus.

☑ Die Unterschiede zwischen uns sind oberflächlicher Natur und nur von Bedeutung, wenn wir ihnen Bedeutung beimessen; nur die unzähligen Punkte, in denen wir uns gleichen, sind wichtig.

☑ Andere müssen sich nicht verändern, damit wir unsere innere Ruhe finden.

☑ Egal, ob wir denken, dass wir etwas können oder etwas nicht können, wir haben damit immer Recht.

Mögliche Fragen und Einwände

◈ *„Wie gehe ich mit Skepsis und Widerstand um, wo doch diese Arbeit auch für mich so neu ist?"*

Lassen Sie Ihre Skeptiker wissen, dass Sie etwas Neues angehen, was ein Abenteuer für alle Beteiligten ist. Erklären Sie, dass Sie überzeugt davon sind, dass der eingeschlagene Weg gut und lohnend ist, und dass Sie dankbar sind für Unterstützung und Feedback, damit die Erfahrung die bestmögliche wird. Sie müssen nicht alles über Friedenserziehung wissen, um damit an Ihrer Schule zu beginnen. Selbst Skeptiker können der einfachen Logik von „Dies ist gut, es ist einen Versuch wert" folgen.

◈ *„Ich fühle mich bei einigen Übungen nicht wohl!"*

Probieren Sie es trotzdem! Jemand sagte einmal, dass man etwas am besten lernt, wenn man es anderen vermittelt. Gehen Sie die Lektionen mit Ihren Schülern durch. Machen Sie parallel dazu die Arbeitsblätter. Stellen Sie den Skeptiker in sich beziehungsweise seine Berechtigung in Frage. Sehen Sie dieses Programm als Experiment und finden Sie heraus, wohin es sie bringt. Sie müssen nicht perfekt sein, nur weil Sie Lehrer sind. Wenn Sie Fehler machen, geben Sie es zu, wenn nötig, auch anderen gegenüber, und mögen Sie sich ein bisschen mehr wegen Ihrer Unvollkommenheit.

◈ *„Eltern finden es nicht richtig, ihren Kindern beizubringen, freundlich zu sein, anderen zu helfen und Respekt zu üben, wenn sie von anderen nicht ebenso behandelt werden!"*

Es gibt nur eine Antwort auf diesen Einwand: Es ist richtig, weil sich die Kinder gut dabei fühlen werden. Es gibt nie eine Garantie dafür, dass jemand so behandelt wird, wie er andere behandelt. Aber es ist sicher, dass jeder mit sich und seinem Umfeld zufriedener ist, wenn er sich und andere auf der Grundlage positiver Werte behandelt. Das ist letztendlich sowieso alles, was jeder tun kann. Sie und die Kinder können nur Ihr eigenes Verhalten verändern und darauf wird man reagieren müssen.

◈ *„Mein Umfeld muss auch mitspielen. Ich kann nicht so tun, als wäre ich nicht durch mein Umfeld beeinflusst."*

Das ist wahr und wir sollten es auch nicht vergessen. Um ein bewusstes, sinnvolles Leben voller innerem Wohlbefinden führen zu können, müssen wir bewusst auswählen, welche Faktoren unseres Umfeldes Einfluss auf unser Leben haben sollen und welche nicht, und was wir selbst in unserer Umgebung beeinflussen wollen. Wir interagieren täglich mit unserem Umfeld und dürfen dabei nicht vergessen, dass wir das Steuer in der Hand haben und aktiv den Weg einschlagen, von dem wir glauben, dass er uns in die gewünschte Richtung führen wird.

◇? *„Zu viel Positives ist unrealistisch. So ist das Leben nicht."*

Lassen Sie uns differenzieren zwischen der Suche nach dem Positiven im Leben und dem unkritischen Blick durch die rosarote Brille auf eine anscheinend perfekte Welt. Die täglichen Ereignisse und Begegnungen mit einer positiven inneren Einstellung anzugehen heißt, danach Ausschau zu halten, was gut daran ist, das Positive anzunehmen und das allem innewohnende Konstruktive und Gute wertzuschätzen.

Trotzdem bleiben wir uns der Schwierigkeiten bewusst und nehmen Konflikte und Probleme zur Kenntnis, deren Bewältigung wir zu unserer Aufgabe machen. Wir stellen uns der Herausforderung des Lebens mit guter Absicht und in der Annahme, dass andere auch ihr Bestes tun, selbst wenn wir es nicht auf Anhieb erkennen können.

Würden wir nur durch eine rosa gefärbte Brille schauen, hieße das, mit Scheuklappen durch das Leben zu gehen. Es hieße, sich der auf der Hand liegenden Schwierigkeiten nicht bewusst zu sein und sie deshalb auch nicht wirksam und bestimmt anzugehen. Würden wir erwarten, dass die Welt perfekt ist, müssten wir ständige Enttäuschungen hinnehmen und denen, die uns enttäuscht haben, Schuld zuweisen. Das ist eindeutig nicht das, was wir meinen, wenn wir von einer umfassenden positiven inneren Einstellung sprechen.

◇? *„Die meisten Menschen weisen automatisch anderen die Schuld zu, weil sie Angst haben, selbst Fehler zu machen."*

Damit bei Kindern solche Ängste möglichst gar nicht erst entstehen oder sie in die Lage versetzt werden, sie zu überwinden, brauchen sie Vorbilder. Es ist notwendig für ihren Lernprozess, dass wir Erwachsene bereit sind, es zuzugeben, wenn wir Fehler gemacht haben, und diese auszubügeln. Zuzugeben, dass wir sogar als Lehrer etwas nicht wissen, nimmt jungen Menschen Druck. Dann müssen sie auch nicht alles wissen. Diese Erleichterung macht oft den Weg frei für wirkliche Neugier und Wissbegier.

Wenn Sie das nächste Mal von einem Thema wenig Ahnung haben, geben Sie es doch einfach zu: „Ich weiß darüber nicht viel. Worum geht es da genau?" Es ist sehr befreiend, nicht alles wissen zu müssen.

Und wenn Ihnen das nächste Mal ein peinliches Missgeschick passiert, dann sollten Sie dazu stehen, sich vor der Klasse dazu bekennen und es möglichst umstandslos beseitigen. Höchstwahrscheinlich wird Ihr offenes Verhalten Anerkennung finden und den Schülern als positives Beispiel dienen.

◇? *„Wir haben zu viele verschiedene Kulturen in unserer Klasse und Schule. Die Kinder haben zu unterschiedliche Hintergründe."*

Das ist die perfekte Ausgangslage, um sich mit dem Verstehen und Akzeptieren von Unterschieden zu beschäftigen. Nehmen Sie die verschiedenen

Kulturen, Sprachen, Rituale und Religionen zum Anlass, um die Vielfalt zu würdigen. Gestatten Sie den Kindern, die Unterschiede gründlich zu untersuchen, und heben Sie gleichzeitig die Ähnlichkeiten hervor, die uns Menschen im Kern verbinden. Gibt es einen besseren Weg, unseren Kindern zu vermitteln, wie wir auf diesem kleinen Planeten harmonisch zusammen leben können?

Die im Kapitel „Lebensführung" dargelegten Prinzipien und Gedanken finden Sie nicht mehr einfach auf der Straße. Vor langer Zeit wurden diese Werte zu Hause, in der Kirche und in der gesellschaftlichen Arena vermittelt. Inzwischen hat sich viel verändert. Sie werden es bisweilen schwer haben, „da draußen" in der Welt eine Bestätigung zu finden für die positiven Veränderungen, die Sie „hier drinnen", in ihrem Inneren, vornehmen.

Es wird leichter, die Elemente dieses Kapitels umzusetzen, wenn Sie merken, dass es zwar noch keine Mehrheit ist, die es Ihnen gleichtut, aber dass die Mehrheit froh darüber ist, dass Sie diese Veränderungen vornehmen. Seien Sie mutig! Lachen, lächeln Sie und haben Sie Spaß! Es ist ja schließlich Ihr Leben. Warum sollten Sie es nicht genießen? Und vielleicht können Sie immer mehr Menschen durch den Erfolg Ihrer Arbeit überzeugen.

Die tägliche Umsetzung oder vielmehr das Bewusstsein und die Integration dieser Gedanken führen mit der Zeit zu größerer Erfüllung und weniger Unzufriedenheit im eigenen Leben. Es gibt keine magische Formel für Glück oder Zufriedenheit. Aber es gibt bestimmte Grundlagen, die im Laufe der Zeit in vielen Kulturen ähnlich definiert wurden und die Menschen dabei unterstützen, so durch das Leben zu gehen, dass ihnen jeder Tag etwas mehr bringt und sie im Allgemeinen zufriedener mit dem Leben sind. Die Lektionen zum 1. Baustein „Lebensführung" zeigen wirkungsvolle Wege auf, um das Leben von einer positiven Warte aus und mit hoffnungsvollem Herzen zu leben.

Lektionen zum 1. Baustein: Lebensführung

Die Atmosphäre im Klassenzimmer

Lektion
....
Der Stille lauschen

Ziel: Ein Weg, sich und andere dazu zu bewegen, ruhig zu sein.

Material: Den Text vorher langsam auf eine Kassette sprechen, dann können Sie selbst mitmachen, sonst lesen Sie den Text der Klasse vor.

> Setz dich bequem auf deinen Stuhl, dein Rücken ist aufrecht und dein Kopf weist nach vorn … entspanne deine Schultern, während du deinen Rücken aufrichtest. Deine Füße stehen nebeneinander flach auf dem Boden … Deine Hände liegen leicht auf den Oberschenkeln oder im Schoß. Schließe nun sanft deine Augen und achte darauf, dass sie entspannt und die Lider leicht geschlossen sind. Du wirst merken, wie still es in dir ist. Eventuelle Geräusche, außer meiner Stimme, nimm einfach wahr und dann beachte sie nicht weiter. Entspanne dich von Kopf bis Fuß. Konzentriere dich nun auf deine Atmung. Wir atmen Luft ein, die angereichert ist mit Sauerstoff von Bäumen und Pflanzen … wir atmen Luft aus, die Kohlendioxid enthält, das Pflanzen zum Leben brauchen. Achte darauf, wie die Luft in deine Nase einströmt, kühl … achte darauf, wie sie aus deiner Nase ausströmt, warm. Zähle einige Atemzüge lang beim Ausatmen von eins bis fünf. Beginne dann von vorn. Du atmest und fühlst eine friedvolle Stille und Ruhe. Kehre nun langsam in die Realität zurück, strecke dich ein bisschen, atme ein paar Mal tief ein und aus. Sieh dich langsam um und sei bereit für das, was als Nächstes in der Klasse geschieht.

Arbeitsschritte: Beginnen Sie erst, wenn es in der Klasse still geworden ist. Vielleicht schließen Sie die Fenster und Vorhänge. Dann lesen Sie den Text langsam vor oder lassen die Kassette laufen. Geben Sie den Kindern genügend Zeit, um den Anweisungen im Text zu folgen.

Vertiefung: Der Atem des Lebens: Das Atmen ist eines der Dinge im Leben, auf die wir uns wirklich verlassen können. Es kommt und geht, schneller, langsamer, tiefer, flacher, abhängig davon, was wir gerade tun, aber unaufhörlich. Wenn wir in uns ruhen, wenn wir uns über unsere Wünsche und unser Ziel im Klaren sind, dann atmen wir ruhig, gleichmäßig und tief. Aus diesem Zustand des Seins heraus können wir mühelos unsere Arbeit verrichten, Entscheidungen fällen, spielen, Gespräche führen und selbst einen Konflikt friedfertig bewältigen.

Furcht, Ängstlichkeit und Aggression, die immer aus Furcht entsteht, sind gekennzeichnet durch schnelles, flaches und unregelmäßiges Atmen. Wir können unseren Gefühlszustand wesentlich beeinflussen, indem wir uns darauf konzentrieren, unser Atemschema zu verändern. Dies ist eine einfache Übung und bedarf weder meditativer Erfahrung noch Jahre der Vorbereitung. Unsere Atmung zu beeinflussen oder es unserer Atmung zu gestatten, uns zu führen, ist ein konkretes Mittel, das wir nach Belieben einsetzen können, damit es uns in jeder Situation des Lebens helfen kann.

Lektion
Ein Set für alle Fälle des Lebens

Ziel: Für die Schüler eine herzliche und unterstützende Atmosphäre im Klassenzimmer schaffen. Kinder dabei unterstützen, dass sie sich in ihrem neuen Klassenumfeld akzeptiert und wohl fühlen.

Material: Einer der folgenden Gegenstände für jedes Kind: Radiergummi, Centstück, Kreisel, Gummiband, Faden, Gummibärchen, dekorativer Beutel oder dekorative Schachtel, Kopie des Textes „Ein Set für alle Fälle des Lebens" (siehe S. 240).

Arbeitsschritte: Bereiten Sie ein Set für jedes Kind vor, indem Sie jeweils eines der oben genannten Dinge in den dekorativen Beutel oder die Schachtel geben. Legen Sie vor der Stunde für jedes Kind einen Beutel bzw. eine Schachtel und eine Kopie des Textes auf seinen Schülertisch. Wenn die Kinder dann da sind, sagen Sie ihnen, dass Sie über diese Sets sprechen werden. Vorher sollen die Kinder die Beutel/Schachteln öffnen und jeden Gegenstand betrachten, während sie den Text lesen. Geben Sie dafür mehrere Minuten Zeit. Stellen Sie den Kindern dann folgende Fragen:
1. Gefällt euch dieses Set? Warum oder warum nicht?
2. Was habt ihr gedacht, als ihr das Set an eurem Platz gesehen habt?
3. Was habt ihr gedacht, nachdem ihr euch den Inhalt des Sets angesehen habt?
4. Was haben die einzelnen Gegenstände des Sets mit euch und der Schule zu tun?
5. Welchen Zweck oder welche Bedeutung hat wohl dieses Set?
6. Findet ihr, dass dies eine gute Idee ist? Warum oder warum nicht?
7. Möchtet ihr dieses Set jemand anderem geben? Wenn ja, wem?

Vertiefung: Die Kinder sollen Dinge nennen oder aufschreiben, die diesem Set hinzugefügt werden könnten. Stellen Sie eine gemeinsame Liste auf einem Plakatbogen zusammen.

Ergänzendes Unterrichtsangebot: Die Schüler sollen ein eigenes Set zusammenstellen und dazu ein Gedicht oder einen Text verfassen. (Sie können Vorschläge aus der gemeinsamen Liste verwenden.) Nachdem sie sich mit den anderen Schülern über ihr neu zusammengestelltes Set ausgetauscht haben, können sie es jemandem ihrer Wahl geben. Geben Sie genug Zeit, damit die Schüler miterleben können, wie die Empfänger auf die Sets reagieren.

Lektion

Gestalten eines Friedenshefts

Ziel: Jeder Schüler gestaltet ein Friedensheft, das er während der Lektionen in Friedenserziehung verwenden soll.

Material: Heft oder Notizblock, Bleistift, Filz- oder Buntstifte.

Arbeitsschritte: Sprechen Sie mit den Kindern über die Bedeutung von Friedenserziehung. Erklären Sie ihnen, wofür das Friedensheft verwendet werden soll und dass es jetzt um die passende Gestaltung des Friedenshefts gehen soll. Sammeln Sie mit den Kindern Ideen, was auf diesem Umschlag stehen und wie er gestaltet werden könnte. Nach der Besprechung sollen die Kinder den Umschlag für ihr eigenes Friedensheft gestalten.

Vertiefung: Die Schüler dürfen ihre Umschläge der übrigen Klasse zeigen und erklären, was darauf zu sehen ist und warum.

Lektion

Zielvereinbarung

Eine Zielvereinbarung definiert das Vorgehen, die Intention und den Geist, die einer Gruppe oder einer Einzelperson als motivierende Kraft dienen. Eine Zielvereinbarung ist die Vision, die uns aktiviert, unser Bestes zu tun, in unser Potenzial hineinzuwachsen. Sie motiviert Einzelne, so zusammenzuarbeiten, dass ein wunderbares Ganzes geschaffen wird.

Ziel: Kindern bewusst und verständlich machen, was eine Zielvereinbarung ist. Die Kinder sollen gemeinsame Ziele der Klasse vereinbaren und schriftlich festhalten. Jedes Kind soll zusätzlich eine persönliche Zielvereinbarung für sich aufschreiben.

Material: Plakatbögen; Karteikarten; Papier; Bleistifte; Bunt- oder Filzstifte; Beispiele für Zielvereinbarungen.

Arbeitsschritte: Sammeln Sie die Vorstellungen der Kinder darüber, was eine Zielvereinbarung ist. Zeigen Sie dann Beispiele für Zielvereinbarungen (vielleicht die Zielvereinbarung der Schulbehörde oder der Schule). Besprechen Sie die Bedeutung einer Zielvereinbarung für solche Organisationen, für die Klasse, für die eigene Person. Halten Sie die Antworten an der Tafel fest.

Tragen Sie zusammen, was die Zielvereinbarung der Klasse enthalten sollte. Schreiben Sie die Antworten an die Tafel. Anschließend soll jeder Schüler eine Zielvereinbarung für die Klasse auf eine Karteikarte schreiben. Sammeln Sie alle Karteikarten ein und fassen Sie die verschiedenen Punkte zusammen. Stellen Sie die Punkte zu einer Zielvereinbarung zusammen, der alle zustimmen, und schreiben Sie diese auf einen Plakatbogen. Hängen Sie die Zielvereinbarung so aus, dass sie von allen gesehen wird.

Lassen Sie die Schüler eine Liste der Aspekte erstellen, die ihrer Meinung nach ihre persönliche Zielvereinbarung enthalten sollte. Anschließend besprechen Sie die Antworten und halten Sie sie schriftlich fest. Die Schüler schreiben dann ihre persönliche Zielvereinbarung auf. Sie kann auf Wunsch farbig gestaltet und mit Illustrationen/Symbolen verziert werden.

Die Zielvereinbarungen werden kurzzeitig im Klassenzimmer ausgehängt und sollten dann in die Friedenshefte der Schüler eingeklebt werden. (Es empfiehlt sich, ein solches Heft zu führen, um alle im Rahmen der Friedenserziehung erstellten Arbeiten aufzubewahren.) Um die Schüler immer wieder an ihr Ziel zu erinnern, werden die Zielvereinbarungen oft gelesen und wiederholt.

Vertiefung: Besprechen Sie, wie die Schüler ihre Ziele in die Tat umsetzen wollen. Führen Sie regelmäßig Auswertungen durch, um zu sehen, ob die Schüler ihre Zielvereinbarung einhalten, ob sie verändert werden muss usw. Wenn Schüler ihr Ziel erreicht haben, besprechen Sie es mit der gesamten Klasse.

> **Beispiele für Zielvereinbarungen der Klasse:**
>
> Wir wollen eine friedvolle Umgebung schaffen, in der andere respektiert und beim Lernen unterstützt werden und sich sicher fühlen. Wir wollen einen Ort schaffen, wo andere frei sprechen können und nicht herabgesetzt werden. Wir wollen unser Bestes tun, um unsere Träume zu verwirklichen. (6. Klasse, William King Grundschule, Halifax, Neuschottland, Kanada)

An der Umsetzung der Ziele der 5./6. Klasse mit Schülern im Alter von 11 bis 12 Jahren, in der Frau Everett Klassenlehrerin ist, soll sich jeder beteiligen und dabei Vertrauen in sich selbst haben. Wir werden die Ziele verfolgen, indem wir unser Bestes tun und indem wir uns sagen, dass wir es schaffen. GLAUBE AN DICH!

Beispiele für Zielvereinbarungen von Schülern:

– Mein Ziel ist es, alles Mögliche aus mir herauszuholen, indem ich zuhöre, mitmache, helfe, hinsehe und mich überzeugen lasse. (10-jähriger Schüler)
– Zu träumen! Jedes Lebewesen hat es verdient, zu träumen und Ideen zu entwickeln. Ich werde versuchen, außergewöhnliche Dinge zu träumen und sie zu verwirklichen. (11-jähriger Schüler)

Ergänzendes Unterrichtsangebot: Jeder Schüler soll für jeden Monat ein bestimmtes persönliches Ziel auf eine Karteikarte schreiben und diese verzieren. Die Karten werden zur Erinnerung auf die einzelnen Schülertische geklebt. Nehmen Sie jeweils am Ende des Monats eine Auswertung vor. Die Schüler können dann entscheiden, ob sie weiterhin an dem gleichen Ziel arbeiten oder ein neues wählen wollen.

Lektion
Das Motto für den Tag (die Woche)

Ziel: Einen positiven Grundton für den Tag (die Woche) setzen. Kinder darin bestärken, eine positive innere Einstellung anzunehmen und entsprechend zu denken und zu handeln.

Material: Plakatbögen, DIN-A4- oder DIN-A3-Papierbögen für jedes Kind, Bleistifte, Bunt- oder Filzstifte.

Arbeitsschritte: Zur Einführung können Sie mehrere Tage lang ein anderes geläufiges „Motto für den Tag" an die Tafel schreiben und es jeweils mit den Schülern besprechen, um ihnen die Idee nahe zu bringen.

Schreiben Sie „Tagesmotto" (das für die ganze Woche gelten kann, aber jeden Morgen erneut überprüft wird) an die Tafel oder auf einen Plakatbogen. Diskutieren Sie mit den Schülern, was ein Motto (Denkspruch, Leitspruch) ist und bewirken kann. Halten Sie die Antworten fest. Diskutieren Sie, warum das „Motto für den Tag" für die Klasse wichtig sein kann. Geben Sie ihnen möglichst vielfältige Beispiele. Auch die Schüler sollen Sprüche nennen, die sie kennen und für geeignet halten.

Dann schreibt jeder sein eigenes Tagesmotto auf. Bestärken Sie die Kinder darin, auch ungewöhnliche, originelle Sprüche aufzuschreiben. Jedes

Kind schreibt dann sein Motto in fantasievoller Schrift horizontal, vertikal oder diagonal auf ein Blatt Papier. Wählen Sie die Größe nach dem Alter der Kinder aus. Durch zusätzliche farbige Illustrationen, Symbole und Muster wird ihr Motto aufgewertet.

Vertiefung: Die Arbeiten der Schüler werden in der Klasse ausgestellt. Beginnen Sie jeden Tag mit der Auswahl des Tagesmottos (oder des Mottos für die ganze Woche, das täglich überprüft wird) eines Schülers, das Sie an die Tafel oder für alle sichtbar auf einen Plakatbogen schreiben. Sprechen Sie mit den Kindern über die Bedeutung dieses Mottos und überlegen Sie gemeinsam, wie es umgesetzt werden kann, damit dieser Tag ein guter Tag wird.

Ergänzendes Unterrichtsangebot:
1. Die Mottos der Schüler können in einem Ringbuch mit Illustrationen zusammengetragen werden. Wenn die Kinder es wollen, können Sie die Seiten für jeden als Andenken kopieren.
2. Geben Sie Zettel, auf denen jeweils ein Tagesmotto steht, in ein Gefäß. Jeden Tag zieht ein anderer Schüler einen Zettel, liest das Motto vor und erklärt es der Klasse. Es wird dann für diesen Tag an die Tafel geschrieben.

Beispiele für Tagesmottos:
- Wenn du nicht auf Anhieb erfolgreich bist, versuche, nicht überrascht zu sein.
- Ein Lächeln ist ein Ziehen der Mundwinkel in die richtige Richtung.
- Der Unterschied zwischen gewöhnlich und außergewöhnlich ist das kleine Extra.
- Wenn viele Steine in deinem Weg liegen, mache sie zu Trittsteinen.
- Würdige das Leben: Wertschätze dich und andere.
- Freundliche Worte sind viel wert und kosten nichts.
- Geteiltes Leid ist halbes Leid.
- Man muss nicht schreien, um gehört zu werden, sondern nur etwas Mitteilenswertes zu sagen haben.
- Ob du nun glaubst, du kannst etwas, oder denkst, du kannst etwas nicht, du hast damit immer Recht.
- Beurteile andere nicht nach dem, was sie nicht können. Erkenne sie stattdessen dafür an, was sie können.
- Lachen schadet deiner Krankheit.

Beispiele für Tagesmottos von Schülern:
- Das Leben ist wie eine Landstraße, man fährt unweigerlich in Schlaglöcher.
- Beginne und ende jeden Tag mit einem Lächeln.
- Denke positiv, handle positiv und alles andere wird positiv sein.
- Das schönste Geschenk, das wir anderen geben können, ist ein gutes Beispiel.

- Die Gefühle anderer sind wie Glas, zerbrich sie nicht.
- Das Leben ist ein Abenteuerbuch mit frei wählbarem Ende – man kann sich auf jedes Abenteuer einlassen, auf das man sich einlassen will.
- Tut eure Probleme in eine Tasche mit einem Loch.
- Sage „Guten Morgen", selbst wenn es keiner ist.
- Versuche, jeden Tag mehrmals danke zu sagen.
- Schau nach rechts und links, bevor du die Straße des Lebens überquerst.

Lektion
Friedensvertrag

Ziel: Schülern verständlich machen, was ein Vertrag ist. Einen Friedensvertrag aufsetzen, nach dem sich die Schüler in ihrer Klasse richten sollen.

Material: Plakatbogen, Papier, Bleistifte, Filzstifte.

Arbeitsschritte: Sammeln Sie die Meinungen der Schüler zu folgenden Fragen und halten Sie die Antworten an der Tafel oder auf Plakatbögen fest:
1. Was ist ein Vertrag?
2. Könnt ihr mir ein Beispiel für einen Vertrag geben?
3. Was bewirkt ein Vertrag?
4. Warum schließen wir Verträge?
5. Was könnte ein Friedensvertrag sein?
6. Warum könnte er für uns wichtig sein?
7. Könnt ihr mir ein Beispiel für einen Friedensvertrag geben?

Jeder Schüler soll einen Friedensvertrag für die Klasse aufsetzen. Die Klasse entscheidet sich per Abstimmung für einen Vertrag. Oder sammeln Sie zuerst die Vorschläge der Klasse und ordnen Sie ähnliche Vorschläge an der Tafel oder auf einem Plakatbogen verschiedenen Themen zu. Dann einigen Sie sich gemeinsam auf einen Vertragstext. Tippen Sie den Friedensvertrag in ansprechender Form und kopieren sie ihn auf schönes farbiges Papier (siehe Seite 241).

Vertiefung: Diskutieren Sie mit den Schülern, was es bedeutet, einen Vertrag zu unterschreiben, und was es bedeutet, gerade diesen Friedensvertrag zu unterschreiben. Geben Sie ihnen die Möglichkeit, ihn zu unterzeichnen. Es kann sein, dass einige zu diesem Zeitpunkt noch nicht dazu bereit sind. Hängen Sie die Verträge zur Erinnerung aus, damit die Schüler auch wirklich das tun, wozu sie sich verpflichtet haben.

Ergänzendes Unterrichtsangebot: Diskutieren Sie mit den Schülern die Folgen eines Vertragsbruchs. Die Schüler sollen in Kleingruppen entscheiden, was passieren soll, wenn ein Schüler den Vertrag bricht. Besprechen Sie die Vorschläge mit der Klasse. Die gesamte Klasse entscheidet über die Konsequenzen.

Lektion

Gesprächskreis in der Klasse

Im Gesprächskreis haben Schüler die Gelegenheit, Gedanken, Ideen, Meinungen und Gefühle auszutauschen: Sie können erzählen, was aus ihrer Sicht gut läuft oder was verbessert werden könnte. Es kann um persönliche und Gruppenerfolge gehen, darum, wie Aufgaben und Verantwortlichkeiten verteilt werden, welche gemeinsamen Pläne anstehen usw. Der Gesprächskreis bietet jedem Schüler gleiche Chancen, zu Entscheidungsfindungen und Problemlösungen beizutragen und zu lernen, eine Gemeinschaft zu werden. Er vermittelt ihnen die Instrumente, um effektive Problemlöser zu werden, und trägt zur Teambildung der Klasse bei. Der Gesprächskreis hilft Schülern, sich anerkannt, verantwortlich und dazugehörig zu fühlen. Er zeigt ihnen, dass jeder für eine friedliche Atmosphäre in der Klasse wichtig ist.

Der Gesprächskreis kann formellen oder informellen Charakter haben, einfach oder komplex sein (in Abhängigkeit von der Klasse). Besonders vorteilhaft ist eine Sitzordnung im Kreis, die niemanden bevorzugt und Einheit symbolisiert. Besprechungen können wöchentlich, vierzehntägig oder monatlich stattfinden.

Wählen Sie aus, welche Themen gemeinsam besprochen werden sollen, und sorgen Sie für den Themenwechsel. Achten Sie darauf, dass sich möglichst alle an der Diskussion von Problemen beteiligen. Arbeiten Sie zusammen, um kreative Lösungen zu finden, und einigen Sie sich darauf, wie die Lösung umgesetzt wird. Werten Sie Fortschritte, Besorgnisse und Erfolge bei der nächsten Besprechung aus.

Dankbarkeit und Wertschätzung

Lektion
Dankbarkeit empfinden

Ziel: Kinder dabei unterstützen, sich bewusst zu werden, wofür sie dankbar sein sollten.

Material: Tagebuch oder Notizheft; Bleistifte, Bunt- oder Filzstifte.

Arbeitsschritte: Schreiben Sie an die Tafel: „Wir können jeden Tag Dankbarkeit üben/praktizieren." Klären Sie in einem Unterrichtsgespräch, was dies bedeutet. Sammeln Sie Vorschläge für alles, wofür wir dankbar sein könnten. Halten Sie diese Antworten fest. Besprechen Sie, warum wir dafür dankbar sein sollten. Dann legt sich jeder Schüler ein Notizheft oder Tagebuch an, in dem alle Arbeiten zum Thema Dankbarkeit festgehalten werden. Dazu beschriften und verzieren sie den Umschlag eines Heftes entsprechend. Jeden Tag schreiben die Schüler mindestens drei Dinge auf, für die sie dankbar sind. Sie können sich dabei auf ihr persönliches Leben beziehen. Dies kann zum Schulbeginn, zum Schulschluss oder auch zu Hause geschehen, zum Beispiel immer, bevor sie schlafen gehen.

Vertiefung: Die Kinder tauschen sich regelmäßig über ihre Tagebücher aus. Ermitteln Sie in einem Unterrichtsgespräch, wie die Kinder das Tagebuchführen finden, was ihnen daran gefällt, was sie stört. Fragen Sie, ob es den Kindern wichtig ist, immer aufzuschreiben, wofür sie dankbar sind. Diskutieren Sie, wie man noch seine Wertschätzung ausdrücken könnte.

Lektion
Dankbarkeit zeigen

Ziel: Kindern Möglichkeiten an die Hand geben, wie sie ihre Dankbarkeit zeigen können.

Material: Friedensheft, Bleistift.

Arbeitsschritte: Erinnern Sie die Kinder an die vorherige Lektion. Besprechen Sie dann gemeinsam den nächsten Schritt, nämlich wie man Wertschätzung zeigen kann. Sammeln Sie dazu Vorschläge. Eine Möglichkeit ist, dass alle Kinder überlegen, wem sie niemals zuvor ihre Wertschätzung gezeigt haben. Besprechen Sie dann mit ihnen, wie sie diese Menschen wissen lassen können, dass sie dankbar sind für das, was sie machen, und wie sie erklären können, warum sie dankbar sind.

Eine andere Möglichkeit ist, dass jedes Kind im Laufe einer Woche mindestens drei verschiedenen Personen seine Dankbarkeit oder Wertschätzung ausdrücken soll. Es soll diesen Personen zeigen und sagen, warum es dankbar dafür ist, dass diese Personen so sind, wie sie sind, und dass sich so verhalten, wie sie es tun. Die Kinder schreiben dann auf, was sie getan und mit wem sie gesprochen haben, wie die Person jeweils reagiert und was sie gesagt hat. Die Klasse entscheidet gemeinsam oder jeder Schüler für sich, wie sie ihre Wertschätzung zeigen möchten.

Vertiefung: Die Schüler tauschen sich zunächst in kleineren Gruppen darüber aus, was sie gemacht haben und was passiert ist. Wählen Sie dann einige Schüler aus, die der gesamten Klasse über ihre Erfahrungen berichten. Diskutieren Sie, ob sie damit in ihrem Leben oder im Leben derer, denen sie ihre Wertschätzung gezeigt haben, etwas bewirkt haben.

Ergänzendes Unterrichtsangebot für ältere Schüler: Die Schüler sollen überlegen, wer ihnen viel bedeutet und wem sie dankbar sind. Dann schließen sie die Augen und stellen sich die Stimme, das Gesicht und die Gestalt der Person vor. Fordern Sie die Schüler auf, einen Brief an diese Person zu schreiben. Dieser Brief kann privat bleiben, damit nicht die ganze Klasse erfährt, was jeder einzelne geschrieben hat. Erinnern Sie die Kinder daran, mit Bespielen deutlich zu machen, was sie an der Person, an die sie schreiben, wertschätzen und welches Gefühl diese Person ihnen gibt.

    Themenübergreifende Unterrichtsbereiche: Schöne Handschrift, Briefe schreiben, Grammatik.

Lektion
Buchstaben der Dankbarkeit

Ziel: Kinder dabei unterstützen, die vielfältigen und zahlreichen Dinge in ihrem Leben zu erkennen, für die sie dankbar sein können.

Material: Friedensheft, Bleistifte.

Arbeitsschritte: Sprechen Sie darüber, dass es viele Dinge gibt, die wir täglich erleben, benutzen und sehen, die wir als selbstverständlich hinnehmen, die aber eigentlich Geschenke für uns sind. Beispiele sind ein blühender

Baum, Kleidung und Sonnenschein. Jetzt schreiben alle Schüler auf eine Seite in ihrem Friedensheft links die Buchstaben des Alphabets untereinander, einen pro Zeile. Nun sollen sie in jede Zeile etwas schreiben, für das sie dankbar sind. Dieses Wort muss mit dem entsprechenden Buchstaben beginnen. Zum Beispiel schrieb ein Kind für den Buchstaben Z das Wort „Zahnbürste" und erklärte, dass wir alle viele Löcher in den Zähnen hätten, wäre die Zahnbürste nicht erfunden worden! Sprechen Sie darüber, wie der Klasse die Übung gefallen hat. Wählen Sie ein paar Buchstaben aus dem Alphabet, zu denen einige Schüler ihre Antworten vorlesen und erläutern.

Variante: Einige Schüler haben vielleicht nach Ablauf der vorgesehenen Zeit noch nicht in alle Zeilen etwas eingetragen. In diesem Fall sollen sie sich einen Partner suchen und ihre Blätter austauschen. Der Partner füllt dann die leeren Zeilen mit Dingen, für die er dankbar ist. Dadurch, dass man dabei die Eintragungen des anderen gelesen hat, findet eine ungezwungene Befragung statt: „Warum bist du dankbar für einen Besen?"

„Weil ich meinen Ball immer mit einem Besenstiel vom Garagendach runterholen kann."

Wohlwollen und Freundlichkeit

Lektion
·····················
Freundlichkeit ist …

Ziel: Kinder werden sich bewusst, wie wichtig Wohlwollen und Freundlichkeit für ein friedliches und zufriedenes Umfeld sind.

Material: fünf Plakatbögen mit vorbereiteten Eintragungen (siehe unten), Filzstifte.

Arbeitsschritte: Sprechen Sie mit den Kindern darüber, was Wohlwollen und Freundlichkeit bedeutet und warum beides wichtig für die Schaffung von Frieden ist. Halten Sie ihre Antworten an der Tafel fest. Teilen Sie die Klasse in fünf Gruppen auf. Jede Gruppe bekommt einen Plakatbogen, auf den Sie bereits vorher einen der folgenden unvollständigen Sätze geschrieben haben:

- Freundlichkeit sieht aus wie …
- Freundlichkeit hört sich an wie …

- Freundlichkeit fühlt sich an wie ...
- Freundlichkeit ist wichtig, weil ...
- Freundlichkeit bewirkt etwas, weil ...

Jede Gruppe bearbeitet einen Satz. Erläutern Sie, dass es viele unterschiedliche Möglichkeiten gibt, die Sätze zu ergänzen, weil jeder eine eigene Sichtweise hat. Die Schüler sollen eine Liste mit möglichst vielen unterschiedlichen Beispielen auf den Bogen schreiben. Geben Sie dafür einen angemessenen Zeitrahmen vor. Die Plakatbögen können anschließend farbig und mit Mustern gestaltet werden.

Vertiefung: Jede Gruppe stellt der Klasse ihre Ergebnisse vor und diskutiert sie. Die Plakatbögen können in einem Gemeinschaftsbereich der Schule ausgestellt werden, damit alle Schüler sie sehen können.

Ergänzende Unterrichtsangebote:
1. Anstatt in der Gruppe *eine* Liste anzufertigen wandern die Schüler von Tisch zu Tisch und fügen jeder Liste einen eigenen Vorschlag hinzu. Im anschließenden Unterrichtsgespräch werden die Beiträge diskutiert.
2. Ältere Schüler können sich bei dieser Aktivität mit jüngeren zusammentun.
3. Zu einigen Beispielen können individuelle Zeichnungen angefertigt und ausgestellt werden. Diese Zeichnungen werden danach als Klassenheft zusammengefasst oder in das eigene Friedensheft geklebt.

Es ist wichtig, dass Kinder Wörter, Ausdrücke oder Sätze kennen, mit denen man jemanden ermuntern und aufbauen kann. Diese Beispiele stammen von 9-jährigen Kindern:

- Ist alles in Ordnung?
- Ich hoffe, du fühlst dich besser.
- Hier geht's lang!
- Ich bin für dich da.
- Ich hoffe, du schneidest gut ab.
- Das war schon richtig gut!

Eine Liste mit solchen wohlwollenden Bemerkungen kann auf einem Plakat begonnen und im Klassenzimmer aufgehängt werden. Erinnern Sie die Schüler daran, die Liste zu erweitern. Bestärken Sie die Schüler darin, sie regelmäßig zu verwenden.

Lektion

Die „Freundlichkeiten-Schachtel"

Ziel: Kinder darin bestärken, freundlich und wohlwollend zu handeln.

Material: große Schachtel; Bleistift, Buntstifte, Filzstifte; farbiges Papier, diverse Materialien; Karteikarten.

Arbeitsschritte: Verzieren Sie eine große Schachtel und versehen Sie sie mit der Aufschrift „Freundlichkeiten". Jeder Schüler notiert auf einer Karteikarte, was er gesagt oder getan hat, damit sich jemand gut fühlt. Die Kinder können auch Beispiele von anderen aufschreiben. Die Karteikarten werden in der Schachtel aufbewahrt und wöchentlich ergänzt. Lesen Sie einmal pro Woche Beispiele aus der Schachtel vor und würdigen Sie die erwiesenen Freundlichkeiten gebührend mit den Schülern.

Ergänzendes Unterrichtsangebot:

1. Die Kinder sollen sich für eine Freundlichkeit, die sie von Mitschülern erfahren haben, revanchieren. Jedes freundliche Wort, Kompliment, jede liebevolle Behandlung kann zurück- oder weitergegeben werden. Adressat muss also nicht unbedingt derselbe Schüler sein, der die Freundlichkeit erwiesen hat.

2. Den Kindern kann ein besonderer Button (zum Beispiel mit einer Sonne oder einem lächelnden Gesicht) für ein freundliches Verhalten anderen gegenüber angesteckt werden.

3. Formulieren Sie ein Motto für Freundlichkeit für Ihre Klasse oder Schule. Zu Beginn jedes Schultages tragen die Schüler dieses Motto vor, zum Beispiel: „Wir werden freundlich, liebevoll und friedfertig miteinander umgehen." Dies kann mehrmals am Tag, wann immer sich die Gelegenheit bietet, wiederholt werden, um das Konzept zu stützen. Es können auch regelmäßig die Schüler gewürdigt werden, die jemanden freundlich, liebevoll und friedfertig behandelt haben.

Lektion

Das Set, um etwas Besonderes zu bewirken

Ziel: Die Kinder fertigen ein Set an, das dazu dienen kann, bei anderen etwas Besonderes zu bewirken.

Material: Plakatbögen, verschiedenfarbiges Papier, Karteikarten; Bleistifte, Bunt- oder Filzstifte; diverse Materialien wie Bänder, Knöpfe, Klebstreifen

usw.; verschiedene Schachteln, die Geschichte „Der umarmende Richter"
(nach CANFIELD, „Hühnersuppe für die Seele")

Der umarmende Richter

Tom war ein Richter im Ruhestand und ein besonders liebevoller Mensch. Er erkannte, dass die Liebe die größte existierende Macht ist. Deshalb wurde er ein „Umarmer". Er bot jedem eine Umarmung an. Seine Freunde nannten ihn „den umarmenden Richter". Er erfand das so genannte Umarmungsset „Ein Herz für eine Umarmung", in dem kleine rote, gestickte Herzen mit Klebestreifen auf der Rückseite lagen. Tom bot Leuten ein Herz aus diesem Set für eine Umarmung an. Damit wurde er sehr bekannt.

Einige forderten Tom auf, er solle doch Leute auf den großen Straßen San Franciscos umarmen. Sie wollten ihm damit beweisen, dass dies nicht funktionieren würde. Tom jedoch ging auf eine Politesse zu, die gerade einen Strafzettel verteilte und deshalb Ärger mit dem Besitzer des Autos hatte. Tom bot ihr eine Umarmung an, sie nahm sie an.

Tom wurde weiter herausgefordert. Jetzt sollte er Busfahrer ansprechen, die zur Hauptverkehrszeit unterwegs waren. Tom ging auf einen Busfahrer zu und sagte: „Sie haben einen sehr anstrengenden Job; ich biete Ihnen eine Umarmung an, um Ihre Arbeit zu erleichtern. Möchten Sie eine?" Der Busfahrer antwortete: „Warum nicht?"

Doch die größte Herausforderung folgte, als ein Freund Toms, ein Clown von Beruf, ihn aufforderte, mit seinem Umarmungsset in ein Heim für Schwerkranke zu gehen. Dort fühlte sich Tom ziemlich unwohl. Trotzdem umarmte er Leute, die unheilbar krank, geistig oder körperlich behindert waren. Zunächst fiel es ihm schwer, aber mit der Zeit ging es immer besser. Schließlich kam Tom zu einem Mann mit dem Namen Joey, der ein weißes Lätzchen umhatte, auf das er sabberte. Tom sah ihn an und konnte ihn nicht umarmen. Seine Scheu war zu groß. Doch sein Freund ermutigte ihn und so nahm Tom eins der kleinen roten Herzen, klebte es auf Joeys Lätzchen, holte tief Luft und umarmte ihn. Plötzlich kreischte Joey aufgeregt auf. Die Krankenschwestern, Ärzte und Pfleger, die dabeistanden, klatschten Beifall und weinten dann. Er fragte eine Krankenschwester, was los sei. Sie antwortete, dass dies das erste Mal seit 23 Jahren sei, dass Joey gelächelt hatte. Wie leicht wir doch etwas im Leben anderer bewirken können; Tom hat sicherlich etwas in Joeys Leben bewirkt.

Arbeitsschritte: Lesen Sie den Kindern die Geschichte vor und besprechen Sie sie gemeinsam. Fragen Sie:

- Wie habt ihr euch gefühlt, nachdem ihr die Geschichte gehört habt?
- Wie gefällt euch Toms Idee?
- Warum hat Joey aufgekreischt?
- Wäre es schwierig, so etwas zu tun? Warum oder warum nicht?
- Ist es wichtig, so etwas zu tun? Warum?
- Wenn ihr versuchen würdet, andere, fremde Menschen zu umarmen, und jemand machte sich darüber lustig oder würde euch verjagen – was würdet ihr dann tun?

- Würdet ihr so etwas gerne tun? Warum oder warum nicht?
- Jeder hat das Recht, selbst zu bestimmen, ob er umarmt werden möchte oder nicht. Wie könntet ihr jemandem sagen oder deutlich machen, dass er euch nicht umarmen soll?

Sammeln Sie Vorschläge, was zu einem Set gehören könnte, mit dem man etwas Besonderes bewirkt, ähnlich dem Umarmungsset. Die Schüler sollen dann allein oder mit einem Partner ihr eigenes Set für Freundlichkeiten zusammenstellen. (Ein älteres Kind kann mit einem jüngeren zusammenarbeiten.) Die Ideen werden mit verschiedenen Papiersorten und Materialien umgesetzt. Die Gegenstände, die dabei entstehen, sowie die Anleitung für die Verwendung des Sets werden in einer Schachtel oder einem großen Briefumschlag (je nach Art der Gegenstände) aufbewahrt, die von den Schülern verziert und mit einer Aufschrift versehen werden.

Vertiefung: Nachdem die Kinder ihre Sets fertig gestellt haben, erklären sie, wann und wie sie sie einsetzen wollen. Nach einem definierten Zeitraum soll ein Austausch stattfinden über die Erfahrungen und Ergebnisse der Schüler beim Einsatz der Sets.

Ergänzendes Unterrichtsangebot: Eine Erklärung dieses Projekts sowie die Ergebnisse können auf Plakatbögen festgehalten werden.

Themenübergreifender Unterrichtsbereich: Diese Unterrichtsaktivität kann integriert werden in die Behandlung von Schaubildern im Mathematikunterricht. Die Ergebnisse der Unterrichtsaktivität können als Schaubilder mit entsprechenden Überschriften dargestellt werden. Die Sets können ausgestellt werden.

**Beispiele für die Sets
(von Schülern einer 6. Klasse):**

- *Kompliment-Set*: Wenn du jemanden siehst, der sich anscheinend schlecht fühlt, mach ihm ein Kompliment oder heitere ihn mit aufmunternden Worten auf. Das Kompliment steht auf einem Stück Papier und ist in der Form eines Lächelns geschrieben. Das Papier hat auf der Rückseite einen Klebestreifen. Das Kind heftet sich das Lächeln vielleicht an und gibt es nach einer Weile weiter an jemand anderen in der Schule, zu Hause, unterwegs ...
- *Tagesmotto-Set*: Mottos oder Zitate werden auf Karten geschrieben, die zur Inspiration an andere verteilt werden. Diese geben dann ihrerseits ihr Motto weiter.
- *Lach-Set*: Karten mit Witzen werden verteilt, um andere zum Lachen zu bringen. Wer eine Karte erhalten hat, kann dann diesen Witz selbst weitergeben, um seinerseits jemanden zum Lachen zu bringen.

– *Abklatsch-Set*: Wenn Schüler etwas tun, das gewürdigt werden sollte – eine Freundlichkeit, ein Tor schießen, Fairplay üben usw. –, werden sie physisch abgeklatscht und bekommen eine Papierhand mit gestreckten Fingern. Die Schüler, die abgeklatscht wurden, klatschen dann ihrerseits jemanden physisch und symbolisch (durch Überreichen der Papierhand) ab.

Achtung und Anerkennung

Achtung ist ...

Ziel: Kinder dabei unterstützen, die Bedeutung von Achtung zu verstehen. Kindern helfen, ein Bewusstsein dafür zu entwickeln, was respektvolles Verhalten ist.

Material: Plakatbogen, Filzstifte.

Arbeitsschritte: Fordern Sie einen Schüler auf, außerhalb des Klassenzimmers einen einminütigen Vortrag über Achtung vorzubereiten. Wenn die- oder derjenige gegangen ist, sagen Sie den anderen, dass sie sich während des Vortrags respektlos verhalten sollen, also unterbrechen, laut sprechen, aufstehen usw. Dann rufen Sie den ersten Schüler wieder herein. Nachdem die Schüler sich eine Weile lang wie besprochen verhalten haben, wird dem Vortragenden die Situation vielleicht schon klar. Bevor es für ihn oder für die anderen unerträglich geworden ist, beenden Sie rechtzeitig die Aktivität.

Klären Sie in einem Unterrichtsgespräch, was passiert ist, welche Gefühle hervorgerufen wurden, welche Aktionen vor sich gingen und was all dies mit Achtung zu tun hat. Listen Sie alle gezeigten respektlosen Verhaltensweisen auf. Dann wiederholen Sie die Situation, aber dieses Mal sollen die Schüler respektvolles Verhalten zeigen. Anschließend bilden die Schüler Dreier- oder Vierergruppen und schreiben Beispiele zu folgenden Themen auf einen Plakatbogen:

- Achtung ist ...
- Selbstachtung ist ...
- Respektvolles Verhalten ist ...
- Respektloses Verhalten ist ...

Wenn die dafür vorgesehene Zeit abgelaufen ist, hängen Sie die Plakatbögen der Gruppen an der Tafel auf. Ein Gruppensprecher soll der Klasse die Ergebnisse seiner Gruppe vorstellen.

Ergänzendes Unterrichtsangebot: Nachdem eine Gruppe ihre Gedanken zu dem Thema der Klasse vorgestellt hat, bekommen die übrigen Schüler die Gelegenheit, das Gehörte zu kommentieren. Bitten Sie die Schüler, gemeinsam die wichtigsten in dieser Lektion gelernten Punkte über Achtung festzuhalten.

Lektion
Oh, Entschuldigung!

Ziel: Kinder lernen, sich anderen gegenüber respektvoll zu verhalten, indem sie gutes Benehmen zur Priorität in ihrem Leben machen.

Material: Requisiten wie Stühle, Mäntel, Hüte usw.

Arbeitsschritte: Sammeln Sie mit den Schülern an der Tafel Beispiele für gutes Benehmen, zum Bespiel verbal: bitte und danke sagen; als Geste: Türen für andere öffnen, den Platz für ältere Menschen frei machen; Tischmanieren: das Benutzen von Besteck und Serviette; in Gesellschaft: beim Husten die Hand vor den Mund nehmen. Die Schüler sollen sich vorstellen, wie schlechtes Benehmen auf sie und andere wirkt. Erstellen Sie eine Liste mit Beispielen für gutes Benehmens und eine Liste mit Beispielen schlechten Benehmens.

Geben Sie den Schülern anschließend Gelegenheit, gutes und schlechtes Benehmen in Rollenspielen darzustellen. Teilen Sie die Klasse dafür in vier Gruppen. Jede Gruppe bekommt eine andere Benehmenskategorie und die zugehörigen Listen (verbal, bei Tisch, Gesten oder in Gesellschaft). Lassen Sie genügend Zeit für das Einstudieren der positiven sowie der gesellschaftlich inakzeptablen Szenen (Letztere werden natürlich mit viel mehr Enthusiasmus einstudiert!). Helfen Sie den Kindern dabei, wenn nötig.

Lassen Sie die Gruppen zunächst das schlechte und dann das gute Benehmen in ihrer Kategorie spielerisch darstellen. Motivieren Sie die Schüler, die Sketsche melodramatisch darzustellen, damit das Ganze mehr Spaß bringt und eher im Gedächtnis bleibt.

Hier einige Anregungen für mögliche Sketsche:

- Ein älterer Herr steigt in einen sehr vollen Bus ein. Zwei junge Leute machen ihren Platz nicht für ihn frei. Ein Kind steht auf und bietet ihm seinen Platz an. Die Fahrgäste beginnen zu diskutieren.
- Eine kranke Schülerin kommt in den Unterricht und hustet und niest alle anderen an. Einige Schüler sagen ihr zunächst, sie solle sich gut beneh-

men, geben ihr Taschentücher und schlagen ihr dann vor, nach Hause zu gehen und sich dort ins Bett zu legen.

■ Eine Familie sitzt in einem Restaurant und isst. Das jüngste Kind springt fortwährend auf und ab, spricht laut und spielt mit dem Essen. Der Bruder sitzt ruhig mit der Serviette in der Hand da und genießt das Essen. Die Eltern tun ihr Bestes, um dem kleineren Kind klarzumachen, was gutes Benehmen ist.

Vertiefung:
Nach den Vorführungen soll die Klasse folgende Fragen diskutieren:

■ Wem wurde nicht die nötige Achtung erwiesen in der Darstellung des schlechten Benehmens?

■ Wer war der Nutznießer des guten Benehmens?

■ Was für ein Gefühl war es, sich gut zu benehmen?

■ Was für ein Gefühl war es, sich schlecht zu benehmen?

■ Welches von beiden war leichter darzustellen?

■ Wann hat man richtig gespürt, dass jemand Achtung vor jemandem hat?

Themenübergreifende Unterrichtsbereiche:
1. Die Kinder arbeiten konsequent weiter am guten Benehmen und zeigen es jeden Tag. Die Auswertung findet in einem Unterrichtsgespräch statt.
2. Die Kinder sollen über das Benehmen am Abendbrottisch oder bei anderer Gelegenheit zu Hause berichten. Die Ergebnisse werden im anschließenden Unterrichtsgespräch vertieft. Die Schüler überlegen gemeinsam mit ihrer Familie, wie das Benehmen zu Hause verbessert werden kann.

Es ist wichtig zu erkennen, dass gutes Benehmen vermittelt und ständig geübt werden muss. Die folgende Vorschlagsliste für gutes Benehmen in unterschiedlichen Situationen sollten sich Kinder (und selbstverständlich auch Erwachsene!) aneignen.
Wichtige höfliche Formulierungen:

■ Bitte

■ Danke

■ Entschuldigung

■ Es tut mir Leid

■ Verzeihung

■ Gern geschehen

■ Hätten Sie etwas dagegen, wenn ich ...?

■ Wie bitte?

Begegnung und Begrüßung:
- Lächeln
- Dem Gegenüber in die Augen sehen
- Sich die Hand geben
- Guten Tag oder Hallo sagen
- Sich und andere vorstellen

Am Telefon:
- Sich mit klarer und freundlicher Stimme melden
- Den Anrufer mit Namen begrüßen, wenn er bekannt ist
- Höflich „Einen Moment, bitte" sagen und die verlangte Person holen (nicht rufen und dabei in den Hörer brüllen)
- Nachrichten entgegennehmen und weitergeben

Verschiedenes:
- Den Mund beim Husten oder Niesen bedecken
- Nicht fluchen
- Nicht rülpsen
- Anderen die Tür aufhalten
- Einer älteren, kranken oder schwangeren Person seinen Platz anbieten

Verstehen und Akzeptieren von Unterschieden

Lektion

Die persönliche Wahrnehmung

Ziel: Bewusst machen, dass unsere persönliche Wahrnehmung jeweils eine eigene, eben persönliche, ist. Einsichten in die persönliche Wahrnehmung anderer vermitteln.

Material: Kassettenrekorder oder CD-Player, das Musikstück „Der Hummelflug" von Nicolai Rimskiy-Korssakow, Schreibpapier, Bleistift.

Arbeitsschritte: Erklären Sie den Schülern, dass die Menschen durch das Leben gehen und Dinge, selbst Ereignisse, die gemeinsam erfahren werden, unterschiedlich sehen und hören. Geben Sie als Beispiel einen Fall in der Klasse, als zwei oder mehr Schüler eine völlig andere Meinung oder Beschreibung der gleichen Situation abgaben. Fragen Sie, ob die Schüler andere Beispiele von zu Hause oder außerhalb der Schule nennen können.

Als Nächstes kündigen Sie an, dass Sie ein Musikstück vorspielen werden (ohne zu sagen, worum es sich dabei handelt) und dass die Schüler aufschreiben sollen, was sie „hören", das heißt, was ihrer Meinung nach in dem Musikstück passiert. Sie sollen es kurz beschreiben.

Während des ersten Abspielens sollen die Augen geschlossen sein. Anschließend beginnen die Schüler zu schreiben. Nach einer Weile spielen Sie das Stück ein zweites Mal vor, während die Schüler noch schreiben. Einige Schüler tragen nun der Klasse vor, was sie geschrieben haben (sie müssen das Geschriebene nicht vorlesen, sondern nur nacherzählen). Lenken Sie die Aufmerksamkeit auf die unterschiedlichen Auffassungen des gleichen Musikstücks. Weisen Sie erneut darauf hin, dass man ständig auf solch unterschiedliche Wahrnehmungen trifft und dass diese Einsicht den Schülern helfen kann, sich gegenseitig besser zu verstehen und Konflikte leichter zu bewältigen. Jüngere Schüler können ihre Eindrücke auch zeichnen, statt sie aufzuschreiben.

Themenübergreifende Unterrichtsbereiche: Diese Übung kann gut im Deutschunterricht durchgeführt werden. Statt einer Kurzbeschreibung des Gehörten können die Schüler auch eine Geschichte schreiben, zu der sie das Gehörte inspiriert. Dazu ist das zwei- bis dreimalige Vorspielen des Musikstücks hilfreich.

Lektion

Das Geschenk

Ziel: Kindern die Einsicht vermitteln, dass wir Menschen nicht beurteilen sollten, weil sie anders zu sein scheinen. Kindern dabei helfen, den inneren Wert aller Menschen erkennen und schätzen zu lernen.

Material: Papier, Bleistifte, Filzstifte; eine schöne und eine zerfledderte Schachtel; eine zugeklebte Plastiktüte, gefüllt mit nutzlosem Krimskrams; eine Tüte mit Bonbons, Lutscher usw. als süße Belohnungen (genug für alle Schüler).

Arbeitsschritte: Zeigen Sie den Schülern die zwei Schachteln, eine hübsche, dekorativ gestaltet und sehr ansprechend für das Auge, die andere ziemlich hässlich, zerfleddert und nicht schön anzusehen. Die Schüler dürfen nur eine wählen, die sie öffnen und deren Inhalt sie sich teilen möchten. Diskutieren Sie zunächst, welche Schachtel sie öffnen wollen und warum. Eventuell machen Sie ein Schaubild, um die Ergebnisse zu verdeutlichen. Bestärken Sie die Kinder durch Befragungen, ernsthaft darüber nachzudenken, welche Schachtel sie öffnen wollen.

Zum Beispiel: Sind die besten Geschenke immer in der schönsten Verpackung? Sind besondere Geschenke normalerweise in großen oder kleinen Schachteln? Was, wenn dies ein Trick ist? Die Mehrheit entscheidet, welche Schachtel geöffnet wird.

Vertiefung: Auf die Tafel geschriebene Fragen sollen zum Nachdenken und Diskutieren anregen. Die Kinder können allein oder in kleinen Gruppen arbeiten, bevor sie der gesamten Klasse ihre Gedanken mitteilen. Vorschläge für Fragen:

- Warum sollte ein schönes Geschenk in einer hässlichen Schachtel sein?
- Warum sollte ein scheußliches Geschenk in einer schönen Schachtel sein?
- Was würdet ihr sagen, wenn ihr euch die Bonbons teilen könntet?
- Was würdet ihr sagen, wenn ihr euch den Müll teilen könntet?
- Welchen Bezug hat dies zu Menschen?
- Beurteilen wir, mit wem wir spielen oder zusammen sein wollen, nach seinem Aussehen, nach der Hautfarbe, der Kleidung, danach, ob er besondere Bedürfnisse hat usw.?
- Können wir aufgrund der äußeren Verpackung sagen, welchen inneren Wert jemand hat?
- Teilen Menschen manchmal ihren ‚inneren Müll'? Wie?
- Was können wir von dieser Lektion lernen?
- Wie können wir das Gelernte in die Praxis umsetzen? (Übungstransfer)

Für ältere Schüler: Eine sehr interessante Diskussion wird angeregt, wenn Sie die Schüler fragen, woher sie wissen, dass die schöne Schachtel etwas Schönes enthält und die hässliche Schachtel nicht. Wenn wir untersuchen, worauf unsere Beurteilungen basieren und wie sie entstehen, fordert das zum Nachdenken heraus.

Ergänzendes Unterrichtsangebot: Lesen Sie Geschichten über bedeutende Menschen, die wunderbare innere Werte in irgendwie beschädigten Verpackungen haben. „Hühnersuppe für die Seele" (siehe Literaturverzeichnis) enthält viele solcher Geschichten. Die Schüler können vielleicht auch selbst passende Geschichten erzählen. Diskutieren Sie, wie diese Menschen ihre inneren Werte mit anderen geteilt haben.

Lektion

Aufwertende und abwertende Bemerkungen

Ziel: Ein Verständnis dafür entwickeln, was aufwertende und abwertende Bemerkungen sind und welche Wirkung beide auf eine Person haben.

Material: Plakatbögen, verschiedenfarbiges Papier, Bleistifte, Bunt- oder Filzstifte; Karteikarten.

Arbeitsschritte: Diskutieren Sie mit der Klasse, was aufwertende Bemerkungen sind. Die Kinder sollen eine andere Bezeichnung dafür finden – ein Kompliment, eine Bemerkung, die jemanden aufbaut. Sammeln Sie Ideen, wie man ein Kompliment oder eine aufwertende Bemerkung machen kann, und passende Beispiele dafür, die in bestimmten Situationen Anwendung finden können. Schreiben Sie eine Liste an die Tafel. Diskutieren Sie mit den Kindern, was abwertende Bemerkungen sind. Es sollte ihnen bewusst werden, dass eine abwertende Bemerkung eine Form der Nichtachtung ist. Die Schüler sammeln einige Beispiele für abwertende Bemerkungen. Erarbeiten Sie gemeinsam, welche Wirkung aufwertende und abwertende Bemerkungen auf eine Person haben. Halten Sie die Antworten an der Tafel fest. Vielleicht können die Schüler ein paar persönliche Geschichten erzählen. (Dabei sollen keine Namen genannt werden.)

Ergänzendes Unterrichtsangebot: Beispiele für abwertende Bemerkungen werden auf Karteikarten geschrieben. Die Schüler arbeiten zu zweit, ein Paar bekommt eine Karte. Sie sollen jeweils die abwertende Bemerkung durch eine aufwertende ersetzen.

Beispiele für die Schüler sind:

Abwertende Bemerkung	Aufwertende Bemerkung
Was für ein Schwachkopf!	Ich mag deine einzigartige Art.
Hey, Vierauge!	Hey, du hast ja eine neue Brille. Die steht dir gut.
Wie eigenartig!	Was für eine interessante Sehweise.
Kannst du gar nichts?	Lass es uns noch mal probieren, das kannst du schon.

Wenn die Schüler fertig sind, stellen sie ihre Ergebnisse der Klasse vor.

Die Schüler können Poster zum Thema „Aufwertende Bemerkungen" anfertigen mit Wörtern, Symbolen, Zeichnungen. Vielleicht möchten sie zu den verschiedenen diskutierten Themen ein Poster gestalten: Aufwertende und abwertende Bemerkungen; abwertende Bemerkungen durch aufwertende ersetzen; wie wir uns nach aufwertenden Bemerkungen fühlen; wie wir uns nach abwertenden Bemerkungen fühlen usw. Die Poster können in der gesamten Schule verteilt aufgehängt werden, um die Botschaft zu verbreiten, dass wir nur aufwertende Kommentare abgeben sollten!

Vertiefung: Stellen Sie fest, ob die Kinder nach dieser Lektion mehr aufwertende Bemerkungen gemacht haben (eventuell durch eine Strichliste). Sind die Kinder der Meinung, dass die Poster als Mahnung für sie und andere Schüler gewirkt haben? Was sonst könnte ihnen helfen, sich daran zu erinnern, dass man aufwertende Bemerkungen machen sollte? Welche Bedeutung hat dies für die Schaffung einer friedvollen Schule? Wenn sie eine abwertende Bemerkung gemacht haben, haben sie sie durch eine aufwertende aufgehoben?

Ergänzendes Unterrichtsangebot: Diese Umkehrregel kann in vielen Bereichen angewendet werden. Wenn jemand unfreundlich oder respektlos behandelt wurde, dann muss dies durch eine freundliche oder respektvolle Behandlung aufgehoben werden.

Vergessen Sie nicht, dass neue Verhaltensweisen durch Wiederholung gelernt werden. Es braucht mindestens drei Wochen kontinuierlicher Anwendung, bis sich Verhaltensweisen ändern.

Glück und Zufriedenheit

Lektion
Lächelwettbewerb

Ziel: Kindern die Wichtigkeit, Wirkung und Vielfalt des Lächelns bewusst machen. Kindern die Gelegenheit geben, Wohlgefühl durch ein Lächeln zu verbreiten.

Material: Plakatbögen, weißes und gelbes Papier; Bleistift und Filzstifte; Schere; die Geschichte „Ein Lächeln" (eventuell für jeden Schüler eine Kopie); Urkunde des Wettbewerbs „Ein Lächeln geschenkt" (siehe Anhang, S. 242).

Arbeitsschritte: Schreiben Sie folgenden Text groß auf einen Plakatbogen oder geben Sie jedem Schüler eine Kopie davon.

Ein Lächeln

Ein Lächeln kostet nichts und gibt viel.

Es macht die reicher, die es empfangen, ohne die ärmer zu machen, die es verschenken.

Es dauert nur einen Moment, aber die Erinnerung daran hält manchmal für immer.

Niemand ist so reich oder mächtig, dass er ohne ein Lächeln auskommt, und niemand ist so arm, dass er dadurch nicht reicher werden könnte.

Ein Lächeln schafft Zufriedenheit zu Hause, fördert das Wohlwollen im Berufsleben und ist das Kennwort der Freundschaft.

Es verschafft den Ermatteten Ruhe, den Entmutigten Aufmunterung, den Traurigen Sonnenschein und ist das beste Mittel der Natur gegen Schwierigkeiten.

Doch es kann nicht erkauft, erbettelt, geborgt oder gestohlen werden.

Es ist nämlich für niemanden von Wert, bis es geschenkt wird.

Einige sind zu müde, um ein Lächeln zu schenken; schenk ihnen eins, weil niemand ein Lächeln so sehr braucht wie die, die keins mehr zu verschenken haben.

Besprechen Sie den Text mit den Schülern. Sie sollen Ihnen Beispiele für Personen nennen, die viel lächeln. Fragen Sie die Kinder, wie sie sich fühlen, wenn sie jemand anlächelt. Sprechen Sie darüber, wie sie sich fühlen, wenn sie selber lächeln. Wo fühlen sie es in ihrem Körper? Was bringt sie dazu zu lächeln? Wie fühlen sie sich, wenn sie andere lächeln sehen? Sprechen Sie über die Wirkung eines Lächelns – im Augenblick und langfristig. Halten Sie die Antworten an der Tafel fest.

Tragen Sie mit der Klasse an der Tafel zusammen, welche verschiedenen Arten des Lächelns es gibt. Kündigen Sie den Schülern den Wettbewerb „Entdecke ein Lächeln" an. In diesem Wettbewerb entscheiden sich die Schüler jeden Tag für eine bestimmte Art des Lächelns, nach dem sie an diesem Tag Ausschau halten, zum Beispiel: das niedlichste Lächeln, das glücklichste, breiteste, freundlichste Lächeln, das dämlichstes Lächeln, das beste Lächeln der Lehrkräfte. Am Ende des Schultages schreiben die Kinder auf Zetteln die Namen derer auf, bei denen sie das gesuchte Lächeln gesehen haben, und werfen die Zettel in eine Wahlurne. (Besprechen Sie vorher, dass die Schüler ehrlich sein und niemanden wählen sollen, nur weil es ein Freund ist.) Der Gewinner wird zu Beginn des nächsten Tages bekannt gegeben und erhält die Urkunde „Ein Lächeln geschenkt" und einen Smiley-Button (kann aus gelbem Bastelkarton hergestellt werden), den er während des Tages trägt (siehe Anhang, S. 244).

Vertiefung: Diskutieren Sie mit den Schülern während einer Woche die Wirkung dieser Unterrichtsaktivität.

- Haben sie selber mehr gelächelt?
- Wie ist das Gefühl vor dem Lächeln? Und danach?
- Haben sie bemerkt, dass andere mehr gelächelt haben?
- Hat es bei anderen um sie herum etwas bewirkt? Was?
- Ist es wichtig zu lächeln? Warum?
- Was haben sie aus dieser Aktivität gelernt?
- Wie können sie das Gelernte täglich anwenden?
- Die Gewinner sollen mitteilen, wie sie sich fühlten, als sie zum Gewinner ernannt wurden.

Freundschaft und Teamgeist

Lektion
....
Ein Freund ist ...

Halte einen wahren Freund gut mit beiden Händen fest.

Nigerianisches Sprichwort

Ziel: Kindern deutlich machen, was ein Freund und wie wichtig Freundschaft ist.

Material: Friedensheft; Bleistift.

Arbeitsschritte: Schreiben Sie an die Tafel „Ein Freund ist jemand, der ...“ und bitten Sie die Schüler, den Satz in ihr Friedensheft zu schreiben und zu ergänzen, was für sie einen Freund ausmacht. Nach etwa fünf bis zehn Minuten könnten folgende Antworten vorliegen:

- Jemand, mit dem man Spaß hat.
- Jemand, der zuhört.
- Jemand, der versteht.
- Jemand, der sich für mich stark macht.
- Jemand, der mich nicht demütigt.
- Jemand, der sich freut, wenn die Dinge gut für mich laufen.
- Jemand, dem man vertrauen kann.

Schreiben Sie alle Antworten als Liste auf die Tafel. Dann sollen die Schüler die Liste vervollständigen, die sie in ihrem Friedensheft begonnen haben.

Die Schüler sollen drei Antworten aus der Liste wählen, die ihres Erachtens die wichtigsten Eigenschaften eines Freundes sind.

Vertiefung: Sprechen Sie mit den Schülern über die Eigenschaften, die ihrer Meinung nach bei einem guten Freund wichtig sind und warum sie dieser Meinung sind. Die Kinder sollen sich auch dazu äußern, warum es wichtig ist, einen Freund zu haben. Halten Sie die Antworten fest und besprechen Sie sie mit den Schülern.

Ergänzende Unterrichtsangebote:

1. Die Kinder können ein Bild ihres besten Freundes/ihrer Freundin malen und unter das Bild zwei oder drei Eigenschaften schreiben, die einen Freund ausmachen, und warum es für sie wichtig ist, Freunde zu haben.
2. Die Klasse fasst die wichtigsten Punkte, die einen Freund ausmachen, in einer Definition zusammen. Sie kann auf einen Plakatbogen geschrieben und zur Erinnerung ausgehängt werden.

Lektion

Formen der Freundschaft

Ziel: Kindern helfen, sich bewusst zu werden, dass es viele Formen der Freundschaft gibt.

Material: Plakatbogen, Filzstifte, Friedensheft, Bleistifte.

Arbeitsschritte: Fragen Sie die Schüler, ob es mehrere Formen der Freundschaft gibt, und wenn ja, welche dies sind. Halten Sie die Antworten fest. Beispielantworten:

- Bekannte
- Schulfreunde
- Freunde bei außerschulischen Aktivitäten wie Sport, Kirchengruppen usw.
- Freunde in der Nachbarschaft
- beste Freunde

Die Schüler sollen die verschiedenen Formen von Freundschaft in ihr Friedensheft schreiben und darunter jeweils die Bedeutung dieser Freundschaft.

Vertiefung: Besprechen Sie mit den Kindern die Merkmale, die sie für jede Form der Freundschaft aufgeschrieben haben. Fragen Sie, ob es wichtig ist, all diese verschiedenen Freundschaftsverhältnisse zu haben, und warum bzw. warum nicht. Welche dieser Freundschaftsverhältnisse sind wichtiger als andere?

Ergänzendes Unterrichtsangebot: Die Kinder sollen aufschreiben, wer ihre Freunde sind, und sie in die richtige der oben genannten Kategorien einordnen.

Anmerkung: Sehen Sie sich den Fragebogen im Anhang an. Er gibt Aufschluss darüber, wer nicht viele Freunde hat und wer am meisten Unterstützung braucht, um Freundschaften schließen zu können.

Lektion
Friedensfest

Ziel: Die Schritte bewusst machen, die auf dem Weg zu einer friedvollen Schule unternommen wurden. Diese Erfolge würdigen. Ein Bewusstsein dafür schaffen, dass sich Schüler, Lehrer, Eltern und die Gemeinschaft für ein friedvolles Umfeld einsetzen müssen. Die Schüler bestärken, diesen Weg weiter zu verfolgen.

Arbeitsschritte: Das auf dem Weg zu einer friedvollen Schule Erreichte kann auf vielfältige Weise gewürdigt werden. Dafür können ein Tag oder eine ganze Woche zur Verfügung gestellt, alle Schüler und Lehrer oder nur die eigene Klasse einbezogen werden. Sie laden Eltern und andere Mitglieder der Gemeinschaft (sowie die Medien) zum Bespiel zu einem Friedensfest ein. Zum Programm können Arbeitsgruppen gehören, in denen Schüler (und Besucher) an verschiedenen Aktivitäten der Friedenserziehung teilnehmen. Auch Schülerversammlungen und -darbietungen von Liedern, Theaterstücken, Reden sind denkbar. In der Schule kann es eine Ausstellung geben, mit Fotos von Kindern, die sich für Frieden einsetzen, sowie mit verschiedenen Arbeiten (Prosa, Gedichte, Kunst, Präsentationen am schwarzen Brett usw.), die von den Kindern unter verschiedenen Aspekten der Friedenserziehung erstellt wurden.

Es kann ein Thema in den Mittelpunkt gestellt werden (etwa Freundlichkeit, Respekt, Umgang mit Schikane, Konfliktbewältigung usw.) oder mehrere/alle Aspekte des Friedens.

Weitere Vorschläge sind:
- Lieder des Friedens: Schreiben Sie ein „Friedenslied der Schule".
- Botschaften des Friedens (zu einem behandelten Thema).
- Bestärken Sie die Schüler, etwas besonders Gutes zu tun.
- Friedensversprechen können unterschrieben werden.

- Informationen über berühmte Personen, die sich für den Frieden eingesetzt oder den Friedensnobelpreis gewonnen haben, werden recherchiert
und ausgehängt.
- Kreieren Sie ein Friedensmaskottchen für die Schule.
- Legen Sie einen Friedensgarten an, in den Sie jedes Jahr eine neue Pflan-
ze oder einen neuen Baum usw. setzen.

Vertiefung: Die Diskussionen, Niederschriften und Illustrationen über diesen Tag können viele Formen annehmen, Grenzen sind nur durch Ihre Fantasie gesetzt. Das Ganze ist eine wundervolle Erfahrung für jeden Einzelnen.
Dieses Ereignis muss zwar vorbereitet und organisiert werden, aber die
Mühe wird auf vielfältige Weise nachhaltig belohnt.

Lektion
Problembewältigung mit einem Freund

Ziel: Kindern Verhaltensweisen vermitteln, mit denen sie Probleme mit einem Freund so lösen können, dass beide Parteien gewinnen.

Material: Plakatbogen, Filzstifte, Friedensheft, Bleistifte, Rollenspielliste
(siehe Anhang, S. 255).

Arbeitsschritte: Sprechen Sie mit den Kindern darüber, dass man auch mit
Freunden Konflikte hat. Sagen Sie ihnen, dass es wichtig ist, Konflikte mit ei-
nem Freund friedlich zu lösen. Die Kinder sollen in ihr Friedensheft schrei-
ben, wie sie jetzt ein Problem mit einem Freund lösen. Die Ergebnisse wer-
den mit der Klasse besprochen, danach von Ihnen auf einem separaten
Plakatbogen zusammengefasst.
  Einige Punkte, die bei der Lösung von Problemen mit einem Freund be-
achtet werden müssen, sind:
- Höre der anderen Person genau zu.
- Versuche, den Standpunkt des Freundes zu verstehen.
- Sage dem Freund, wie du dich fühlst, und lege deinen Standpunkt dar.
- Entscheidet gemeinsam, wie ihr die Situation verbessern könnt, um zu ei-
ner Lösung zu kommen, bei der beide Parteien gewinnen.

Vertiefung: Teilen Sie die Schüler in Zweiergruppen ein. Jedes Paar bekommt eine Problemsituation von der Rollenspielliste. Dazu soll es ein Rollenspiel entwickeln, in dem die Situation mit einer so genannten „Win-win-
Lösung" aufgelöst wird.

Nach vorgegebener Zeit führen einige Schülergruppen ihr Rollenspiel der Klasse vor. Die anderen kommentieren, was sie gesehen haben.

Ergänzendes Unterrichtsangebot: Wenn ein Konflikt zwischen zwei Kindern im Klassenzimmer entsteht, nutzen Sie dies als einen für Einsichten zugänglichen Moment, beschreiben Sie der Klasse das Problem (wenn die Konfliktpartner einverstanden sind) und lassen Sie die Kinder in Gruppen eine Problemlösung erarbeiten. Es ist wichtig, dass regelmäßig ein Transfer erworbener Kompetenzen in den Schulalltag der Kinder stattfindet.

2. Baustein: Selbstwertgefühl

Theorie

Was du auch tun willst, wovon immer du träumst, es zu tun: Trau dich!
Beginne damit!
Kühnheit trägt stets Genie, Kraft und einen Zauber in sich.

Selbstwertgefühl ist die persönliche Einschätzung des eigenen Wertes als menschliches Wesen. Es lässt darauf schließen, in welchem Maße man sich selbst als fähig, wichtig, erfolgreich und wertvoll erachtet. Selbstwertgefühl ist das Ergebnis der Art der Beziehungen zwischen einem Kind und wichtigen anderen Personen in seinem Leben.

So viele von uns verbergen jeden Tag, wer wir eigentlich sind. Als Kind haben wir ein intaktes Gefühl für den eigenen Wert. Wir haben keinen Grund gehabt, ihn infrage zu stellen. Über die Jahre wird unser Selbstwertgefühl aber angeknackst und verletzt und wir denken oft, dass wir nicht so gut sind, wie wir sein könnten oder sollten. Manchmal finden diese Zweifel still in unserem Innern statt, manchmal bahnen sie sich ihren Weg nach außen. Nehmen Sie zum Beispiel die heutigen Jugendlichen in den prägenden Jahren, die sich oft hinter Äußerlichkeiten verstecken. Sie denken, dass sie cool sind und akzeptiert und geachtet werden, wenn ihr Aussehen und ihre Kleidung einer bestimmten Art entsprechen. Sie glauben, dass schlank und schön zu sein, einen Igelhaarschnitt oder Nike-Schuhe zu tragen, ihnen Zutritt zum Club der Angesehenen verschafft. Aber Selbstwert ist viel mehr als das Aussehen oder das Mithalten mit neuesten Trends.

Ein gesundes Selbstwertgefühl zu haben, bedeutet eine umfassende und ausgewogene Sicht auf unser Selbst zu haben, unsere Stärken und Schwächen zu kennen und beide zu akzeptieren. Es hat nichts mit Angeberei oder Arroganz zu tun. Angeberei entsteht aus einer unausgewogenen und negativen Sicht des eigenen Selbst (jawohl, negativ!), die übermäßig aufgebläht wird als Fassade und eine Form der Selbstverteidigung. Es klingt paradox, aber arrogante und prahlerische Menschen leiden an einem zu geringen Selbstwertgefühl. Sie versuchen dies zu kompensieren, indem sie sich besonders wichtig machen.

Sprichwörter aus unserer Kindheit haben uns vielleicht glauben gemacht, dass Selbstwertgefühl zu Arroganz führt, zum Beispiel: „Nicht getadelt, ist Lob genug" oder „Eigenlob stinkt". In Wahrheit ist das Gegenteil der Fall.

Das andere Extrem ist, sich niemals zuzugestehen, dass man erfolgreich war oder etwas gut gemacht hat, immer zu verleugnen oder herunterzuspielen, dass man etwas gut kann. Solche Menschen versagen sich und anderen Anerkennung und Lob.

An sich selbst zu glauben, zu wissen, dass man imstande ist, seine Ziele zu erreichen, und eigene Schwächen zu akzeptieren, gibt jedem von uns den Impuls, realitätsbezogen, fair und positiv mit sich selbst und anderen umzugehen.

Selbstwertgefühl aufbauen ist ein weites Feld. Hier wollen wir uns auf die folgenden Aspekte konzentrieren, die zu einem gesunden Selbstgefühl beitragen: Selbstbild, Selbstwertgefühl, die Aneignung einer positiven inneren Einstellung, die Notwendigkeit von „Fehlern", das Kennenlernen von Gefühlen, die Rolle von Anerkennung, die Macht des gesprochenen Wortes, Zuhören.

Selbstbild

Wir bauen unser *Selbstbild* auf durch verschiedene Faktoren wie physische Fähigkeiten, Selbstwahrnehmung und Vergleich, unser Äußeres, sprachliche Begabungen, verbales Feedback von anderen und soziale Integration und Interaktion. *Der eigene Wert* ist der Wert, den wir uns entsprechend der Übereinstimmung unseres Selbstbildes mit dem, was unsere Umgebung uns als Spiegelbild zurückwirft, selbst beimessen. *Selbstwertgefühl* andererseits wird aufgebaut in direktem Zusammenhang unserer Beziehung zu anderen – Eltern, Geschwistern, Lehrern, Freunden usw. Es ist davon abhängig, wie wir meinen, dass andere uns wertschätzen. Ihre Art, uns zu behandeln, und die Qualität unserer Beziehungen zu ihnen formt nach und nach unsere Einschätzung des Wertes, den wir für sie, für uns selbst und letztendlich für die Welt im Allgemeinen haben. *Der eigene Wert und das Selbstwertgefühl* sind miteinander verwoben und wechselseitig voneinander abhängig. Diese entscheidende Wechselwirkung von Selbstbild und Selbstwertgefühl hat lang währende Auswirkungen nicht nur darauf, wie wir uns selbst wertschätzen, sondern auch andere, darauf, wie wir mit uns und anderen umgehen und mit welchem Potenzial und in welche Richtung wir in das Leben gehen.

Jemanden zu achten heißt, ihn sehr zu schätzen, ihn und seinen Wert anzuerkennen. Uns selbst ganz und gar lieben zu lernen, befähigt uns, andere

Reicher Junge – armer Junge

Ich treffe ihn
im Dorf.
Er gondelt auf seinem
Luxusfahrrad herum,
von dem die anderen
nur träumen.
Die Haare sind frisch gestylt,
sein Outfit Dernier Cri.
Ich wußte gar nicht,
daß diese Art von Schuhen
jetzt in ist.
Er hört mich nicht,
der Walkman verstopft
seine Ohren.
Er sieht mich nicht,
sein Blick ist leer und starr.
Auf sein Konto geht
jeden Monat
ein sehr ansehnlicher
Taschengeld-Betrag.
Wenn ich ihn sehe,
denke ich immer daran,
daß er aus den vielen
Gewinnen
eine kleine Plüsch-Ente
auswählte,
die er liebevoll streichelte,
als er sich
unbeobachtet fühlte.

Ingrid Kiehl-Krau

Quelle: Ingrid Kiehl-Krau, Reicher Junge –
armer Junge. Aus: dies., Schul-Versuche.
Braunfels 1991

zu lieben. Unser Herz für unsere wahre Natur zu öffnen, die Fehler, Stärken, Träume und Ängste zu akzeptieren, die uns ausmachen, ermöglicht uns, andere zu verstehen. Sie haben andere Schwächen und Stärken als wir, aber sie haben sie. Wir müssen keine Fassade aufbauen oder versuchen, anders oder besser zu sein, als wir eben sind. Wenn wir das nicht tun, können wir auch andere in ihrer Eigenart akzeptieren.

Dies ermächtigt uns nicht, rücksichtslos zu handeln, nur an uns selbst zu denken und Chaos anzurichten, wenn wir in reizbarer Stimmung sind. Im Gegenteil, es ermächtigt uns zu akzeptieren, dass die reizbare Stimmung ein Teil unseres Selbst und niemand sonst dafür verantwortlich ist, noch damit bestraft werden sollte. Es hilft uns zu verstehen, dass es *nur* eine reizbare Stimmung ist, die vergehen wird. Und wir erkennen, dass diese Stimmung nur ein kleiner Teil unseres Selbst ist, sodass wir sie im Vertrauen darauf leichter in den Griff bekommen können. Verständnis und Liebe für uns, wie wir sind, befähigen uns, andere ebenfalls zu akzeptieren und zu lieben, weil sie sind, wie sie sind, mit allen Implikationen.

Jedes Kind hat das Potenzial, sein Umfeld positiv zu beeinflussen. Wenn wir Erwachsene dieses Kind dabei unterstützen, dieses Potenzial zu entwickeln, dann haben wir dem Kind, uns und der Welt, in der wir leben, ein unschätzbares Geschenk gemacht – eine positiv eingestellte Person, die an sich und andere glaubt und für sich und andere Gutes tut. Um diese natürliche Entfaltung des eigenen Werts in Kindern zu fördern, ist es wichtig, dass wir uns als Erwachsene und Pädagogen zuerst mit unserem Bewusstsein des eigenen Werts beschäftigen.

Als Lehrer kann ich mich fragen:
- Habe ich ein positives Selbstwertgefühl?
- Akzeptiere, mag ich mich und nehme ich mich so an, wie ich bin?
- Mag ich das Gesamtbild, das ich sehe, wenn ich mich selbst mit meinen Schwächen und Stärken betrachte?
- Erkenne ich meine Leistungen und Misserfolge gleichermaßen?
- Werde ich daran arbeiten, mir diese Herangehensweise anzueignen, obwohl sie für mich ungewohnt ist?

Was wir als Lehrer tun können, um uns und die Kinder positiv voranzubringen, ist zuallererst, selbst ein gesundes Selbstwertgefühl aufzubauen. Nur wenn wir selbst diesen Weg einschlagen, können wir andere akzeptieren und ihnen echte Anerkennung zeigen. Wir vermitteln dann Selbstwertgefühl, indem wir ein Beispiel geben.

Charakterzüge von Schülern mit starkem Selbstwertgefühl:
- Kooperativ – Teamspieler
- Sehen das Selbst als Quelle des Erfolgs
- Kreative Problemlöser
- Offen für Anregungen anderer
- Setzen eigene Standards
- Haben viele Freunde
- Sind verantwortungsvoll
- Kennen eigene Stärken und Schwächen
- Haben Führungsqualitäten
- Sind stolz auf Erreichtes
- Haben allgemein eine positive innere Einstellung

Charakterzüge von Schülern mit geringem Selbstwertgefühl:
- Wollen nicht involviert werden
- Machen andere für ihr Versagen verantwortlich
- Konzentrieren sich auf Ängste und Probleme
- Sind introvertiert und oft sehr scheu
- Vergleichen sich ständig mit anderen
- Vermeiden Herausforderungen
- Beschuldigen andere und fühlen sich schuldig
- Sind defensiv eingestellt

- Geben selten Informationen heraus
- Haben allgemein eine negative innere Einstellung

Kinder mit einem starken Selbstwertgefühl sind nicht nur zufriedener mit sich selbst, sie wissen auch, wohin sie gehören, wissen, dass sie einzigartig sind, und sind sich ihrer eigenen Kraft bewusst.

Folgende Fragen können Sie den Schülern zur Einführung dieses Bausteins stellen:
- Wer bin ich?
- Mag ich mich? Warum oder warum nicht?
- Glaube ich, dass ich gut bin, so wie ich bin?
- Behandle ich mich selbst gut? Wie dürfen mich andere behandeln?
- Akzeptiere ich die Einzigartigkeit anderer und behandle ich sie entsprechend?

Verbundenheit

Kinder, die ein Gefühl der Verbundenheit haben, wissen, sie sind Teil einer Gruppe, ob dies nun die Familie, die Klasse, ein Verein oder die Gemeinschaft ist. Sie wissen, dass sie dazugehören und etwas Wertvolles beisteuern können. Sie denken ebenso über andere in der Gruppe und tragen so zum Zusammenhalt der Gruppe bei. Sie beziehen andere in Spiele oder Projekte ein oder bieten ihre Hilfe an, wenn andere mit etwas begonnen haben.

Mobbing, also andere auszuschließen, tritt in einer Generation auf, die kein echtes Verbundenheitsgefühl hat. Man glaubt, man werde nur akzeptiert, wenn man einer besonderen Clique angehört. Gleichzeitig werden bestimmte Personen ausgeschlossen oder schlecht behandelt, weil sie als nicht gut genug für die Clique erachtet werden. Diese Form der Gruppenbildung basiert nicht auf einem guten Gefühl, sondern vielmehr auf einem unausgesprochenen, vagen Anforderungskatalog der Gruppe, der jederzeit verändert oder ungültig gemacht werden kann. Das führt zu großer Unsicherheit und Vereinzelung. Jeder bleibt innerhalb der Gruppe auf sich allein gestellt. Denn es kann im Nu passieren, dass man aus der Gruppe ausgeschlossen und schikaniert wird. Ein Selbstwertgefühl oder ein echtes Verbundenheitsgefühl kann so nicht entstehen.

Wenn sich die Schüler zu ihrer Klasse, ihrer Schule, ihrer Umgebung dazugehörig fühlen und ihr Bewusstsein dafür gestärkt wird, dass wir *alle* auf die eine oder andere Art verbunden sind, wird solch destruktives Gruppenverhalten erheblich zurückgehen.

Ein Erwachsener kann es Schülern erleichtern, sich akzeptiert und verbunden zu fühlen, indem er

- ihnen ein positives Feedback gibt;
- ihre Leistungen wahrnimmt und in Relation zu ihren Maßstäben setzt, nicht zu seinen;
- Akzeptanz und Zuneigung beweist, und zwar nicht nur verbal;
- ihnen Aufgaben zuweist, die ihre Stärken hervorheben;
- Zeit gibt, um sich auszutauschen; Schüler darin bestärkt, Gruppenprobleme anzusprechen und sich gegenseitig bei der Problemlösung zu helfen;
- denjenigen, die sich nicht dazugehörig fühlen, anbietet, ständig mit einem Partner oder in kleinen Gruppen zu arbeiten.

Einzigartigkeit

Ein Kind, das sich seines Wertes als Person bewusst ist, weiß, dass es wie jede andere Person einzigartig und besonders ist. Es vergleicht sich nicht mit anderen, sondern misst vielmehr seine Erfolge, Stärken und Schwächen an der eigenen inneren Richtschnur. Es akzeptiert sich als ganzes, einzigartiges Individuum. Es ist damit in der Lage, auch andere auf die gleiche Weise zu akzeptieren.

Ein Erwachsener kann es Schülern erleichtern, ein Gefühl für ihren Wert und ihre Einzigartigkeit zu entwickeln, indem er

- ihre Stärken hervorhebt und ihre Schwächen herunterspielt;
- nach speziellen Interessen oder Fähigkeiten sucht und diese fördert;
- Begabungen hervorhebt;
- ihnen vor anderen Anerkennung zollt;
- deutlich macht, dass es notwenig ist, Fehler zu machen, und Fehler als Lernchance zu begreifen, während etwas Neues erlernt wird;
- einen bestimmten Bereich ausweist, in dem Schüler ihre Arbeiten ausstellen können;
- es vermeidet, ein Kind vor anderen zu korrigieren, sondern dafür die Pause oder ein Einzelgespräch nutzt;
- Übungen in den Unterricht einbaut, die den Kindern helfen, sich zu definieren und wertzuschätzen sowie ihre Wünsche und Träume zu beschreiben und danach zu streben.

Innere Kraft

Jeder von uns hat eine unglaubliche Kraft in sich. Dieses Gefühl der inneren Kraft zu bewahren oder wieder zu entdecken, ist dem Selbstbild und dem eigenen Wert zuträglich. Wenn ein Kind weiß, dass es innere Stärke und eine eigene Entscheidungsbefugnis hat, dass es seine Richtung selbst wählen und Veränderungen herbeiführen kann, dass es in der Welt etwas bewirken kann, dann erkennt es, dass es sein Leben selbst bestimmen kann. Es ist kein Opfer der Umstände, sondern vielmehr der Hauptakteur im Spiel seines eigenen Lebens.

Ein Erwachsener kann es Schülern erleichtern, ein Gefühl für ihren Wert und ihre Einzigartigkeit zu entwickeln, indem er

- Unterrichtseinheiten plant, die die innere Kraft des Individuums zum Vorschein bringen;
- den Kindern hilft, Ziele zu definieren, und einen Plan entwirft, wie sie die Ziele erreichen können;
- Erfolge vor der Klasse zur Kenntnis nimmt und würdigt;
- sie ermutigt, eigene Entscheidungen zu fällen; den Prozess der Entscheidungsfindung im Detail bespricht; unsichere Schüler unterstützt, indem er die Auswahlmöglichkeiten einschränkt, wenn Entscheidungen gefällt werden;
- Zeitbeschränkungen und das Einteilen von Zeit definiert und anwendet;
- ein System einrichtet, mit dem Fortschritte und Erfolge nachvollzogen werden können;
- das Schwergewicht auf das legt, was sich verbessert hat, und nicht auf das erreichte Ziel.

Eine positive innere Einstellung

Warum sind einige Menschen, die ernsthaft krank sind oder eine Katastrophe erlebt haben, niedergeschlagen, bitter, ängstlich und zurückgezogen, von ihrem Kummer überwältigt, während andere unter den gleichen Bedingungen fröhlich, hoffnungsvoll und offen sind und das Leben in vollen Zügen genießen? Hintergründe und Umstände spielen sicherlich eine Rolle, aber das ist nicht alles. Die innere Einstellung macht den Unterschied aus. Man sagt, dass die Lebensqualität zu zehn Prozent durch das, was uns geschieht, und zu neunzig Prozent dadurch, wie wir damit umgehen, bestimmt wird. Unsere innere Einstellung, wie wir Ereignisse in unserem Leben betrachten, damit umgehen und darauf reagieren, bestimmt den Ton nicht nur für nachfolgende Handlungen, sondern vor allem für unsere innere Erfahrung. Wir können uns beibringen, das Gute zu sehen, hervorzuheben, was funktioniert, und Probleme als Herausforderungen zu verstehen, die das Beste in uns wecken. Wenn wir unsere innere Einstellung positiv verändern, wofür es nie zu spät ist, sehen wir die Realität in einem Licht, das unserem inneren Wohlbefinden nützlich ist und unseren Handlungen eine positive Richtung gibt.

Wenn wir Kindern im Unterricht helfen, sich eine positive innere Einstellung anzueignen und zu bewahren, sollten wir sie jeden Tag möglichst zur gleichen Zeit fragen, was an dem Tag gut geklappt hat, was ihnen Gutes widerfahren ist und wo sie Glück hatten. Wenn wir ihr Bewusstsein auf diese Aspekte des Lebens lenken statt auf Probleme oder Defizite, trägt es dazu bei, dass sie selbst auf das Gute achten.

Um effektiv mit den auftauchenden Problemen und den Unzufriedenheiten umgehen zu können, von denen wir alle nicht frei sind, können Sie die Lektionen zum Programm „Frieden lernen" (siehe S. 30 ff.) einsetzen. Wir werden uns mit spezifischen Zielsetzungen und der Wahl des eigenen Wegs auch noch im Kapitel „Disziplin und Respekt" beschäftigen.

Fehler als Lernchance

Die Angst, Fehler zu machen, oder – anders ausgedrückt – der Druck, immer die richtige Antwort wissen oder alles richtig machen zu müssen, behindert die Lernfähigkeit. Auch Kinder haben einen starken Wunsch, „es richtig zu machen". Doch dieses Verhalten, das wir von unserer Umgebung lernen, kann verloren gehen. Das Vertrauen in uns selbst, dass wir das Bestmögliche tun und unsere Aufgabe mit Übung bewältigen können, ist der Schlüssel für einen mit Freude erfüllten Lernprozess. Die Angst, Fehler zu machen, etwas Falsches zu tun, uns lächerlich zu machen oder nicht gut genug zu sein, steht dieser Freude allerdings im Weg.

Nehmen wir als Beispiel das Schreibenlernen. Als wir das erste Mal den Buchstaben ‚t' geschrieben haben, sah er bestimmt noch nicht so aus, wie wir ihn heute schreiben können. Der untere Bogen war vielleicht gar nicht da oder zu groß, sodass das Ganze wie ein Regenschirm aussah. Der T-Strich hing irgendwo in der Luft oder saß auf dem Bogen. Durch die ersten Versuche war uns klar, dass wir etwas anders machen müssen. Vielleicht sollte das Papier verschoben werden, der Bleistift anders in der Hand liegen, die Schulter entspannt werden usw. Jedes geschriebene ‚t' war also kein Fehler, sondern eine weitere Station auf dem Weg zu dem Buchstaben, der dann eines Tages so aussah, wie er es sollte.

Fehler sind ein wesentlicher Bestandteil des Lernprozesses. Man kann nur lernen, wenn man etwas in Angriff nimmt, das Beste tut und aus den eigenen Versuchen lernt, wie man es besser machen kann, und schließlich die Aufgabe beherrscht.

Es gibt keine Fehler, sondern ausschließlich Lernerfahrungen.

Gefühle formulieren

Als menschliche Wesen sind wir mit komplexen Gefühlen und Gedanken ausgestattet. Wir haben viele verschiedene Möglichkeiten, diese auszudrücken. Aber bevor wir das tun, müssen wir zunächst fähig sein, unsere Gefühle zu spüren, sie zu definieren, um sie dann im nächsten Schritt auf geeignete Weise auszudrücken. Das mag zunächst mühsam erscheinen, doch die Gefühle treiben uns ständig an und motivieren uns, ob wir uns ihrer bewusst sind oder nicht. Wenn wir uns die Zeit nehmen, um uns über sie klar zu werden, und lernen, sie anderen zu vermitteln, erleichtert uns dies den Umgang mit anderen Menschen enorm. Wir durchschauen leichter unsere Reaktionen auf Verhaltensweisen und Ereignisse und können besser gesunde Beziehungen zu anderen aufbauen und aufrechterhalten.

Wir haben fast alle gelernt, dass Gefühle wie innere Ausgeglichenheit, Zufriedenheit und Entspannung *gut* und Gefühle wie Zorn, Groll, äußere und innere Unruhe *schlecht* sind. Gefühle so zu beurteilen, hindert uns, sie zu definieren und somit effektiv mit ihnen umzugehen. Indem wir sofort beurteilen, was wir fühlen, entfernen wir uns von unseren Gefühlen. Sie werden unklarer und wir können sie nicht mehr angemessen ausdrücken. Wenn wir das Bewusstsein für alle unsere Gefühle schulen, einerlei ob sie gut oder schlecht genannt werden, können wir sie alle viel besser definieren, die Verantwortung für sie übernehmen und sie annehmen. Alle nur erdenklichen Gefühle sind Bestandteil unserer Menschlichkeit. Sie sind wichtig im Plan des Lebens. Die Auslöser und Gründe für bestimmte Gefühle zu erkennen, hilft uns, uns selbst kennen zu lernen, zu akzeptieren und zu mögen. Die Kunst des inneren Wohlgefühls und guter Beziehungen liegt darin, unsere Gefühle so genau wie möglich zu erkennen und sie in der richtigen Form auszudrücken.

Beispiel

So kann eine Situation aussehen, die eine Menge Gefühle, Reaktionen und Gegenreaktionen hervorbringt:

1. Deine Freundin sagt, du hättest die falsche Übung in Französisch gemacht. (*Etwas geschieht.*)
2. Du fühlst dich unwohl mit dieser Information. (*In dir regt sich ein Gefühl.*)
3. Du fühlst dich wie ein Depp. (*Das Gefühl wird benannt.*)
4. Du sagst dir selbst: Sie hat Recht. Ich habe die falsche gemacht. Ich muss dämlich sein. (*Du beurteilst das Gefühl als richtig oder falsch.*)
5. Du bist böse auf sie, weil sie dir das Gefühl gibt, dämlich zu sein. (*Du spürst eine Reaktion auf dieses Gefühl oder aus ihr heraus.*)
6. Du sagst ihr, sie soll sich um ihre eigenen Angelegenheiten kümmern. Du wüsstest schon, was du zu tun hast. (*Du äußerst deine Reaktion.*)
7. Sie sagt, dass sie dir das nächste Mal nicht mehr hilft, wenn du dich so gemein verhältst. (*Die Umgebung reagiert auf die Äußerung der Reaktion, nicht auf die Reaktion selbst.*)
8. Du denkst: Ich muss wirklich dämlich sein, wenn sie mir sogar nicht mehr helfen will. (*Du fällst ein weiteres Urteil über dich und das Gefühl auf der Grundlage des Feedbacks auf deine Reaktion.*)

Und so dreht sich der Kreis weiter.

Mit den Lektionen zum „Selbstwertgefühl" geben wir Kindern die Gelegenheit, ihr Bewusstsein zu schulen für ihre Gefühle und die Situationen, in denen sie diese Gefühle empfinden. Sie bekommen Hilfsmittel an die Hand, um diese Gefühle verbal und physisch auf eine angemessene Art zu äußern. Dabei haben die Achtung vor der eigenen Person, den eigenen Gefühlen und die vor denen anderer, unbedingt Priorität. „Ich-Botschaften" statt „Du-Botschaften" zu geben, ist unerlässlich in der Phase der Äußerung von Gefühlen. Dieses Thema wird detailliert im Kapitel „Konfliktlösung und Gewaltprävention" (siehe S. 155 ff.) behandelt.

Die Kunst des Anerkennens

Anerkennung kann definiert werden als Akzeptanz oder wohlwollende Zurkenntnisnahme der Wichtigkeit oder des Werts einer Person. Anerkennung ist der Ausdruck der Dankbarkeit für diese Person beziehungsweise zeigt ihre Wertschätzung. Sie basiert auf dem Wissen, dass dieser Mensch sein absolut Bestes in jeder Situation gibt, je nach seinem derzeitigen Wissensstand und seinen derzeitigen Überzeugungen.

Wir möchten differenzieren zwischen Anerkennung als Ausdruck der Wertschätzung und Lob als Trick, um jemanden zu beeinflussen. Wenn Sie Kinder als das bestätigen, was sie sind, und sie nur an ihren eigenen Leistungen oder Standards messen, dann ermöglichen Sie es ihnen, an sich selbst zu glauben und nach Verbesserung zu streben, weil es ihnen ein gutes Gefühl gibt. Sie erkennen sie damit an. Wenn Kinder sich und ihre Leistungen für gut halten, haben sie nicht den Drang, besser als andere zu sein. Es reicht, gut zu sein, gemessen an den eigenen Standards. Kinder anzuerkennen und sie darin zu bestärken, ihren Weg zu gehen, ist ebenfalls ein effektiver Prozess, ihre natürliche Freude am Lernen zu erhalten.

Wenn Sie dagegen Ihre eigene Meinung als Standard setzen und/oder die Leistungen der Kinder mit denen anderer vergleichen und in „nette Worte" fassen, dann entwickeln Kinder eine Wettbewerbshaltung und fühlen womöglich einen inneren Druck, den Anforderungen von außen zu entsprechen. Ungesunder und unstrukturierter Wettbewerb verursacht Geringschätzung unter Schülern, während konstruktive Anerkennung die Konzentration und persönliche Befriedigung darauf lenkt, eine Aufgabe gut zu machen und zu leisten, was man sich vorgenommen hat. Die Meinung anderer hat dann weniger Gewicht und man strebt nicht danach, besser als andere zu sein.

Wenn uns jemand anerkennt, kann er uns mit positiven, aufmunternden Worten Auftrieb geben, wenn wir niedergeschlagen sind, oder uns wissen lassen, dass jemand gut von uns denkt. Regelmäßige bestätigende Bemerkungen können unser persönliches inneres Wohlbefinden steigern. Durch Anerkennung, wenn sie als Instrument zum Aufbau besserer Beziehungen und mehr Selbstwertgefühl eingesetzt wird, fühlen wir uns bestätigt, besonders dann, wenn wir Zeit und Energie in etwas investiert haben. Uns wird von anderen ein Spiegel unserer eigenen Leistungen vorgehalten. Dadurch können wir uns darauf konzentrieren, das Beste gemäß unseren eigenen Standards zu tun und selbst gesetzte Ziele zu verfolgen. Wenn wir anerkannt werden, können wir uns zurücklehnen und das, was wir vollbracht haben, mit Befriedigung betrachten: „Ja, ich habe hart gearbeitet und meine Bemühungen haben sich gelohnt" oder „Na ja, es ist nicht perfekt, aber ich habe mich seit dem letzten Mal enorm verbessert".

Einfache Aussagen, die die Bemühungen anderer würdigen, sind wertvolle Instrumente, zum Beispiel:

- Du hast den ganzen Vormittag gearbeitet, ohne aufzugeben. Das ist Entschlossenheit!
- Du hast das Kunstprojekt genau nach den Anweisungen des Lehrers fertig gestellt. Konsequente Arbeit!
- Was für eine fantasievolle Idee. Du kannst sie bestimmt umsetzen!

- Ich sehe, dass du dein Bestes bei dieser Hausaufgabe gegeben hast!
- Selbst wenn es nicht so gut wie gewünscht gelaufen ist, zeigt deine eifrige Arbeit daran, dass du es schaffen willst. Ich glaube, du kannst es!

Unser Umfeld wird niemals aufhören, uns Informationen und Feedback zu geben. So lernen wir mehr über unsere Welt, lernen, wie andere denken und wie wir wahrgenommen werden. Es ist jedoch im Interesse eines starken Selbstwertgefühls hilfreich, sich die Zeit zu nehmen, um das zu filtern, was von „da draußen" kommt, es anzupassen, zu eliminieren oder die Informationen so zu integrieren, dass sie zu unserer Wahrnehmung der Dinge „hier drinnen" passen. Man könnte sagen, dass wir eine innere Landkarte, ein Steuergerät haben, das uns zeigt, wie wir durch die Ereignisse des täglichen Lebens navigieren sollen. Da wir es selbst sind, die unser Leben leben, ist es wichtig, dass wir diese Karte selbst anfertigen, dass wir sie genauestens kennen und sie ändern können, wie wir wollen. Dem eigenen Urteil zu vertrauen, es aber auch kritisch zu betrachten, wenn es notwendig ist, ist ein Prozess, bei dem wir unsere Schüler unterstützen können. Dynamisches Vertrauen in uns selbst ist ein Vertrauen, das ständig herausgefordert, hinterfragt und bestätigt wird, und auf das man sich täglich verlässt. Anerkannt zu sein kann sicherlich das Vertrauen in unsere eigenen Fähigkeiten festigen.

Unsere Wortwahl

Wie ist uns Sprache dienlich?

Sprache ist das effektivste Hilfsmittel, das wir Menschen haben, um unsere Bedürfnisse, Gefühle, Vorstellungen, Gedanken usw. zu kommunizieren. Schon von früh an erfahren wir Sprache als eine Form der Interaktion. Beim Erlernen jeder Sprache ist immer die erste Phase das passive Verstehen, dann folgt eine beschränkte Anwendung des breiteren passiven Wissens und dann die Beherrschung der Sprache, die als Instrument für präzise Kommunikation gebraucht wird, aktiv und passiv.

Wie beeinflusst Sprache unsere Sicht der Welt?

Es gibt am Tag nicht einen Moment, an dem nicht ein fortwährender Dialog in uns geführt wird. Hören Sie auf, diesen Satz zu lesen, und hören Sie einen Moment zu, worum es in Ihrem inneren Gespräch geht. Worum ging es und welche Meinungen haben Sie vertreten? Normalerweise geht dieser Dialog unbemerkt vor sich. Gelegentlich blenden wir uns ein, um teilzuhaben an dem, was wir gerade denken, oder um aufgrund des derzeitigen Gedankens zu handeln. Aber die meisten Dialoge gehen unbemerkt vor sich und werden nicht direkt umgesetzt.

Dennoch, unbemerkt oder umgesetzt, beeinflusst dieser Dialog oder vielmehr die Sprache, aus der er sich zusammensetzt, die Art und Weise, in der wir uns selbst, andere und unsere persönliche Welt sehen. Die von uns verwendete Sprache formt unsere Realität und filtert unsere Erfahrungen.

Wie hören uns andere?

In Gesprächen mit anderen formulieren wir zuerst unsere Gedanken und wählen dann die Wörter, um diese Vorstellungen demjenigen mitzuteilen, mit dem wir uns unterhalten. In Abhängigkeit von der Wortwahl nimmt das Gespräch unterschiedliche Richtungen an. Neben dem verbalen Ausdruck und unserer Körpersprache sowie den unausgesprochenen Intentionen spielt eine Rolle, dass der Zuhörer die empfangenen Informationen filtert. Je nach seinem persönlichem Hintergrund, seiner Definition bestimmter Wörter, seinem emotionalen Zustand und seiner Art, unsere nonverbale Kommunikation zu entziffern, werden die von uns gebrauchten Wörter wahrgenommen. So gesehen, ist Kommunikation eine wahre Kunst des gegenseitigen Verstehens.

Beispiele für unterschiedliche „Selbstgespräche" oder „Selbstbotschaften":

1. Jemand hat den letzten Mathematiktest nicht bestanden. Diese Situation kann man auf unzählige unterschiedliche Arten betrachten; entsprechend viele unterschiedliche Selbstgespräche sind denkbar:
   - „Mensch, bin ich doof! Ich wusste viele der Antworten, aber habe die Aufgaben dummerweise zu schnell und flüchtig gemacht und deshalb so viele falsche Lösungen. Ich sollte es gar nicht noch einmal versuchen, weil ich es wieder genau so machen würde. Was für ein Versager ich bin!"
   - „So ein Mist! Ich wusste doch viele der Antworten. Wenn ich mir Zeit gelassen hätte, hätte ich fast jede Aufgabe richtig lösen können. Ich weiß, dass ich es besser kann. Nächstes Mal konzentriere ich mich darauf, etwas langsamer zu arbeiten. Ich weiß, wenn ich mich wirklich dahinterklemme, kann ich mich verbessern. Das nächste Mal pack ich's."

Die innere Einstellung zur nächsten Klassenarbeit hängt davon ab, welchen dieser Dialoge man sich zu Eigen macht. Es ist nur eine Frage der Übung.

2. Fünf Freunde sind zur Geburtstagsparty eines Klassenkameraden eingeladen, aber einer nicht.
   - „Ich dachte, ich wäre auch sein Freund. Er mag mich nicht, sonst hätte er mich auch eingeladen. Dann zeig ich's ihm eben. Ich bin dann auch nicht mehr sein Freund. Und überhaupt, wer braucht seine Geburtstagsparty schon."

> – „Mann, ich würde wirklich gerne zu seiner Geburtstagsparty gehen. Ich frage mich, warum er die anderen eingeladen hat und mich nicht. Ich fühle mich so ausgestoßen. Ich glaube, dass wir Freunde sind. Wenn sich die Gelegenheit bietet und ich mich gut dabei fühle, werde ich ihn fragen. Und wenn ich wirklich nicht eingeladen werde, können wir immer noch Freunde sein, selbst wenn ich nicht zur Party gehe."

Es gibt nur wenige unter uns, die von Anfang an gelernt haben, dass unsere Selbstbotschaften unsere Sichtweise der eigenen Person und der Welt formen und dass wir die Selbstbotschaften selbst wählen und verändern können. Es ist sehr sinnvoll, genau zu untersuchen, welche Haltungen und Überzeugungen hinter unseren Selbstgesprächen stehen; schließlich sind wir nicht mit ihnen geboren worden, sondern haben sie irgendwann übernommen. Das heißt, dass man sie hinterfragen und auch wieder bewusst verändern kann, je nachdem wie man die Dinge sehen will.

Dass wir unser Vokabular und unsere Ausdrucksweise selbst wählen können, ist eine wunderbare Freiheit mit erstaunlichen Folgen. Verwenden Sie Redeweisen, die stärken, Energie geben und aufmuntern, also positiv besetzt sind. Effektive Kommunikation wie „Ich-Botschaften" und Reflexion (siehe „Konfliktlösung und Gewaltprävention") wirken Wunder für die Beziehungen zu anderen.

Beispiele für positiv besetzte Redewendungen:

- Wenn ich dich richtig verstehe, meinst du, dass …
- Ich glaube, ich verstehe. Meinst du, dass du …
- Es sieht so aus, als wärst du sicher, dass …
- Es ist schwer, wenn so etwas passiert. Wie kann ich dir helfen?
- Oh, du meinst, dass …, hast gehofft, dass … sie … würden.
- Ich weiß, das ist wichtig für dich. Ich bin dir dankbar, dass du mir darüber erzählt hast.
- Es hört sich an, als wärst du traurig über …
- Du siehst wirklich zufrieden aus. Sagtest du, dass …
- Ich glaube, du möchtest gern … Stimmt das oder möchtest du etwas anderes?
- Ich bin nicht sicher, ob ich es richtig verstanden habe. Könntest du das bitte wiederholen?
- Mir ist wichtig, dass ich dir richtig zuhöre, aber ich bin gerade beschäftigt. Könntest du es mir in zehn Minuten erzählen?
- Du bist verärgert darüber, dass das passiert ist, oder?

Redewendungen wie diese nehmen uns Kraft und zwingen uns dazu, uns selbst und die Welt in dieser Art und Weise zu betrachten:

- Ich kann es nicht.
- Ich weiß es nicht.

- Es ist hoffnungslos.
- Es ist alles aus.
- Ich habe keine Chance.
- Ich gebe auf.

Indem wir uns angewöhnen, uns anders auszudrücken, verändern wir unsere Sichtweise und unsere Erfahrungen werden positiver.

Dann kann es zum Beispiel heißen:

- Ich kann es, wenn ich dran arbeite.
- Ich habe die Antwort. Ich muss nur danach suchen.
- Es gibt immer einen Ausweg.
- Alles ist möglich.
- Ich habe so viele Möglichkeiten.

Eine positive Ausdrucksweise kann man trainieren. Lassen Sie sich morgen in ruhigen Augenblicken – während sie zur Arbeit fahren, zu Mittag essen oder bevor Sie zu Bett gehen – Wörter durch den Kopf gehen, die für Sie bedeutsam sind und die Sie aufmuntern, wie Glück, Freude, Zufriedenheit, Frieden, Harmonie, Begeisterung, Ausgeglichenheit, Verbundenheit usw. Sie werden sich durch Ihre Gedanken in Ihr Leben ausbreiten.

Hören und Zuhören

Nicht einfach nur hören, sondern jemandem wirklich zuhören, ist für den anderen wie ein Geschenk. Da das Zuhören ein wesentlicher Faktor jeglicher Kommunikation und aller Beziehungen ist, befasst sich dieses Buch häufig damit, detailliert im Kapitel „Konfliktlösung und Gewaltprävention".

Wenn wir uns zunächst in unseren inneren Dialog einblenden und ihn wirklich aufmerksam verfolgen, dann kommt dies nicht nur grundlegend unserer Fähigkeit zuzuhören zugute, sondern unserem Streben nach einem positiven Selbstbild. Wir hören dann, was unsere Gedanken über unsere Vorstellung von uns selbst und unsere Sicht der Welt vermitteln. Anschließend können wir uns einblenden in das, was andere um uns herum sagen. Wenn wir aktiv dem zuhören, was sie zum Ausdruck bringen, und es noch einmal reflektieren, um uns zu vergewissern, dass wir es richtig verstanden haben, gewinnen wir Einblicke darüber, wer sie sind und wie sie die Welt sehen. Damit ist es uns auch möglich, sie besser zu unterstützen.

Als Betreuer und Pädagogen haben wir die Verantwortung, stets zu würdigen, was unsere Schüler uns und ihren Mitschülern mitteilen. Wenn wir unseren Kindern genau zuhören, bestätigt sich, dass sie sich uns noch immer mit einer gewissen Unschuld mitteilen. Zu hören, was sie direkt und indirekt sagen, ist ein wertvolles Instrument für uns, um sie dabei zu unterstützen, ein stärkeres Gefühl für sich selbst zu entwickeln.

Wenn Sie Kindern zuhören:

- Begeben Sie sich auf ihre Augenhöhe.
- Sehen Sie ihnen in die Augen.
- Zeigen Sie, dass Sie interessiert sind.
- Unterbrechen oder treiben Sie sie nicht an.
- Hören Sie dem zu, was sie sagen, ohne zu beurteilen, zu tadeln oder Ratschläge zu geben.
- Bitten Sie sie, etwas näher zu erläutern, wenn notwendig.
- Reflektieren Sie, was sie gehört haben.

Dieser Prozess des aktiven, aufmerksamen Zuhörens braucht nicht mehr Zeit, als flüchtig zuzuhören. Denn dabei muss man oft mehrmals nachfragen, bis man den anderen wirklich verstanden hat. Die aufmerksame Art des Zuhörens ist der erste Schritt, um Vertrauen aufzubauen, und öffnet damit für Sprecher wie Zuhörer neue Welten.

Hör zu

Wenn ich dich bitte, mir zuzuhören, und du beginnst, Ratschläge zu erteilen, hast du nicht getan, worum ich dich gebeten hatte.

Wenn ich dich bitte, mir zuzuhören, und du beginnst, mir zu erzählen, warum ich nicht so fühlen sollte, trampelst du auf meinen Gefühlen herum.

Wenn ich dich bitte, mir zuzuhören, und du denkst, du solltest etwas tun, um mein Problem zu lösen, hast du mich im Stich gelassen, so seltsam das auch klingt.

Hör zu! Alles, worum ich dich bat, war, dass du zuhörst, nicht sprichst oder etwas tust, sondern mich nur anhörst. Rat ist billig: Für einen Euro achtzig kannst du dir Rat von Tante Irene und Pfarrer Dr. Sommerauer in einer Zeitung erkaufen. Und ich kann's für mich selbst tun: Ich bin nicht hilflos; vielleicht entmutigt und strauchelnd, aber nicht hilflos.

Wenn du etwas für mich tust, das ich für mich selbst tun kann und soll, trägst du zu meiner Furcht und Schwäche bei.

Doch wenn du die einfache Tatsache akzeptierst, dass ich fühle, was ich fühle, wie irrational auch immer, dann kann ich aufhören, dich zu überzeugen, und mich damit beschäftigen, was hinter diesem irrationalen Gefühl liegt. Und wenn das klar ist, sind die Antworten offensichtlich und ich brauche keinen Rat.

Irrationale Gefühle machen Sinn, wenn wir verstehen, was hinter ihnen liegt.

Vielleicht ist das der Grund, warum Beten einigen Leuten hilft, denn Gott ist stumm, und er gibt keinen Rat oder versucht, Dinge in Ordnung zu bringen.

Er hört nur zu und lässt dich die Dinge allein lösen.

So hör mir bitte zu und höre mich. Wenn du sprechen willst, warte einen Moment, bis du dran bist, und ich werde dir zuhören.

Es ist unerlässlich, dass wir uns als Lehrer, Eltern und Betreuer jungen Menschen gegenüber authentisch und entschlossen verhalten. Jede Interaktion mit einem Kind ist buchstäblich ein weiteres Stück, das wir zur Bildung ihres Selbstbildes und Selbstwerts hinzufügen. Wir können die Umstände und das Umfeld schaffen, die unseren Kindern helfen, ein starkes, positives und gesundes Gefühl für sich selbst aufzubauen. Wir können auch dazu beitragen durch die Sprache, die wir verwenden, und die Art und Weise, wie wir Informationen, Anerkennung und Kritik vermitteln. Wichtig ist, was wir sagen, wie wir es sagen, wie wir uns selbst sehen und in welchem Maße wir die uns umgebenden Menschen akzeptieren. Und um andere akzeptieren zu können, müssen wir zuerst uns selbst akzeptieren als das, was wir sind. Wenn wir selbst in diesem Prozess involviert sind und dann unseren Schülern dabei helfen, ein starkes Selbstwertgefühl aufzubauen, wird es ihnen gleichzeitig erleichtert, zu einem positiven Selbstwertgefühl anderer beizutragen. Es ist ein sich ständig fortsetzender Prozess.

Mit sich selbst zufrieden zu sein, sichert nicht nur ein befriedigendes und angenehmes Leben, sondern ein starkes Selbstwertgefühl schafft auch positive Beziehungen zu anderen. Wenn wir uns selbst schätzen, haben wir auch die Einsicht und die Fähigkeit, andere zu schätzen. Ein starkes Selbstwertgefühl ist die Grundlage für friedfertige Interaktion zwischen Menschen.

Strategien für Lehrer, um das Selbstwertgefühl von Schülern zu stärken:

1. Sprechen Sie die Schüler mit Namen an.
2. Schütteln Sie ihnen die Hand.
3. Unterhalten Sie sich mit allen Schülern.
4. Bieten Sie den Schülern unterschiedliche Möglichkeiten, in der Klasse das Gefühl zu haben, erfolgreich zu sein.
5. Stellen Sie Schülerarbeiten aus.
6. Übertragen Sie jedem Schüler eine Verantwortung im Klassenzimmer.
7. Machen Sie es möglich, dass Schülerarbeiten von außen stehendem Publikum gesehen und gewürdigt werden.
8. Nehmen Sie sich die Zeit, die positiven Aspekte der Arbeiten Ihrer Schüler herauszustreichen.
9. Kritisieren Sie nie eine Schülerfrage.
10. Nehmen Sie sich die Zeit, Schülern zu helfen, den Unterrichtsstoff zu verstehen.
11. Unterstützen Sie Schüler, ein Versagen in eine positive Lernerfahrung zu verkehren.

12. Ermutigen Sie Schüler, Risiken einzugehen.
13. Geben Sie den Schülern Gelegenheiten, eigene Entscheidungen im Hinblick auf die Klasse zu treffen – eventuell, welches Papier oder welche Farbe für bestimmte Arbeiten verwendet soll usw.
14. Geben Sie den Schülern Gelegenheit, miteinander zu arbeiten.
15. Mutmaßen Sie nicht über Schülerverhalten.
16. Lassen Sie Schüler die Konsequenzen ihres Verhaltens tragen – behüten Sie sie nicht zu sehr.
17. Geben Sie den Schülern die Freiheit, in verschiedenen Situationen Handlungsmöglichkeiten auszuprobieren.
18. Würdigen Sie die Leistungen ihrer Schüler, und seien sie noch so gering.
19. Wählen Sie jeden Tag drei bis vier Schüler aus. Machen Sie jedem einzelnen ein Kompliment, zollen Sie ihnen Anerkennung, machen Sie positive Bemerkungen, damit sie sich wichtig fühlen, sowohl für sich selbst als auch vor der ganzen Klasse. Am nächsten Tag wählen Sie drei bis vier andere Schüler. So gehen Sie weiter vor, bis alle Schüler einmal dran waren. Dann beginnen Sie von neuem. Auf diese Weise können Sie regelmäßig das Selbstwertgefühl und damit das Selbstvertrauen jedes Schülers stärken.

Das Wichtigste dieses Kapitels in Kürze

☑ Selbstwertgefühl ist die Grundlage friedvoller Beziehungen.

☑ Wir Erwachsenen müssen unsere Interaktionsgewohnheiten neu trainieren.

☑ Was jemand denkt, ist seiner Wahrnehmung nach wahr.

☑ Es gibt einen großen Unterschied zwischen Angeberei und dem Anerkennen der eigenen Person.

☑ Mit anderen zu konkurrieren, ist eine Falle. Man sollte sich nur an dem eigenen Maßstab des Erfolgs messen.

☑ Fehler sind notwendig.

☑ Man muss andere aufgrund ihrer selbst akzeptieren, nicht aufgrund dessen, was sie tun.

Mögliche Fragen und Einwände

◇ *„Wie sollte ich mit eigenen Fehlern umgehen? Soll ich sie sogar vor meinen Schülern zugeben, wo ich es als Lehrer doch eigentlich besser wissen müsste?"*

Das ist eine berechtigte Frage, wenn wir Lehrer als allwissende Menschen sehen. Aber so etwas gibt es nicht. Lehrer sind Menschen wie alle anderen auch. Sie haben ihr Sachgebiet und haben sich entschieden, ihr Wissen mit anderen zu teilen. Aber sie sind nicht unfehlbar. Sie sind menschliche Wesen, wunderbare Individuen. Es bestärkt Schüler, wenn ein Lehrer zugibt: „Ich habe einen Fehler gemacht. Ich dachte, es wäre richtig, wie ich es gesagt habe, musste aber feststellen, dass dem nicht so ist. Richtig muss es heißen ..." Es erleichtert nicht nur den Pädagogen, nicht immer Recht haben zu müssen, es befreit auch die Schüler, wenn sie nicht immer alles wissen müssen. Sie denken, wenn unser Lehrer einen Fehler machen darf, dann ist es auch in Ordnung, wenn ich Fehler mache, bis ich die Aufgabe meistere. Fehler zuzugeben ist ein Zeichen der Stärke und des Wunsches, den Irrtum zu korrigieren. Was für eine großartige Lehre dies für unsere Schüler ist; was für ein unschätzbares Geschenk an uns selbst. Schüler lernen von ihren Lehrern, aber die Lehrer lernen auch von ihren Schülern. Das sollte man den Schülern sagen und zeigen, wann immer es sich anbietet. Man lernt nie aus!

◇ *„Zu viel Positives ist unrealistisch. Die Realität ist hart."*

Diese Aussage hört man oft und von vielen, wenn sie mit dem Gedanken konfrontiert werden, sich eine positive innere Einstellung anzueignen. Jeder, der schon eine Weile auf diesem Planeten lebt, ist sich im Klaren darüber, dass geliebte Menschen sterben, weiß, dass es Krankheiten gibt, dass Menschen ihren Arbeitsplatz verlieren können, weiß von natürlichen Katastrophen usw. Diese Ereignisse sind Teil der Struktur des Lebens. Eine positive innere Einstellung zu haben, heißt keinesfalls, davor die Augen zu verschließen oder Unwissenheit vorzutäuschen. Sich eine positive innere Einstellung anzueignen, gibt uns jeden Tag die Freiheit, uns über die kleinen Irritationen des Lebens zu erheben, und gestattet uns, uns an dem Guten zu erfreuen, das immer präsent ist.

Eine positive innere Einstellung, das Fokussieren auf das Gute und das Glück, die auch schwierigen Situationen innewohnen, nimmt schweren Zeiten oft die Bitterkeit. Welcher ernsten Herausforderung wir uns auch stellen müssen, nach dem Guten Ausschau zu halten und zu wissen, dass es auch da ist, sich wie ein roter Faden durch unser aller Leben zieht, hilft uns darauf zu vertrauen, dass wir aufgehoben sind. Die Nacht kann noch so dunkel sein, morgen wird die Sonne wieder aufgehen.

Lektionen zum 2. Baustein: Selbstwertgefühl

Lektion

Aus dem Herzen sprechen

Ziel: Bei Kindern ein Bewusstsein und Verständnis dafür entwickeln, was Selbstbild bedeutet. Kindern den Unterschied zwischen Selbstbild und Selbstwertgefühl verständlich machen. Dazu beitragen, dass Kinder sich der Wichtigkeit eines positiven Selbstbilds und starken Selbstwertgefühls bewusst werden. Kinder dabei unterstützen, sich bewusst zu machen, wer sie wirklich sind, und sich und ihre Einzigartigkeit schätzen zu lernen.

Material: Papier und Stifte.

Arbeitsschritte: Tragen Sie mit den Schülern ihre Vorstellungen zum Begriff Selbstbild zusammen. Erklären Sie den Schülern, dass unser Selbstbild dadurch entsteht, wie wir über uns selbst denken und wie wir uns selbst sehen. Halten Sie die Beiträge an der Tafel fest.

Diskussionspunkte:

- Entspricht unsere Vorstellung davon, wer wir sind, dem, wie andere über uns denken?
- Könnt ihr das erklären oder ein Beispiel geben?
- Gibt es einen Unterschied zwischen Selbstbild und Selbstwertgefühl?
- Was ist der Unterschied?
- Was ist Selbstwertgefühl?
- Glaubt ihr, dass ihr fähige, achtbare und wichtige Menschen seid?
- Woher kommt unser Selbstbild?
- Woher kommt unser Selbstwertgefühl?
- Kann man selbst sein Selbstbild ändern? Wie?
- Kann sich das Selbstbild verändern? Wie?
- Warum ist es wichtig, ein positives Selbstbild und ein starkes Selbstwertgefühl zu haben?

Zählen Sie beispielhaft Eigenschaften von Schülern mit geringem und mit starkem Selbstwertgefühl auf. (Siehe „Charakterzüge von Schülern mit starkem/geringem Selbstwertgefühl" auf Seite 88.). Die Schüler sollen die Aufzählung ergänzen.

Anmerkungen: Die Lektion kann in zwei Lektionen aufgeteilt werden. Der folgende Teil kann der Beginn einer neuen Lektion sein.

Die nun folgende Unterrichtsaktivität soll Kindern zeigen, dass sie einzigartig und etwas Besonderes sind. Die Kinder suchen sich zunächst einen Partner. Die Lehrerin demonstriert die Aufgabe vorab mit einem Schüler, damit alle wissen, was zu tun ist. Die Schüler stehen sich gegenüber und sehen sich in die Augen. Der Augenkontakt sollte möglichst gehalten werden, auch wenn es schwer fällt. Abwechselnd erzählen sie über den Partner – über dessen Begabungen, Stärken, positive Charakterzüge, einzigartige Eigenschaften. Dies soll über ein oder zwei Minuten gehen, abhängig vom Alter der Gruppe und wie lange sie sich schon kennt. Die Lehrerin bestimmt, wann gewechselt wird. Ist die Zeit für ein Kind um, ist das andere an der Reihe.

Vertiefung: Wenn die Aufgabe beendet ist, besprechen die Schüler die Ergebnisse in Kleingruppen.

Diskussionspunkte:
- Wie habt ihr euch bei dieser Übung gefühlt?
- War es schwierig für euch? Warum oder warum nicht?
- Was war das für ein Gefühl, als dein Partner dich gelobt hat?
- Was war das für ein Gefühl, als du deinen Partner gelobt hast?
- Hattest du das Gefühl, dass das Angeberei war?
- Hast du die Wahrheit gesagt?
- Was hast du über dich selbst gelernt?
- Was hast du über deinen Partner gelernt?
- Wie kann dir diese Übung helfen, ein positives Selbstbild zu bekommen?
- Möchtest du die Übung mit einem anderen Partner machen?
- Meint ihr, dass eine Minute lang genug war für diese Übung? Warum oder warum nicht?

Nachdem Sie genügend Zeit für diese Diskussion gelassen haben, sollen die Schüler jeder Gruppe ihre Ergebnisse mit der übrigen Klasse austauschen.

Ergänzende Unterrichtsangebote:
1. Die Kinder sollen diese Übung mit Mitgliedern ihrer Familie durchführen. Sie können sich während der nächsten Unterrichtsstunde im Rahmen des Friedensprogramms darüber austauschen.
2. Diese Übung können Sie auch alleine vor dem Spiegel durchführen, wenn Sie sich niedergeschlagen fühlen oder mit einer schwierigen Herausfor-

derung konfrontiert sind. Sehen Sie in den Spiegel und sagen Sie sich selbst bestärkende Sätze wie „Ich bin fähig, ich bin klug, ich kann es tun, ich werde es tun".

3. Fragen Sie die Kinder, was man noch tun kann, um ein positives Selbstbild zu entwickeln (selbst wenn andere uns respektlos begegnen).

Lektion
Was andere uns geben

Ziel: Kindern die vielen positiven Eigenschaften bewusst machen, die sie haben. Andere bei der Entwicklung von Selbstwertgefühl unterstützen, indem wir ihnen sagen, was sie uns geben.

Material: Plakatbögen, Notizzettel mit Klebestreifen, Bleistifte, Scherenschnitte von den Köpfen der Schüler, Buntstifte, Filzstifte.

Arbeitsschritte: Die Schüler sollen äußern, was sie unter einer Charaktereigenschaft verstehen. Sie sollen spezifische positive Eigenschaften aufzählen (also zum Beispiel nicht sagen: „Er/sie ist nett."). Halten Sie die Antworten auf Plakatbögen fest.

Genannt werden könnten:

- Freundlichkeit
- Anteilnahme
- Verständnis
- Intelligenz
- Freundschaft
- Humor
- Ruhige Art
- Das Lächeln

Die Schüler sitzen in Gruppen von acht bis zehn Personen. Geben Sie jedem Kind ein Päckchen Notizzettel mit Klebestreifen und einen Bleistift. Jeder schreibt auf, was ihm die anderen als Einzelpersonen oder als Gruppe geben.

Zum Beispiel

„Meike, was du mir gibst, ist Freundschaft" oder „Tim, was du mir gibst, ist dein Humor".

Wenn alle einen Notizzettel für jedes Gruppenmitglied beschrieben haben, heften sie ihn den Betreffenden an. Anschließend liest jeder, was die anderen über ihn geschrieben haben. Klären Sie dann gemeinsam die folgenden Punkte:

- Hat euch diese Übung Spaß gemacht? Warum oder warum nicht?
- Wie habt ihr euch dabei gefühlt?
- Wart ihr überrascht über das, was andere über euch geschrieben haben?
- Welches Gefühl hattet ihr gegenüber den anderen in der Gruppe?

Vertiefung: Jeder Schüler überträgt die Kommentare von den Notizzetteln auf seinen Scherenschnitt (stattdessen kann auch ein Blatt einfaches Zeichenpapier verwendet werden). Oben schreibt jeder als Überschrift „Was du uns gibst". Diese Scherenschnitte können ausgestellt und später mit nach Hause genommen werden, um jedes Kind daran zu erinnern, wie einzigartig es ist.

Ergänzendes Unterrichtsangebot: Statt die Klasse in Gruppen aufzuteilen, fertigen Sie eine Liste mit den Namen aller Schüler an und lassen genügend Platz neben jedem Namen frei. Jeder Schüler bekommt eine Kopie und schreibt dann zu dem Namen, was dieser Schüler den anderen gibt. Die Listen werden dann zerschnitten und für jeden Schüler individuell zusammengestellt. Die Schüler dürfen sich davon Kommentare auswählen, die sie auf ihren Scherenschnitt übertragen wollen.

Anmerkungen: Die Scherenschnitte können vorab mit Hilfe eines Overheadprojektors angefertigt werden, vor dem die Kinder einzeln Platz nehmen. Der Umriss des Kopfes wird auf weißem Papier abgezeichnet, das an die Wand geheftet wurde. Die Silhouette wird dann ausgeschnitten und kann so für diese Übung verwendet werden. (Ein älterer Schüler oder Eltern können dabei helfen.)

Lektion
„Wirf einen Kiesel ins Wasser"

Ziel: Ein Bewusstsein für die nachhaltige Wirkung entwickeln, die unsere Wortwahl auf das Selbstwertgefühl einer Person hat.

Material: Friedensheft, Bleistifte, Kopien des Textes „Wirf einen Kiesel ins Wasser"; einige Halbedelsteine.

Wirf einen Kiesel ins Wasser (nach James W. Foley)

Wirf einen Kiesel ins Wasser: Nur ein Spritzer und er ist weg. Aber da sind unzählige Kräusel, die fortwährend kreisen und kreisen, sich ausbreitend von der Mitte fließen sie hinaus ins Meer. Und es kann keiner sagen, wo das Ende sein wird.

Wirf einen Kiesel ins Wasser: In einer Minute ist er vergessen, aber da sind kleine Wellen, die fließen, und da sind Kräusel, die kreisen. Und diese kleinen fließenden Wellen wachsen zu einer riesengroßen Welle. Du hast einen mächtigen Flusslauf gestört nur durch den Wurf eines Steines.

Sprich ein unschönes Wort, achtlos: In einer Minute ist es verhallt. Aber da sind unzählige Kräusel, die kreisen und kreisen. Sie breiten sich aus von der Mitte auf ihrem Weg, und du kannst sie nicht aufhalten, wenn du sie einmal angestoßen hast.

Sprich ein unschönes Wort, achtlos: In einer Minute hast du es vergessen. Aber da fließen kleine Wellen, und Kräusel kreisen, und vielleicht hast du in einem Herzen eine mächtige Welle von Tränen ausgelöst, und ein Leben, das fröhlich war, gestört, weil du das unschöne Wort gesprochen hast.

Sprich ein aufmunterndes, freundliches Wort: Nur ein Blitz und es ist fort. Aber da sind unzählige Kräusel, die kreisen und kreisen. Sie bringen Hoffnung und Freude und Trost mit jeder spritzenden, plätschernden Welle, so viel, dass du nicht mehr glaubst, dass dies das Ausmaß deines netten Wortes ist.

Sprich ein aufmunterndes, freundliches Wort: In einer Minute hast du es vergessen. Aber da ist zunehmende Fröhlichkeit, und die Freude zieht ihre Kreise, und du hast eine Welle der Ruhe angestoßen, deren süße Musik man weit über das Wasser hören kann, nur weil du ein nettes Wort gesagt hast.

Arbeitsschritte: Legen Sie Kopien des Textes mit der Vorderseite nach unten an jeden Schülerplatz. Reichen Sie einige Halbedelsteine in der Klasse herum, sodass jeder Schüler einen einmal genauer betrachtet. Weisen Sie darauf hin, dass Sie hoffen, dass sich die Kinder jedes Mal an das heute Gelernte und die Macht ihrer Worte und Handlungen erinnern, wenn sie diesen Stein ansehen oder berühren. Dann dürfen die Schüler den Text umdrehen und ein oder mehre Schüler lesen ihn der Klasse laut vor. Besprechen Sie die Bedeutung des Gedichts.

Diskussionspunkte (die Schüler können die Fragen zunächst in Kleingruppen besprechen):

- Was passiert in dem Text?
- Was bedeutet es?
- Welchen Bezug hat es zu unserem täglichen Leben?
- Was können wir von diesem Text lernen?

- Hat das, was wir sagen, eine nachhaltige Wirkung auf das Selbstwertgefühl anderer?
- Haben nur Worte eine Wirkung auf das Selbstwertgefühl anderer? Erkläre.
- Was ist der Zusammenhang zwischen dem Text und dem Stein, den ich euch gegeben habe?

Vertiefung: Die Lehrerin erzählt den Schülern zunächst selbst eine persönliche Geschichte über die positive oder negative Wirkung von Worten. Dann sollen die Kinder eine selbst erlebte Geschichte aufschreiben. Es geht darum, dass sie etwas gesagt haben, was auf andere nachhaltig gewirkt hat. Oder dass ihnen selbst etwas gesagt wurde, was sie stark beeindruckt hat (positiv oder negativ). Wenn die Schüler mit dem Schreiben fertig sind, können sie ihre Geschichte der Klasse vortragen.

Lektion
Die Luft rauslassen

Ziel: Ein Verständnis dafür entwickeln, dass die Art und Weise, wie wir andere behandeln, entscheidenden Einfluss auf dessen Selbstwertgefühl hat. Deutlich machen, wie wichtig es ist, anderen gegenüber einfühlsam zu sein.

Material: Plakatbögen, Filzstifte, ein Luftballon pro Schüler, Geschichte (siehe unten), Friedensheft, Bleistifte.

Arbeitsschritte: Geben Sie jedem Schüler einen Luftballon. Alle sollen ihren Ballon aufblasen, ihn aber nicht zuknoten. Erläutern Sie dann, dass unser Selbstwertgefühl darauf schließen lässt, wie wir uns selbst einschätzen. Wie stark dieses Gefühl ist, ist oft abhängig davon, wie uns andere behandeln. Wenn jemand gemein zu uns ist, uns ärgert, ablehnt oder schlägt, wird etwas von unserem Selbstwertgefühl zerstört.

Dann erzählen Sie eine Geschichte über einen Jungen oder ein Mädchen im Alter der Schüler, um deutlich zu machen, wie dies im alltäglichen Leben geschieht. Dabei können Sie sich an dem Beispiel unten orientieren, die Geschichte erweitern oder ändern. Die Kinder können ihnen bei der Fortführung der Geschichte auch helfen, während Sie sie erzählen. Wählen Sie einen Namen, der nicht in der Klasse vorkommt. Erzählen Sie die Geschichte so emotional und dramatisch wie möglich und schmücken Sie sie mit viel Fantasie aus. Während Sie beschreiben, was sich negativ auf das Selbstwertgefühl des Schülers auswirkt, sollen die Schüler an den gekennzeichneten Stellen etwas Luft aus ihrem Ballon ablassen.

Ein Junge/Mädchen namens ... liegt drei Minuten, nachdem der Wecker geklingelt hat, immer noch im Bett. Plötzlich ruft seine/ihre Mutter: „..., du fauler Nichtsnutz, bewege sofort deinen Körper aus dem Bett!" (*Luft wird abgelassen*) Er/Sie will sich die Zähne putzen gehen, aber die ältere Schwester hat sich schon im Badezimmer eingeschlossen und sagt ihm/ihr, er/sie solle verschwinden! (*Luft wird abgelassen*) An der Schulbushaltestelle wird er/sie von einem Schüler beschimpft. (*Luft wird abgelassen*) Als er/sie das Klassenzimmer betritt, schubst ihn/sie ein älterer Schüler, seine/ihre Bücher fallen herunter und die anderen machen sich darüber lustig, dass er/sie so ungeschickt ist. (*Luft wird abgelassen*)

Ergänzen Sie die Geschichte, indem Sie den Tagesverlauf mit entsprechenden Beispielen beschreiben. Möglich sind:

- Die Hausaufgabe vergessen
- Eine schlechte Note in einem Test
- Ein Fehler beim Lesen, sodass alle Kinder lachen.
- Wird in der Pause als Letzte/r zum Ballspielen aufgefordert
- Wird von Rüpeln auf dem Nachhauseweg drangsaliert
- Darf eine Fernsehsendung nicht sehen, weil die Hausaufgaben noch nicht fertig sind
- Muss zum dritten Mal hintereinander abwaschen, weil die Schwester weg muss

Beenden Sie die Geschichte damit, dass das Kind am Abend mit einem sehr geschwächten Selbstwertgefühl ins Bett geht (keine Luft mehr im Ballon). Dann stellen Sie folgende Fragen (sie stehen auf Plakatbögen oder an der Tafel und die Antworten werden von den Kindern in ihr Friedensheft eingetragen):

1. Wann verliert *dein* Ballon die Luft?
2. Welche Dinge berühren dich am meisten?
3. Womit schwächst du das Selbstwertgefühl anderer – in der Schule, der Familie usw.?
4. Wie fühlst du dich, wenn dein Selbstwertgefühl angeknackst worden ist? Und wenn du das anderer schwächst?
5. Was können wir tun, damit der Ballon anderer größer statt kleiner wird (ihr Selbstwertgefühl stärken)?

Erweitertes Unterrichtsangebot: Besprechen Sie die Schülerantworten auf diese Fragen in einem Unterrichtsgespräch. Die Schüler sollen sich überlegen, womit sie jeden Tag das Selbstwertgefühl eines anderen stärken wollen. Bitten Sie über eine Zeit lang jeden Tag einige Kinder, allen zu erzählen, was sie diesbezüglich getan haben und welche Wirkung dies auf den anderen hatte.

Lektion
Die Macht der Wörter

Ziel: Kindern die Macht der Wörter bewusst machen; bei ihnen ein Verständnis dafür wecken, dass was und wie wir es sagen, einen enormen Einfluss auf unsere Denkweise, unsere innere Einstellung, auf unser Fühlen und Handeln haben kann.

Material: Friedensheft und Bleistifte.

Arbeitsschritte: Schreiben Sie an die Tafel: „Die Macht der Wörter". Fragen Sie die Schüler, was dies ihrer Meinung nach bedeutet. Halten Sie die Antworten fest. Erklären Sie den Schülern, dass Wörter uns zum Lachen und zum Weinen bringen, dass sie uns verletzen oder uns ein gutes Gefühl geben können. Sie können uns zum Handeln bringen.

Die Kinder sollen Beispiele dafür nennen. Fragen Sie, ob unsere *eigenen* Wörter die Macht haben, uns zu beeinflussen. Können sie unsere Gefühle verändern, uns stärken, zum Handeln bewegen und dazu beitragen, dass wir einen guten Tag haben? Geben Sie ein persönliches Beispiel dafür, dass unsere *eigenen* Wörter eine unglaubliche Macht haben. Die Kinder sollen nun möglichst eigene Beispiele nennen.

Schreiben Sie Folgendes an die Tafel (wählen Sie in multikulturellen Klassen eventuell ein anderes Beispiel):

> Großer Gott! Was für ein Morgen!
> Was für ein großer Morgen, Gott!

Besprechen Sie gemeinsam, was diese Sätze bedeuten. Erklären Sie, dass die gleichen Wörter in anderer Reihenfolge und unterschiedlich betont eine ganz andere Bedeutung haben können.

Stellen Sie den Kindern folgende Fragen:
- Wie haben die Sätze auf dich gewirkt?
- Welche Wirkung haben die Sätze auf die Stimmung des Tages?
- Wie würden sie deine innere Einstellung beeinflussen? (Ein Satz zieht dich herunter, schwächt dich – der andere richtet dich auf, stärkt dich.)

Schreiben Sie an die Tafel unter die Überschriften „Schwächend" und „Stärkend" einige Beispiele für schwächende Wörter (erschöpft, Versagen, ungeduldig) und Beispiele, wie man das Gleiche positiv ausdrücken kann (sich erholen, Lernerfahrung, erwartungsvoll). Die Kinder sollen dabei mitmachen.

Teilen Sie die Schüler in Zweier- oder Dreiergruppen ein. Schreiben Sie weitere Beispiele für schwächende Wörter auf. Die Schüler sollen in ihrem Friedensheft diese Wörter durch stärkende Wörter ersetzen.

Beispiele

schwächend:	stärkend:
ängstlich	unbehaglich
verwirrt	neugierig
frustriert	herausgefordert
verletzt	belästigt
beleidigt	missverstanden
faul	Energie sparend
bestürmt	begehrt
traurig	Gedanken sortieren
gestresst	unter Strom

Die Gruppen stellen die stärkenden Wörter, die sie aufgeschrieben haben, der Klasse vor. Ermutigen Sie die Schüler, diese Wörter mit viel Gefühl vorzutragen, damit sie die Kraft der Wörter spüren können.

Schreiben Sie an die Tafel:

Nach Perfektion streben – versuchen, etwas besser zu machen
Ich glaube, ich kann – Ich weiß, ich kann – Ich werde

Lesen Sie diese Aussagen ausdrucksvoll vor. Erklären Sie den Schülern, dass die Art, wie wir Wörter sagen, genauso wichtig ist wie die Wörter selbst. Wenn wir emotional besetzte Wörter verwenden, kann sich dadurch unsere Verfassung oder die anderer wundersam verändern.

Vertiefung:
Diskussionspunkte:
- Wie hast du dich bei dieser Übung gefühlt?
- Ist dir aufgefallen, welche Macht Wörter haben?
- Wie wirst du diese Lektion in die Praxis umsetzen?

Halten Sie die Schülerantworten als Liste fest.

Ergänzendes Unterrichtsangebot: Die Schüler wählen ein oder zwei Handlungsabsichten aus und setzen sie eine Woche lang in die Tat um. Am Ende der Woche nehmen Sie eine Einschätzung vor.

Themenübergreifender Unterrichtsbereich: Diese Übung eignet sich gut als Vokabelergänzung und -übung im Fremdsprachenunterricht. Die angefertigten Listen können im Klassenzimmer ausgehängt werden. Sie können die Kinder motivieren, verschiedene Wörter von dieser Liste während des Unterrichtstages zu verwenden, und es anerkennen, wenn sie sie verwenden.

Lektion
Ich bewirke etwas Besonderes

Ziel: Ein Bewusstsein dafür entwickeln, wie Menschen etwas Besonderes im Leben anderer bewirken. Kindern deutlich machen, wie wichtig es ist, anderen Anerkennung zu zeigen, und wie diese Anerkennung nicht nur im Leben anderer etwas bewirkt, sondern auch in dem eigenen.

Material: Friedensheft, Bleistifte, für jeden einen Button „Etwas Besonderes bewirken" (siehe Anhang, Seite 244).

Arbeitsschritte: Schreiben Sie die Überschrift „Ich kann etwas Besonderes im Leben anderer bewirken" an die Tafel. Die Schüler sollen in ihr Friedensheft eintragen, bei wem sie etwas Besonderes bewirken und wie sie das tun.

Zum Beispiel:
– „Ich bewirke etwas Besonderes bei meiner Mutter und bei meinem Vater, indem ...".
– „Ich bewirke etwas Besonderes bei meinem Freund, indem ..."

Besprechen Sie die Ergebnisse mit der ganzen Klasse.

Schreiben Sie nun auf: „Du kannst etwas Besonderes in meinem Leben bewirken". Die Schüler schreiben in ihr Friedensheft, wer etwas Besonderes in ihrem Leben bewirkt und wie derjenige dies tut. Zum Beispiel: „Mutti, du bewirkst etwas Besonderes in meinem Leben, weil du ein Vorbild für mich bist". „Herr Schmidt, Sie bewirken etwas Besonderes in meinem Leben, weil Sie mich motivieren, mein Bestes zu geben." Besprechen Sie die Schülerarbeiten.

Diskussionspunkte:
- Was hast du durch diese Übung erkannt?
- Wie hast du dich bei dieser Übung gefühlt?
- Wie würde sich deiner Meinung nach eine andere Person fühlen, wenn du ihr Anerkennung schenken würdest?
- Ist es wichtig, anderen Anerkennung zu schenken? Warum oder warum nicht?

Vertiefung: Geben Sie jedem Schüler einen Button „Etwas-Besonderes be-wirken". Es kann einer sein, der gekauft und beschriftet wurde oder der mit den Kindern zusammen angefertigt wurde (siehe Anhang, Seite 244). Er-klären Sie den Schülern, dass sie diesen Button jemandem geben sollen, der in ihrem Leben etwas Besonderes bewirkt. Wenn sie dies tun, sollen sie dem anderen dabei erklären, wie er etwas Besonderes für sie bewirkt.

In der nächsten Unterrichtsstunde im Rahmen des Friedensprogramms sollen die Kinder sich über die Reaktionen der Leute austauschen, die den Button bekommen haben.

Ergänzendes Unterrichtsangebot: Geben Sie den Schülern je drei Buttons. Sie sollen eine Person suchen, die sie schätzen und der sie ihre Anerkennung beweisen wollen (wie oben beschrieben). Diejenige soll nun ihrerseits je-manden suchen, dem sie den zweiten Button als Beweis ihrer Anerkennung gibt. Dieser wiederum soll nun eine dritte Person suchen, dem er den Button geben will. Die Schüler sollen etwa eine Woche später berichten, wem sie die Buttons gegeben haben und welche Wirkung es auf diese Leute hatte.

Lektion
Hoch gesteckte Ziele

Ziel: Schüler trainieren, sich Ziele zu setzen, die ihnen wichtig sind, und da-rauf hinzuarbeiten, diese Ziele zu erreichen. Proaktiv verantwortliches Ver-halten zeigen, indem die Schüler sich auf positive Ziele fokussieren.

Material: Friedensheft, Stifte, ein Jahreskalender mit Tageseinteilung, ein Gegenstand, den die Kinder von zu Hause mitgebracht haben.

Arbeitsschritte: Bitten Sie die Schüler einen Tag vor dieser Unterrichts-stunde, etwas von zu Hause mitzubringen, das ihnen wichtig ist. Es kann aus den Bereichen Familie, Freizeit, Sport, Musik, Freundschaft, Haustiere (bit-te keine lebenden Tiere mitbringen) stammen, also aus Bereichen, mit de-nen sie viel Zeit verbringen oder verbringen möchten. Die Gegenstände kön-nen zum Beispiel Bilder, ein Kleidungsstück oder ein Stofftier sein.

Im Unterricht besprechen Sie mit den Kindern, dass es sehr hilfreich ist zu wissen, welchen Weg man einschlagen möchte, um etwas im Leben zu er-reichen und um das Leben zu leben, das einem gefällt. Das ist das, was wir Zielsetzung nennen. Zweifellos erreichen wir etwas, wenn wir einfach vor uns hin werkeln. Wenn wir allerdings vorausschauend überlegen, was uns

wichtig ist und was wir gern tun würden, und uns dann einen entsprechenden Plan machen, sind die Chancen viel größer, dass wir unser Leben so gestalten, wie wir es uns gewünscht haben.

Nennen sie Beispiele aus Ihrem eigenen Leben für Ziele, die Sie sich in verschiedenen Bereichen gesetzt und dann auch erreicht haben. Führen Sie
aus, dass wir kurzfristige Ziele haben, die für den Tag gelten, wie eine Liste
noch zu erledigender Dinge, dass wir aber auch langfristige Ziele haben wie
eine sehr gute Note am Ende des Halbjahres. Stellen Sie den Kindern dann
folgende Fragen:

- Welche Ziele fallen euch ein?
- Wie können Ziele euch helfen?
- Was ist ein Beispiel für ein kurzfristiges Ziel? Und für ein langfristiges
  Ziel?

Nun sollen die Schüler einige Ziele nennen, deren Erreichen ihnen Freude
und Erfolg in wichtigen Bereichen bringen würde. Anschließend legen die
Schüler den mitgebrachten Gegenstand vor sich auf den Schülertisch. Sie
tragen die Bezeichnung für den Bereich, zu dem ihr Gegenstand gehört, in
ihr Friedensheft ein. Eine Weile überlegen die Schüler nun still, was sie alles
in diesem Bereich machen.

Anschließend schreiben sie all ihre Aktivitäten in diesem bestimmten Bereich auf. Wenn der Bereich zum Beispiel „Musik" ist, sind folgende Aktivitäten möglich: meine Trompete reinigen, die Tonleiter üben, zum Trompe-
tenunterricht gehen usw.

Nun sollen die Schüler zwei Ziele aufschreiben, etwas, das sie sich in diesem Bereich sehnlich wünschen – vielleicht etwas, das in weiter Ferne liegt,
und etwas, das in der näheren Zukunft erreicht werden kann.

Bitten Sie die Schüler, für jedes Ziel drei Maßnahmen aufzuschreiben
(nicht notwendigerweise in der richtigen Reihenfolge), die ergriffen werden
müssen, um sie zu erreichen.

Nun sollen die Schüler ein Datum neben jedes Ziel schreiben, bis zu dem
sie das jeweilige Ziel erreicht haben wollen. Einige langfristige Ziele brauchen keine Zeitangabe, sie schweben vor uns her wie Träume, die uns hoch-
halten. Dazu braucht es kein Datum.

Ermahnen Sie die Kinder, realistische Ziele und Zeiten zu wählen. Das
langfristige Ziel, der beste Trompetenspieler des Landes zu werden, ist ein
Traum, der nicht zerstört werden sollte. Dieses Ziel in fünf Jahren erreichen
zu wollen, ist unrealistisch. Dies ist eins der Ziele, die keine Zeitangabe brauchen, die aber in jedem Fall aufgeschrieben werden sollten.

In unserem Beispiel könnte das so aussehen:

1. Ziel: auf der Trompete auswendig ein Lied vorspielen (bis Weihnachten)

1. Maßnahme: ein Lied aussuchen

2. Maßnahme: mit dem Musiklehrer das Lied durchspielen

3. Maßnahme: das Lied täglich üben

2. Ziel (langfristig): in einem Orchester Trompete spielen
(in der Oberstufe)

1. Maßnahme: wöchentlich mit meinen Freunden üben

2. Maßnahme: verschiedene Orchester besuchen

3. Maßnahme: mehr Theorie lernen

Vertiefung: Sprechen Sie nach zwei Wochen über die gemachten Fortschritte. Hat sich die Zielsetzung an sich positiv ausgewirkt? Bitten Sie einen Schüler, der seine Ziele in der gesetzten Zeit erreicht hat, den anderen davon zu berichten. Fragen Sie nach einem Monat/am Ende des Halbjahres erneut nach.

Ergänzendes Unterrichtsangebot: Diese Übung kann als Gruppenübung für Projekte oder Klassenziele dienen. Wenden Sie die gleichen Arbeitsschritte für ein Brainstorming mit der gesamten Gruppe an, um die notwendigen Informationen zu erhalten. Halten Sie die Antworten, Schritte und Daten auf einem Plakatbogen fest, den Sie zur Motivation im Klassenzimmer aushängen. Stellen Sie anhand des Plakatbogens regelmäßig fest, ob die Gruppen Fortschritte gemacht haben.

3. Baustein: Disziplin und Respekt

Theorie

Heutzutage lieben Kinder den Luxus, haben schlechte Manieren, verachten Autorität, haben keinen Respekt vor Älteren, widersprechen ihren Eltern, schlingen ihr Essen herunter und tyrannisieren ihre Lehrer.

Sokrates, 470 v. Chr.

Der Leser mag zunächst erstaunt sein, dass dieses Zitat aus dem Jahre 470 vor Christus stammt. Es lässt erkennen, dass einige der Verhaltensweisen, die wir bei Kindern sehen und die uns ernsthafte Sorgen bereiten, sich offensichtlich über einen langen Zeitraum kaum geändert haben. Bei der Betrachtung der heutigen Situation wird allerdings deutlich, dass viele Kinder vermehrt Störverhalten im Unterricht, weniger Respekt und mehr Ungehorsam, ein höheres Maß an Aggressivität und Gewalttätigkeit und insgesamt weniger Selbstkontrolle zeigen. Was ist aus der Disziplin, also der Kontrolle und der Steuerung des eigenen Verhaltens, geworden? Eine Anzahl entscheidender sozialer Faktoren des heutigen Lebens üben einen grundlegenden Einfluss aus. Zu wenig angemessene Beaufsichtigung durch Erwachsene und Eltern, Mangel an geeigneten geistigen Vorbildern, Defizite in der geistigen und religiösen Erziehung, Veränderungen in den familiären Strukturen und in der Dynamik familiären Zusammenlebens und Verfall der gesellschaftlichen Werte sind hierfür nur einige Beispiele. Die Kinder dieser Gesellschaft werden mit schädlichen Einflüssen unterschiedlicher Herkunft überhäuft: Fernsehen, Videospiele, Musik, Filme, Werbung, Internet-Websites – sie alle transportieren Botschaften, die Respektlosigkeit, Selbstgefälligkeit, Abwertung anderer, Geringschätzung von Autorität, Materialismus, Aggression und Gewalt vermitteln. Diese Einflüsse tragen dazu bei, dass viele Kinder in der Entwicklung von Sensibilität und Moralität beeinträchtigt und behindert werden. Aus diesem Grund ist es schwierig geworden, Kinder dazu zu erziehen, sich in respektvoller und verantwortlicher Weise zu verhalten, fundierte (ethische) Wertvorstellungen zu vertreten, Einfühlungsvermögen zu entwickeln, anderen mit Mitgefühl zu begegnen, die Rechte und Bedürfnisse anderer zu achten, Ungerechtigkeit entgegenzutreten und sich zu verantwortlichen Bürgern und gefestigten Persönlichkeiten zu entwickeln.

Die Methoden, die zur Zeit in der pädagogischen Begleitung von Kindern und in der Vermittlung von Disziplin angewendet werden, bedürfen erneuter Betrachtung, denn viele dieser Strategien führen nicht zu den erwünschten Resultaten. Ebenso angebracht erscheint es, dass wir uns als Lehrkräfte wieder auf unsere Einflussmöglichkeiten besinnen. So sind es wir Lehrer, die während des Unterrichts durch ihr Auftreten und ihre Gestimmtheit die Weichen für das Klassenklima stellen. Es liegt in unserer Hand, ob wir Kinder herabsetzen, bloßstellen und verletzen und ihnen so die Schule zur Qual werden lassen – oder ob wir Kinder fördern, indem wir emotional ausgleichend wirken, motivieren und anregen und ihnen auf diese Weise ein Schulleben in Sicherheit und Zufriedenheit bereiten. Unsere Reaktionen und Handlungen entscheiden, ob eine Problemsituation eskaliert oder ob sie entschärft werden kann, und ob Kinder grundsätzlich Respekt oder aber Abwertung und Missachtung erfahren.

Um die Methoden zum Aufbau von Verhaltenskontrolle und Disziplin den Erfordernissen anzupassen, sollten sich Lehrer ihrer eigenen Vorstellungen und Gedanken zu Disziplin bewusst sein. Die folgende kleine Übung soll dazu als Anregung dienen: Nehmen Sie sich ein paar Minuten Zeit und fassen Sie in Stichpunkten ihre persönlichen Leitgedanken und ihre Sichtweise in Bezug auf Disziplin und Klassenführung zusammen. Auf diesem Wege erhalten Sie eine verlässliche Selbsteinschätzung Ihrer eigenen Ideen und Überzeugungen.

Was ist Disziplin?

Der Begriff Disziplin lässt sich auf verschiedene Weise definieren. Man kann ihn verstehen als ein Regelsystem, als Lehrfach oder Wissenszweig, als Fähigkeit zur Selbstkontrolle, als Ordnungssinn und als effiziente Professionalität. Als Wortstamm findet er sich auch in „Disziplinierung" und meint Maßnahmen zur Bestrafung und/oder zur Verhaltenskorrektur.

Das Wort „Disziplin" unterliegt einer Vielzahl individueller Deutungen. Abhängig vom Alter, dem kulturellen Hintergrund, dem Erziehungsstil in der Herkunftsfamilie, dem selbst praktizierten Erziehungsstil und dem beruflichen Erfahrungshintergrund kann dieser Begriff mit höchst unterschiedlichen Konnotationen belegt sein.

Die Auffassung von Disziplin unterliegt fortwährender Veränderungen, die gesellschaftliche Entwicklungen widerspiegeln. In den Fünfziger- und Sechzigerjahren war Disziplin gleichbedeutend mit Gehorsam. Man tat, was einem gesagt wurde, stellte keine überflüssigen Fragen und erhielt auch keine weiteren Erklärungen. Disziplin zielte darauf ab, das erwünschte angemessene Verhalten durch Dominanz, Verbreitung von Furcht und durch Machtmissbrauch zu erreichen. Bestrafungen fielen oft hart aus und konnten in Prügelstrafen gipfeln. Als ich meine Arbeit als Lehrerin im Jahre 1968 begann, kam diese Form der Disziplinierung sowohl in der Schule als auch in den Familien noch vor. Ich erinnere mich an das Beispiel einer Lehrerin, die einen zehnjährigen Schüler aus einer mit Problemen belasteten Familie unterrichtete. Dieser Schüler fiel im Unterricht ständig durch Störverhalten auf. Bei einer Gelegenheit bestand ihre Reaktion darin (ich verwende den Begriff „Reaktion" bewusst, denn in dieser Zeit wurde Verhalten reaktiv, nicht proaktiv, gesteuert), den Schüler am Hemdkragen zu fassen, an die Wand zu drücken und ihn anzuschreien, wobei die ganze Klasse zusah. Im Unterricht laut zu werden und Schüler bloßzustellen war gang und gäbe. Wenn auf diesem Wege überhaupt „Erfolge" erzielt wurden, dann bestimmt aus den verkehrten Gründen. Ein gutes Verhältnis zu ihren Schülern entwickelten Lehrer so sicher nicht; zudem wurde die persönliche Würde des Schülers und der Lehrkraft nicht gewahrt.

Die Situation rief nach Reformen, denn das Verhalten von Kindern war von Unterwürfigkeit und Gehorsam gekennzeichnet, oft waren sie in ihrer persönlichen Selbstständigkeit beeinträchtigt. Viele junge Menschen begannen, gegen die Vorherrschaft der Erwachsenen zu rebellieren.

Es gibt in der Geschichte zahlreiche Beispiele dafür, dass sich gesellschaftliche Veränderungen wie Pendel verhalten, die oft bis ins Extreme ausschwingen. Dieses Bild trifft auch auf das Ideal der antiautoritären Erziehung zu. Es galt, den Ruch autoritärer Erziehung aus den Klassenzimmern zu verbannen und _lockeres Gewährenlassen_ zur allumfassenden Maxime zu erheben. Allgemein wurde der Standpunkt vertreten, dass Kinder in keiner Weise eingeengt werden durften und sich frei entfalten sollten – ohne oder nur mit wenig Führung und Disziplinierung durch Erwachsene. Kinder wurden kaum Anforderungen ausgesetzt. Folglich, und gerade weil konstruktive Verhaltensweisen nicht von alleine erlernt werden, zeigten Kinder zunehmend Verhaltenszüge, die von Verwöhnung, mangelndem Respekt, Ungehorsam und Egozentrik gekennzeichnet waren.

Erneut war die Zeit reif für Veränderung. Auffassungen und Methoden zum Aufbau von Disziplin folgten einem neuen Trend: der *Verhaltensmodifikation*. Erwünschtes Verhalten wurde durch Lob und Belohnung verstärkt. Unerwünschtes Verhalten wurde durch negative Sanktionen reduziert oder eliminiert. Obwohl Konsequenz in dieser Form zum Erfolg führt, ist sie kein pädagogisch sinnvolles Verfahren. Auf diese Weise lernen Kinder eher, den eigenen Vorteil zu nutzen, als dass sie Verantwortung und Kooperation entwickeln können.

Verhaltensmodifikation wurde in den Achtzigerjahren durch *Positive Verhaltenssteuerung* abgelöst, eine Methode, die bis heute praktiziert wird. Dieses Verfahren beruht auf dem Angebot von Entscheidungsmöglichkeiten und in der Folge auf der Erfahrung der Konsequenzen eigener Entscheidungen bzw. eigenen Verhaltens. Erwachsene motivieren Kinder, sich für eine angemessene Verhaltensweise zu entscheiden beziehungsweise auf unangemessenes Verhalten zu verzichten, indem sie ein System aus positiver Rückmeldung und Konsequenzen einsetzen.

Der Unterschied zwischen Verhaltensmodifikation und Positiver Verhaltenssteuerung kann wie folgt beschrieben werden:

- Mit Hilfe der Verhaltensmodifikation wird Kindern von Erwachsenen gesagt, was sie zu tun haben. Die Ausführung der betreffenden Handlungen wird belohnt. Verhalten wird durch von außen gesetzte Anreize beeinflusst.
- Durch Positive Verhaltenssteuerung wird es Kindern ermöglicht, sich selbst für ein bestimmtes Verhalten zu entscheiden. Angemessenes Verhalten wird positiv bestätigt. Diese Erfahrung eröffnet dem Kind den Weg zur Entwicklung innerer Steuerung, wobei die Wahlmöglichkeiten für oder gegen bestimmte Verhaltensweisen dem Entwicklungsstand der Kinder angepasst sein müssen.

Dabei besteht die Schwierigkeit, dass Kindern nur begrenzte Wahlmöglichkeiten angeboten werden können – abhängig von ihrem Alter, ihrem Entwicklungsstand, den jeweiligen situativen Bedingungen, Sicherheitsaspekten usw. Kinder sollten daher lernen, sowohl ihre Entscheidungen als auch die Werte und Fähigkeiten, die sie für ihre spätere Rolle als verantwortlicher Erwachsener in Respekt vor anderen benötigen, möglichst sinnvoll einzusetzen.

Disziplin wird durch eine Vielzahl von Faktoren beeinflusst und vereinigt in sich unterschiedliche Aspekte. Disziplin und Bestrafung sollten sorgfältig

Disziplin	Bestrafung
Beruht auf innerer Einstellung	Wird von außen durch Autorität ausgeübt
Ergebnis logischer Konsequenzen	
Trägt der jeweiligen Situation und ihren Gegebenheiten differenziert Rechnung	Form von Vergeltung, Buße für Regelverletzungen
Eröffnet als pädagogische Strategie einem Kind die Möglichkeit, sich für neues Verhalten zu entscheiden - positiver und anhaltender Effekt	Nimmt auf die jeweilige Situation und ihre Gegebenheiten keine Rücksicht
	Konzentriert sich als pädagogische Strategie auf das jeweils unangemessene Verhalten - negativer und kurzlebiger Effekt
Freundlicher und unterstützender Kommunikationsstil, Entschiedenheit bei gleichzeitiger Fairness	Oft von negativen Emotionen getragen
Führt zu erfolgreicheren und verantwortlichen Verhaltensweisen; unterstützt die Fähigkeit, eigenes Verhalten realistisch zu bewerten	Bezweckt äußere Kontrolle von Verhalten. Birgt das Risiko, Unterwürfigkeit und Fügsamkeit zu verstärken oder zu erzeugen

voneinander abgegrenzt werden.

Ebenso sollte zwischen Konsequenz und Bestrafung differenziert werden.

- *Konsequenzen* sind die logischen Folgen einer Handlung. Sie stehen in direkter Beziehung zu einer Regelverletzung und zielen auf Lernerfahrungen, nicht auf Strafe als Selbstzweck.

- *Bestrafung* bereitet einer Person Schmerz, Unannehmlichkeiten oder Verlust infolge einer begangenen Regelverletzung oder eines Fehlverhaltens. Strafmaßnahmen zielen auf einen spürbaren, abschreckenden Effekt und lösen Angst und Heimlichkeit aus, sodass der Lerneffekt für die betreffende Person darin besteht, bei Regelbrüchen unentdeckt zu bleiben.

Beispiel:

- **Regel:** Ein Kind soll zum Abendessen zu Hause sein.
- **Konsequenz bei Regelverletzung:** Es wärmt die Mahlzeit selbst auf (oder bereitet selbst eine Mahlzeit zu), anschließend spült es und räumt auf, am nächsten Tag ist es eine halbe Stunde eher zu Hause, um sicherzugehen, das Essen nicht zu versäumen.
- **Bestrafung:** Das Abendessen wird entzogen und das Kind auf sein Zimmer geschickt.

Wir als Lehrer wissen um die Notwendigkeit, innerhalb einer Schule wirksame disziplinäre Maßnahmen einzuführen und aufrechtzuerhalten. Kinder zu effektiver Disziplin zu erziehen, erfordert proaktives, nicht reaktives Vorgehen. Folgende Aspekte sollten den Schülern vermittelt werden:

- die konkreten Anteile des eigenen Verhaltens, die bei einer Regelverletzung oder einem Fehlverhalten nicht angemessen gewesen sind;
- Akzeptanz der eigenen Verantwortung für das entstandene Problem;
- Lösungsmöglichkeiten für das Problem, das durch eigenes Verhalten verursacht wurde;
- eigene Beiträge zur Veränderung von Verhalten;
- Handlungsalternativen, die konkret in der gleichen Situation angewendet werden können;
- Lernerfahrungen, die mit der bewältigten Problemsituation verknüpft sind.

Die Vorgehensweise sollte in jedem Fall die persönliche Würde sowohl des betroffenen Schülers als auch der agierenden Lehrkraft bewahren.

Zusammenfassend kann, in Anlehnung an den lateinischen Wortsinn, formuliert werden, dass *mit Autorität zu Disziplin erziehen heißt, Lernen mit Leben zu verbinden.* Damit ist gemeint, dass Kinder durch die Vermittlung von Disziplin zu einer Selbstdisziplin geführt werden, die sie lebens- und lernfähig werden lässt. Disziplin als innere Haltung – und nicht Disziplinarmaßnahmen, die von außen auferlegt werden – befähigt Kinder zu persönlicher Unabhängigkeit und Entscheidungsfähigkeit. Sozial verantwortliche Entscheidungen können vom Individuum nur dann getroffen werden, wenn es in der Lage ist, die Rechte und Bedürfnisse anderer zu berücksichtigen. Kinder brauchen daher erwachsene Vorbilder, an denen sie lernen können, verantwortliche und richtige Entscheidungen zu treffen. Ein Kind wächst erst dann zu einer unabhängigen, lebenstüchtigen Persönlichkeit heran, wenn es auf der Grundlage seiner inneren Einstellung selbst entscheiden kann, welche Handlungen verantwortlich sind und welche nicht – und sich danach verhält.

Aufbau wirksamer Disziplin und Verhaltenskontrolle

Lehrer-Schüler-Beziehungen

Der Schlüssel zu einer friedvollen, dem Wohlbefinden aller zuträglichen Atmosphäre in der Klasse besteht in der Entwicklung positiver, von gegenseitigem Respekt getragenen Beziehungen zu allen Schülern. Eine freundliche und förderliche Umgebung vermittelt den Schülern die Gewissheit, dass ihre Bedürfnisse ernst genommen und ihr Erfolg weitestgehend sichergestellt wird. Daraus resultiert in der Regel eine Abnahme von Problemverhalten.

Das Vertrauen, das Ihnen von den Schülern entgegengebracht wird, übt auf die Qualität des Klassenlebens wesentlichen Einfluss aus. Vertrauensbeziehungen und ein einvernehmliches Verhältnis sollten innerhalb der ersten Monate in einer neuen Klasse aufgebaut werden. Schüler merken schnell, für welche Werte und sozialen Regeln Sie stehen, welche (Verhaltens-)Erwartungen Sie an sie richten und was sie selbst von Ihnen erwarten können – kurz: mit wem sie es zu tun haben. Sie brauchen Gewissheit über die Grenzen, die Sie setzen, und möchten darauf vertrauen können, dass Sie sich als Klassenführung für sie engagieren.

Kommunikation

Für jede Kommunikation ist es wesentlich, dass man sagt, was man meint, und meint, was man sagt. In jedem Fall sollte man sich klar und präzise ausdrücken. Im Unterricht übt die Wortwahl enormen Einfluss auf Kommunikationsprozesse zwischen Lehrer und Schüler aus. Die folgenden Aussagen sind Beispiele für kontraproduktive Kommunikation:

- Vorwurf/Beschuldigung: „Schau, was du angerichtet hast. Wie oft soll ich dir noch sagen ...“
- Märtyrerhaltung: „Als ich in deinem Alter war ...“
- Kritik: „Wegen jeder Kleinigkeit bist du gleich beleidigt.“
- Persönliche Zuschreibungen: „Du bist eine richtige Trödelliese!“
- Drohen/Machtdemonstration: „Wenn du nicht dieses oder jenes tust, werde ich ...“

Konstruktive Kommunikation hingegen klingt so:

- Ermutigung: „Kannst du mir mehr darüber sagen? Lass es uns gemeinsam durchgehen!“
- Klärung: „Wann ist das passiert? Wer war beteiligt?“
- Emotionale Bestätigung: „Du scheinst sehr aufgeregt zu sein. Ich kann verstehen, wie dir zumute ist.“
- Anerkennung: „Ich erkenne deine Bereitschaft an, für dieses Problem eine Lösung zu finden.“

Es besteht Grund zu der Annahme, dass wir oft das Wort an unsere Schüler richten, ohne wirklich mit ihnen zu sprechen. Dabei geht es nicht nur um das, was wir sagen, sondern darum, wie wir es sagen.

„Mir ist eine persönliche Widersprüchlichkeit bewusst geworden: Oft ge-
brauche ich Verhaltensweisen, die ich meinen Schülern abzugewöhnen ver-
suche. Ich erhebe meine Stimme, um Lärm zu beenden. Wenn ein Kind un-
höflich ist, fahre ich es grob an, und ich beschimpfe ein Kind, das in
ungehöriger Weise spricht."   *Dr. Haim G. Ginott, 1972*

Jede Situation, besonders ein Konflikt, erfordert, dass Sie als Lehrer auf Inhalt und Ausdruck Ihrer Äußerungen achten. Begegnen Sie der Situation mit
Geduld, Aufmerksamkeit und Ruhe. Herablassung oder Trivialisierung des
Problems wirken kontraproduktiv. Vermitteln Sie, dass Sie Ihre eigenen
Emotionen unter Kontrolle haben. Sprechen Sie mit normaler Lautstärke
und in gleichmäßigem Tonfall. Eine aufrechte und entspannte Körperhaltung vermittelt Ruhe und Selbstvertrauen. Schüler reagieren automatisch
mit Widerstand, wenn sie angebrüllt werden. Für sie gibt es dann nur noch
Flucht oder Kampf. Weder die persönliche Würde des Schülers noch die der
Lehrkraft bleiben unberührt, wenn aus der Begegnung ein lautstarker, verbaler Schlagabtausch wird.

Zuhören

Bei der Planung von Förderprogrammen oder von Strategien, die erfolgreich
zur positiven Verhaltensentwicklung beitragen sollen, wird häufig die Bedeutung zugewandten, aufmerksamen Zuhörens übersehen. Viele Konflikte
entstehen aus Missverständnissen oder der unzutreffenden Wahrnehmung
von Absichten, Gefühlen, Bedürfnissen und Handlungen anderer. Schüler
fühlen sich geschmeichelt, wenn der Lehrer oder die Lehrerin aufmerksam
genug ist, ihre persönlichen Bedürfnisse und Wünsche zu erfassen. Lehrer
mögen mit ihren Schülern in der Sache nicht immer übereinstimmen, aber
sie können zeigen, dass sie die Gefühle der Kinder akzeptieren. Diese Akzeptanz zeigt sich in Wortwahl und Tonfall.

Die folgenden Leitlinien helfen Ihnen dabei, aktives Zuhören und Eingehen auf die Bedürfnisse des Gegenübers bei sich selbst zu trainieren und den
Schülern weiterzuvermitteln:

- *Bestätigendes Zuhören*: Wiederholen Sie oder fassen Sie zusammen, was
  der Schüler gesagt hat, damit er weiß, dass Sie verstanden haben, was er
  meint.
- *Einfühlsames, aktives Zuhören*: Versetzen Sie sich in den Schüler hinein
  und versuchen Sie, seine Gefühle zu erkennen. Behandeln Sie den Schüler
  so, wie Sie selbst behandelt werden möchten.

■ *Beständiges Zuhören*: Haben Sie immer ein offenes Ohr für Ihre Schüler. Versuchen Sie, im Gedächtnis zu behalten, was ihnen wichtig ist. Ein besonders guter Weg, Interesse an den Anliegen der Schüler zu zeigen, ist es, ihre Unternehmungen und Leistungen außerhalb der Schule zu erwähnen und anzuerkennen.

Ohne effektive zwischenmenschliche Kommunikation in allen Bereichen kann keine erfolgreiche Disziplin (und auf Seiten der Lehrkräfte auch keine wirklich erfolgreiche Klassenführung) gelingen und damit kein konstruktives und friedliches Klassenklima aufgebaut werden.

Atmosphäre im Klassenzimmer

Der Wert, der einem positiven, sozialen Klima in der Klasse zukommt, kann nicht hoch genug eingeschätzt werden. Die wesentlichen Elemente einer friedvollen, freundlichen und förderlichen Atmosphäre in der Klasse sind:

■ Zuwendung und Unterstützung
■ Auf gegenseitigem Verständnis beruhende Kommunikation zwischen Lehrer und Schüler sowie zwischen den Kindern.
■ Akzeptanz und Wertschätzung jedes einzelnen Schülers als Person
■ Respekt und Achtung vor der Persönlichkeit der Schüler
■ Vertrauensbeziehungen zwischen Lehrer und Schülern
■ Eine durch Zusammenarbeit und Kooperation gekennzeichnete Lernumgebung
■ Motivation der Schüler, Lernerfolge zu erzielen
■ Sicherstellung von Erfolgserlebnissen
■ Entspanntheit und Zufriedenheit
■ Konstruktive Erfahrungsmöglichkeiten für den Ausdruck von und den Umgang mit Gefühlen
■ Lernsituationen zur Aneignung von Fähigkeiten zur Konfliktbewältigung und eines Verständnisses für kreative und friedliche Konfliktlösung
■ Zuverlässige Gewährleistung einer fairen Behandlung aller Kinder

Die Integration dieser Elemente ins Klassenleben trägt sowohl zur Vermeidung bzw. Reduzierung von Konflikten (zwischen Schülern oder zwischen Lehrern und Schülern) als auch zu einem weniger mühevollen Umgang mit Problemverhalten bei.

Eigenverantwortlichkeit stärken

Eine sehr wirkungsvolle Möglichkeit, die Disziplin an einer Schule zu verbessern und dabei Kinder aller Altersstufen zu erreichen, besteht darin, Schülern mehr Verantwortung und Einfluss zu überlassen und sie in das Klassen- und Schulleben aktiv mit einzubinden. Es gibt kaum einen effektiveren Weg, Kinder an ihre soziale Mitverantwortung im Klassenverband heranzuführen, als sie – soweit möglich – an der Erarbeitung von Klassenregeln und Konsequenzen zu beteiligen. Ebenso können Schüler dazu beitragen, Handlungspläne oder Verträge zu entwerfen, in denen das Vorgehen bestimmt wird, unangemessenes Verhalten positiv zu verändern. Indem Schüler reale Beiträge zum Klassenleben beisteuern, gewinnen sie nicht nur an Mitverantwortung, sondern sie entwickeln auch ein Gespür für die moralischen Werte, die dem sozialen Gefüge der Klasse zugrunde liegen und aus denen durch Einsichten gewonnene Verhaltensnormen erwachsen.

Die Beteiligung von Schülern an der Entwicklung von Regeln mag zeitaufwändig sein, ist aber aus folgenden Gründen eine lohnende Investition:

- Schüler tragen dazu bei, Normen und Standards zu definieren.
- Sie haben ein erhöhtes Interesse daran, dass „ihre" Regeln funktionieren.
- Sie nehmen zunehmend das Verhalten anderer wahr.
- Ihre Chancen, Verantwortungsgefühl zu entwickeln, erhöhen sich.
- Sie erwerben Fähigkeiten zur Problemlösung.

Einen wirkungsvollen disziplinären Rahmen zu schaffen erfordert von den Lehrern, dass sie die Fähigkeiten, die Kinder für ihre positive Entwicklung benötigen, als Lerninhalte begreifen, die immer wieder gelehrt und geübt werden müssen. Nur so können diese Fähigkeiten als Verhaltensgewohnheiten im Sinne verinnerlichter, automatisierter Handlungen integriert werden. Zu diesen grundlegenden sozialen Fähigkeiten gehören:

- Konstruktiv zusammen arbeiten und spielen
- Konflikte friedvoll bewältigen
- Sich selbst persönliche Ziele setzen
- Aufgaben zeitlich und inhaltlich organisieren
- Selbstdisziplin und Selbstkontrolle entwickeln

Die Erziehung zu diesen Kompetenzen erfordert seitens der Lehrer Geduld und Entschlossenheit. Der Lernprozess erstreckt sich über viele Jahre und setzt sich als lebenslanges Lernen auch im Erwachsenenalter fort.

Das Alltagsleben setzt allgemein die Bereitschaft voraus, gewisse Regeln und Grenzen anzuerkennen und zu befolgen – ob es sich nun um die

Straßenverkehrsordnung, die Gesetzgebung, Steuern, Schutz des Eigentums oder Regeln am Arbeitsplatz handelt. Diese Strukturen gewährleisten weitgehende Sicherheit sowie zwischenmenschliches Zusammenleben und -arbeiten. Regeln und Grenzen bedürfen klarer und eindeutiger Formulierung. Kinder sollten verstehen können, was die jeweiligen Regeln in der Klasse, im Schülercafé, auf dem Schulhof, im Schulbus usw. bedeuten, ohne dass ihnen Raum für Zweifel gelassen wird.

Regeln schließen sowohl Wahlmöglichkeiten als auch Verhandeln oder Feilschen aus, zum Beispiel: Raufereien sind *nicht* erlaubt. Wir gehen ruhig und langsam. An unserer Schule sprechen wir *nicht* in respektloser Weise.

Die Schule sollte Verhaltensrichtlinien erarbeiten, die als klare Regeln in einen „Verhaltenskodex" gefasst und von den Erwachsenen an der Schule täglich vorgelebt werden. Regeln bedürfen der Durchsetzung, wobei Konsequenz von zentraler Bedeutung ist. Soll erreicht werden, dass Kinder sich bestimmte angemessene Verhaltensweisen aneignen, müssen diese Kompetenzen *so lange erlernt und geübt werden, bis sie zur Gewohnheit werden*. Einige der erzielten Verhaltensänderungen mögen geringfügig erscheinen, spielen aber für den Aufbau von (Selbst)Disziplin eine entscheidende Rolle. Es geht darum, dass Menschen ihr Verhalten kontrollieren und nicht umgekehrt.

Wir alle, gleichgültig welchen Alters, sind darin geübt, den Sicherheitsgurt anzulegen, wenn wir in ein Auto einsteigen. Es ist eine Gewohnheit – wir denken nicht weiter darüber nach, wir tun es einfach. Viele solcher Verhaltensweisen laufen automatisch ab, sind aber entscheidend für unsere Sicherheit oder für ein harmonisches gesellschaftliches Zusammenleben.

Das Gleiche gilt für unsere Schulen. Viele Verhaltensweisen sollten bei Schülern automatisiert und bereits Gewohnheit sein (was allerdings oft genug nicht zutrifft). Zu solchen Verhaltensweisen gehören: ruhiges Gehen auf den Fluren, Höflichkeit und gutes Benehmen, Vermeiden von Zusammenstößen mit anderen, andere nicht unterbrechen, Türen leise schließen, in der Klasse und nach dem Essen selbst aufräumen, ruhig in einer Reihe aufstellen, das eigene und das Eigentum anderer sorgfältig behandeln und respektieren usw.

An dieser Stelle erscheint eine Geschichte angebracht, die eine Lehrerin erzählt hat. Sie unterrichtete Schüler im Alter von 13 bis 16 Jahren (in diesem Alter sollten Jugendliche, so könnte man meinen, bereits einige der oben erwähnten Verhaltensweisen erlernt haben). Die Lehrerin berichtete, dass die Mehrheit der Schüler die Tür geräuschvoll zufallen ließ, wenn sie den Klassenraum betraten oder verließen. Sie dachten überhaupt nicht daran, aus Rücksicht auf andere

Lärm zu vermeiden. Selbstverständlich bat die Lehrerin die Schüler darum, die Tür leise zu öffnen und zu schließen, allerdings ohne Erfolg. Die Schüler waren einfach nicht daran gewöhnt. Also beschloss die Lehrerin, ihnen den sachgemäßen Gebrauch von Türen beizubringen. Sie zeigte ihnen, wie man eine Tür leise schließt, und bat einige Schüler, es selbst den Mitschülern vorzumachen. In der folgenden Zeit forderte sie jeden auf, der die Tür knallend zuwarf, noch einmal hinein- oder hinauszugehen – aber leise. Schließlich betraten oder verließen die Schüler den Klassenraum in angemessener Weise. Eine neue Verhaltensweise war zur Gewohnheit geworden und hatte unangemessenes Verhalten ersetzt.

Ich möchte noch ein weiteres Beispiel heranziehen: Die Schule, in der ich unterrichte, ist in einem eingeschossigen Gebäude mit einem sehr langen Flur untergebracht. Es ist kaum verwunderlich, dass dieser Flur die Schüler zum Rennen verleitet. In der Vergangenheit ermahnten die Lehrkräfte die Kinder immer wieder, ruhig zu gehen statt zu laufen. Aber rein verbale Appelle fruchteten wenig. Darum beschloss das Kollegium, dass jeder Schüler, der beim Rennen über den Flur erwischt wird, sofort gestoppt wird und an seinen Ausgangspunkt zurückkehren muss, um von dort aus dieselbe Strecke noch einmal ruhig zu gehen (selbstverständlich funktioniert so eine Maßnahme am besten, wenn sich alle Lehrkräfte auf das Vorgehen einigen und auch entsprechend handeln). Diese Methode hat sich bewährt. Kaum ein Schüler rennt noch, und wenn einige Kinder doch einmal vergessen, sich ruhig fortzubewegen, und automatisch loslaufen, stoppen sie immer dann ab, wenn sie die Gegenwart eines Erwachsenen bemerken. Konsequenz und Geduld haben zum Erfolg geführt.

Es darf nicht vergessen werden, dass eine Verhaltensänderung Zeit braucht. Sechs Wochen, mindestens aber drei Wochen, beständiges und konsequentes Üben sind erforderlich, um ein altes Verhalten vollständig durch ein neues zu ersetzen.

Werden Schulregeln, wie sie in den Verhaltensgrundsätzen der Schule festgehalten sind, verletzt, wird der Schüler mit den Konsequenzen seines Verhaltens konfrontiert. Auf diesem Wege bestätigt die Lehrkraft, dass auf ihre Worte Verlass ist und dass sie meint, was sie sagt. Häufig werden allgemein gültige soziale Regeln verletzt, sodass der Einsatz angemessener Konsequenzen dazu beiträgt, beim betreffenden Schüler mehr Verständnis für die Notwendigkeit verantwortungsvollen Verhaltens zu wecken.

Konsequenzen sollten – wie die dazugehörigen Regeln – allen am Schulleben Beteiligten klar und einsichtig sein. Dazu zählt, dass jedem Schüler die Konsequenz einer bestimmten Verhaltensweise vorab bekannt ist. Konsequenzen müssen praktikabel sein und in nachvollziehbarem Zusammenhang zur verletzten Regel stehen. Sie sollten gegenüber dem Schüler in einfachen Worten und ruhigem Ton formuliert werden. Dabei sollte der Erwachsene den Schüler ansehen und Blickkontakt halten. Der Schüler darf in keiner Weise bloßgestellt oder beschämt werden. Jede angekündigte Konsequenz bedarf der unbedingten Durchführung.

Jedes Kind hat ein Recht auf faire Behandlung. Das heißt allerdings nicht, dass alle Schüler in gleicher Weise behandelt werden müssen. Schülerzitat: „Fairness heißt nicht, dass alle das Gleiche bekommen. Fairness heißt, dass jeder bekommt, was er braucht." Während Regeln und Grenzen niemals verhandelbar sind, sind bei Konsequenzen Absprachen möglich.

Hierzu ein Beispiel:

Marco und Lisa

Schüler erhalten für ihre Arbeiten nach einem bestimmten System Punkte, damit sie ihre eigene Leistung einschätzen können. Die Regel lautet, dass Schüler ihre Arbeit zu der festgesetzten Zeit abgeben. Tun sie es nicht, ist die Konsequenz, dass man für die verspätete Abgabe Punkte verliert (pro Tag eine bestimmte Anzahl).

Am vergangenen Freitag hatten Marco und Lisa es versäumt, ihre Arbeiten abzugeben. Auch am Montag und am Dienstag haben sie ihre Arbeiten nicht fertig. Am Mittwoch spricht die Lehrerin nach Unterrichtsschluss jeweils allein mit beiden Schülern. Bei dieser Gelegenheit händigen die Kinder ihre so weit bearbeiteten Aufgaben aus. Die Lehrerin weiß, dass Lisa schlicht ihre Aufgaben vernachlässigt und ihre freie Zeit mit Freunden verbringt. Marco hingegen hat seine freie Zeit damit verbracht, Besuche im Krankenhaus zu machen und auf seine jüngeren Geschwister aufzupassen.

Welche Konsequenzen halten Sie in dieser Situation für angemessen?

In diesen beiden Fällen fallen die Konsequenzen jeweils unterschiedlich aus. Allerdings sind Schüler dafür verantwortlich, die Lehrerin darüber zu informieren, wenn besondere Beeinträchtigungen sie an der Bearbeitung ihrer Aufgaben hindern. In diesem Fall wäre es sinnvoll gewesen, wenn Marco um eine Verlängerung der Frist gebeten hätte.

Es hat sich bewährt, Eltern um eine kurze Mitteilung zu bitten, weshalb bestimmte Arbeiten verspätet, gar nicht oder unvollständig abgegeben werden.

Es kann auch sinnvoll sein, den Schüler selbst zu fragen, welche Konsequenz er für angemessen hält und was er beim nächsten Mal anders machen kann. (Eine gute Gelegenheit, einen Schüler durch aktive Beteiligung in der Entwicklung verinnerlichter Verhaltensnormen zu fördern.)

Es soll noch einmal daran erinnert werden, dass sich alle vorgestellten Techniken und Verfahren darauf richten, Schülern die drei Maximen sozial-emotional verantwortlichen Verhaltens einzuprägen: *Selbstachtung, Achtung vor anderen und Verantwortung für das eigene Handeln.*

Je älter Kinder werden, je weiter ihre Entwicklung voranschreitet und je nachhaltiger sie sich angemessene soziale Verhaltenskompetenzen angeeignet haben, desto eher werden sie in der Lage sein, ihre Entscheidungen auf der Grundlage persönlicher Reife zu treffen. Wirksame Disziplin befähigt Erwachsene, Kinder in ihren Entscheidungen so lange zu unterstützen und zu steuern, bis diese kompetent und unabhängig genug sind, ihre Entscheidungen selbstständig zu treffen. Diese Entwicklung vollzieht sich bei jedem Menschen in seinem individuellen Tempo. Auf ihrem Weg brauchen Kinder vielfältige Erfahrungsmöglichkeiten, um zu lernen, mit Wahlmöglichkeiten umzugehen. Adäquate Begleitung bei diesem Prozess trägt dazu bei, dass sie ihre Selbstdisziplin und ihre persönliche Unabhängigkeit immer weiter entwickeln und entfalten können. Persönliche Unabhängigkeit beruht auf der Fähigkeit, Rücksicht auf die Bedürfnisse, Rechte und Gefühle anderer Menschen zu nehmen, und bedeutet, sich aus eigenem Antrieb für verantwortliches Verhalten entscheiden zu können.

Gründe für Problemverhalten bei Kindern

Kinder zeigen normalerweise aus einem der folgenden Gründe problematisches Verhalten:

- Suche nach Aufmerksamkeit und Beachtung
- Streben nach sozialer Macht und Kontrolle, Streben nach Rache/Vergeltungswünsche
- Unzulänglichkeitsgefühle (geringes Selbstwertgefühl)

Es können vielfältige Gründe dafür vorliegen, weshalb Kinder nach *Aufmerksamkeit* und *Beachtung* suchen. Häufig lässt sich solches Verhalten auf ein geringes Selbstwertgefühl oder auf Unzulänglichkeitsgefühle zurückführen. Es kann auch in einem Rückstand altersgemäßer, sozialer Reife begründet sein. Das betreffende Kind mag zu Hause kaum oder gar keine Aufmerksamkeit erfahren, oder es hat keine oder nur wenige Freunde. Es kann daran gewöhnt sein, zu viel Aufmerksamkeit zu bekommen, oder glaubt, nur dann Akzeptanz und Wertschätzung durch Erwachsene und Mitschüler erfahren zu können, wenn andere Menschen ihm/ihr Beachtung schenken. Zudem streben Kinder nach Aufmerksamkeit, um vor ihren Freunden als „cool" zu erscheinen.

Die folgenden Strategien dienen dazu, solche Verhaltensweisen zu verändern:

- Wann immer möglich, Aufmerksamkeit suchendes Verhalten ignorieren;
- stattdessen Blickkontakt aufnehmen, nah bei dem jeweiligen Schüler stehen, während des Unterrichts den Schüler beim Namen nennen, „geheime" Signale verwenden, eine – für den Schüler bestimmte – schriftliche Notiz auf dessen Platz legen usw.;
- den Schüler in unerwarteter Weise ansprechen, indem man ihm eine direkte Frage stellt oder ihn um Hilfe bittet;
- angemessenes Verhalten unterstützen, indem es dann verstärkt wird, wenn die Klasse ruhig arbeitet oder die Gesprächsregeln einhält (wenn also kein besonderer Anlass besteht); dabei werden konstruktive Verhaltensweisen aller Schüler anerkannt;
- gemeinsam mit einem Schüler einen Plan oder Vertrag entwickeln, in dem in eindeutigen Zielen definiert ist, wie er sein negatives Verhalten positiv verwandeln kann und wie angerichteter Schaden wieder gutgemacht wird; solche Pläne müssen später überprüft werden.

Viele Ursachen für die Suche nach Aufmerksamkeit gelten auch für das *Streben nach sozialer Macht und Kontrolle* oder nach *Rache* oder *Vergeltung*. Diese Gefühlslagen beinhalten Unzulänglichkeitsgefühle, geringes Selbstwertgefühl, das Gefühl von Ohnmacht, Wunsch nach Akzeptanz und Anerkennung usw. Es kann auch eine häusliche Problematik wie Vernachlässigung oder Missbrauch/Misshandlung vorliegen. Der Schüler kann voller Wut sein und sich nicht nur Macht und Kontrolle, sondern auch Vergeltung wünschen. Kinder brauchen in Kopf und Bauch die Gewissheit, dass sie Einfluss auf andere Menschen und auf Ereignisse haben. Sie brauchen das Gefühl, eine Situation beherrschen zu können. Oft verschaffen sie sich dieses Gefühl, indem sie die „roten Knöpfe" anderer Menschen drücken. Deshalb müssen sie darin unterstützt werden, auf positive Weise ein inneres Gespür für die eigene Kontrollfähigkeit aufzubauen.

Verhalten, das aus dem Streben nach sozialer Macht und Kontrolle erwächst, kann feindselig-aggressive und gewalttätige Züge annehmen. Um dem zu begegnen, können daher Pläne zur Förderung der Verhaltensentwicklung notwendig werden.

Zu den Maßnahmen, die geeignet sind, aggressive Verhaltensformen aufgrund sozialen Machtstrebens positiv zu beeinflussen, zählen:

- den Machtaspekt zurücknehmen, der durch die Rolle des Lehrers als Repräsentant von Autorität transportiert wird;
- respektieren, dass dem Schüler grundsätzlich sozialer Einfluss und Kontrolle über die eigene Situation zukommen;
- dem Gesprächsverlauf eine andere Richtung geben, zum Beispiel dem Schüler zustimmen;
- einen Zeitpunkt bestimmen, zu dem die jeweilige Situation besprochen werden kann – damit wird gleichzeitig das Publikum ausgeschlossen;
- dem betreffenden Schüler oder beiden am Streit beteiligten Parteien eine Auszeit geben, um sich zu beruhigen (möglichst in geeigneten Räumen wie Büro oder Nebenraum);
- einen gesonderten Raumbereich gestalten, der der Beruhigung dient; hierhin können sich Schüler bei aufkommendem Ärger zurückziehen, um die Selbstkontrolle wiederzugewinnen; sinnvoll sind hier ein Kassettenrekorder mit Kopfhörern und entspannender Musik, Knetbälle zum Abreagieren von Ärger und Stress, Papier und Stifte, damit Schüler über ihre Gefühle schreiben oder malen können, Knete usw.;
- Konsequenzen für ein bestimmtes Verhalten ankündigen;
- den Schüler psychologisch beraten und betreuen;
- andere Mitarbeitern der Schule, Eltern und örtliche Einrichtungen der Jugendhilfe heranziehen (die Gründe für die beschriebenen Verhaltensprobleme können sehr tief reichen, weshalb die Intervention seitens einer öffentlichen Institution notwendig werden kann);
- Förderpläne zur Verhaltensentwicklung entwickeln, die beschreiben, mit welchen Maßnahmen Problemverhalten positiv beeinflusst werden kann;
- Förderpläne fortschreiben und von Zeit zu Zeit auswerten.

In vielen Fällen beruht unangemessenes Verhalten auf *Gefühlen der Unzulänglichkeit*. Vielfältige Ursachen führen dazu, dass die betroffenen Kinder kaum Selbstvertrauen und nur wenig Selbstwertgefühl aufbauen können. Es kann sein, dass sie Mühe haben, den Lernstoff zu bewältigen, und deshalb glauben, dumm zu sein. Möglicherweise werden sie von Erwachsenen und Mitschülern als abschreckendes Beispiel benutzt. Sie halten sich selbst für Versager. Pädagogen fällt die Aufgabe zu, diese Schüler beim Aufbau eines positiven Selbstbildes zu unterstützen sowie ihr Selbstvertrauen und ihr Selbstwertgefühl zu stärken.

Die folgenden Strategien sind wirksame Hilfsmittel, um dies zu erreichen:

- den Lernstoff modifizieren und anpassen;
- die Lehrmethoden an die Bedürfnisse der Schüler anpassen: handlungs-orientierte Materialien und computerunterstützte Lernverfahren einset-zen; einzelne, aufeinander folgender Lernschritte bearbeiten, organisato-rische Fähigkeiten schulen;
- positive Selbstgespräche und Selbstbotschaften;
- im Gespräch mit Schülern Fehler als Lernerfahrungen darstellen;
- Fehlleistungen relativieren, indem sie der erbrachten Anstrengung ge-genübergestellt werden;
- andere Lehrkräfte und Eltern bei der Förderung des Kindes einbinden;
- Förderprogramme einsetzen;
- Nachhilfe durch Mitschüler oder außerhalb der Schule organisieren;
- Selbstvertrauen des Kindes stärken, indem der Blick auf den Fortschritt gerichtet wird, auf vorhandene Stärken und Fähigkeiten hinweisen, für Aufgaben zeitliche Begrenzungen setzen, die von Schülern erbrachte An-strengung hervorheben, die Leistungen der Schüler innerhalb und außer-halb der Schule anerkennen und würdigen.

Ein friedliches und förderliches soziales Klima im Klassenraum erfordert von uns als Lehrer, dass wir am Beginn des Schultages eine freundliche Grundstimmung schaffen, indem wir die Schüler auf positive Weise will-kommen heißen. Es sollte zusätzlich etwas Zeit eingeplant werden, um die Stimmungslage von Schülern mit Verhaltensproblemen einzuschätzen und ihnen so einen positiven Start in den Tag zu ermöglichen. Wir müssen allen Schülern – nicht nur denen mit Problemen und Schwierigkeiten – zeigen, dass wir sie verstehen und akzeptieren, ermutigen und motivieren.

Wir sollten den Schülern helfen, ihre individuellen Fähigkeiten und Bega-bungen zu entfalten, und dabei die aufgewandte Anstrengung ebenso in den Blick nehmen wie die erbrachten Leistungen. Jeder Erfolg – wie klein er auch ausfallen mag – ist es wert, beachtet zu werden.

Konflikte deeskalieren und lösen

Konflikte sind Teil des Lebens und ihr Auftreten ist daher unvermeidlich. Baut sich in der Klasse ein Konflikt auf, muss er durch gezieltes Handeln deeskaliert und gelöst werden. Dabei können folgende Wege beschritten werden:

- Konzentrieren Sie sich auf das Verhalten, nicht auf die Person des Schülers. Das Kind darf auf keinen Fall den Eindruck gewinnen, dass Sie es für einen schlechten Menschen halten oder es nicht leiden können. Unterstützen Sie das Kind in der Einsicht, dass nicht seine Person unangemessen ist und Ihnen deshalb nicht gefällt –, sondern das von ihm gezeigte Verhalten.

- Vermeiden Sie, zur Eskalation der Situation beizutragen – behalten Sie unter allen Umständen Ihre eigenen Emotionen unter Kontrolle. Lassen Sie negative Regungen auf keinen Fall sichtbar werden. Es ist am besten, nicht unmittelbar zu reagieren, weil dann Ihre Emotionen alles andere überlagern werden. Zählen Sie bis zehn und verschaffen Sie sich so Gelegenheit zu einer kurzen Denkpause.
- Vergewissern Sie sich, dass Sie hinreichend ruhig sind, bevor Sie auf die Situation eingehen.
- Wenn während einer Krise negative Emotionen die Wahrnehmung des Lehrers/der Lehrerin bestimmen, kann dies in seinem/ihrem Verhalten zu Reaktionen führen, die die Situation eher verschlimmern.

Die folgenden Reaktionsweisen führen zur weiteren Eskalation einer Konfliktsituation:

- mit hoher Lautstärke sprechen;
- Sarkasmus und negativ wertender Sprachgebrauch;
- darauf bestehen, Recht zu haben;
- Persönlichkeit und Charakter des Kindes kritisieren;
- Vergleiche mit anderen Kindern;
- „predigen".

Lehrer sollten beständig als Modelle für nicht-aggressives Verhalten auftreten. In einer konfrontativen Situation kann das heißen, einem Schüler die Gelegenheit zu geben, sein Gesicht zu wahren. Für viele Schüler ist es viel wichtiger, sich vor den Mitschülern nicht zu blamieren, als unangenehme Konsequenzen zu vermeiden. Eine Konfrontation vor Mitschülern könnte einen Schüler in die Situation bringen, seine Auflehnung gegen den Lehrer noch weiter zu treiben, anstatt das zu tun, was der Lehrer von ihm wünscht oder verlangt.

In einer Konfrontation ist das, was Sie sagen, entscheidend dafür, ob die Situation sich glättet oder weiter eskaliert. Die folgenden Beispiele zeigen, mit welchen verbalen Reaktionen Sie der Konfrontation durch einen Schüler begegnen können:

- „Wann hast du zum ersten Mal so gefühlt/gedacht? Lass uns nach dem Unterricht darüber in Ruhe reden."

- „Das ist eine interessante Meinung. Darüber sollten wir nach dem Unterricht mal sprechen."
- „Ich bin froh darüber, dass du mir so weit vertraust und mir über deine Gefühle erzählst. Ich nehme das sehr ernst. Für jede Idee, wie sich die Situation verbessern ließe, bin ich dankbar."
- „Manchmal bist du auf mich wütend, weil du glaubst, ich hätte dich unfair behandelt. An dem, was du sagst, ist vielleicht etwas Wahres dran."
- „Wenn du mich beschimpfst, fühle ich mich sehr getroffen und ich würde dich am liebsten auch beschimpfen. Aber ich weiß, dass du aufgebracht und verletzt bist, und ich möchte dich gerne verstehen und dir helfen."

Verschieben Sie das Gespräch über das Verhalten des Schülers auf einen späteren Zeitpunkt. Das schafft sowohl für den Schüler wie für den Lehrer eine Atempause, um sich zu beruhigen, und es ist ein ausgezeichnetes Mittel, um die Selbstkontrolle wiederzuerlangen und wütende Schlagabtausche zu verhindern. Außerdem ergibt sich damit die Möglichkeit, die betreffende Situation unter vier Augen zu besprechen. Durch das nichtöffentliche Gespräch wird das Geschehen aus der Zuschauerarena des Klassenzimmers an einen geeigneteren Ort verlagert. Der Lehrer kann auf diesem Wege Nähe herstellen und mit dem Schüler ruhig, aber direkt und mit Durchsetzungskraft von Person zu Person sprechen – ohne Publikum für den Schüler.

Ist einer der Beteiligten oder sind beide zu betroffen und aufgebracht, um ein ruhiges Gespräch zu führen, ist eine Atempause zum „Abkühlen" ein sehr guter Weg, um die Selbstkontrolle wiederzugewinnen.

Dazu einige Vorschläge:

- „Ich glaube, wir beide brauchen ein bisschen Zeit, um uns zu beruhigen. Setz dich an den Tisch hinten im Raum. In der nächsten Pause sprechen wir über alles." (Wenn Schüler und Lehrer gleichermaßen emotional betroffen sind.)
- „Du siehst sehr wütend aus. Du darfst dich hinten an den Tisch setzen, um dich erst einmal zu beruhigen." (Wenn der Schüler betroffen ist.)
- „Ich bin jetzt sehr wütend und brauche etwas Zeit, um mich wieder zu beruhigen. Du darfst ruhig an deinem Platz lesen, bis ich mit dir in Ruhe sprechen kann." (Wenn der Lehrer betroffen ist.)

Erst wenn alle ihre Gefühle wieder unter Kontrolle haben können Sie weitere Schritte unternehmen, um das anstehende Problem zu lösen.

Wann immer wir als Lehrer Konflikte bearbeiten, ist es wesentlich, unsere Reaktionen auf die Verhaltensweisen eines Kindes zu richten – nicht auf seine Person – und dabei seine sowie unsere eigene persönliche Würde zu respektieren.

Verhalten ändern

Es gilt inzwischen als anerkannter Grundsatz, dass die wirksame Steuerung und Kontrolle von Verhalten proaktives – nicht reaktives – Vorgehen erfordert. Schüler sollten wissen, was sie falsch gemacht haben, und sie sollten akzeptieren, dass sie sich ihren Handlungen stellen müssen und für diese verantwortlich sind. Schüler sollten Entscheidungen darüber treffen, auf welche Weise sie die Probleme, die sie verursacht haben, lösen und für Wiedergutmachung sorgen können. Sie sollten lernen, sich in anderer – positiver – Weise zu verhalten und dabei ihre Lernerfolge aus der eigenen Erfahrung beziehen.

Einen Plan/Vertrag zur Förderung angemessenen Verhaltens erstellen

Zusammen mit dem Schüler wird ein Handlungsplan entwickelt, der ihn zu positivem Verhalten führen soll. Ein solcher Plan oder Vertrag kann in folgenden Schritten erarbeitet werden:

Zuerst werden dem Schüler konkrete Fragen gestellt: Welche Anteile deines Verhaltens sind es genau, die unangemessen waren? Warum waren sie unangemessen? Auf welche Weise verursachen sie Schaden? Wie hättest du dich anders verhalten können? Wie kannst du dich in Zukunft angemessener verhalten? Wie wirst du vorgehen, um das unangemessene Verhalten zu ändern?

Im Mittelpunkt steht das Was, Wann und Wie einer Verhaltensweise. Der Blick richtet sich hauptsächlich auf die Gegenwart und in die Zukunft.

Ein Plan/Vertrag wird in schriftlicher Form erstellt. Der Schüler erhält eine Kopie. Je nach den Erfordernissen der Situation werden die Erziehungsberechtigten einbezogen.

Es sollte eine Form gefunden werden, in der sich der Schüler zu dem Plan bekennt und sich ihm verpflichtet (zum Beispiel gibt er eine mündliche Erklärung ab wie: „Ich werde den Plan/Vertrag einhalten und seine einzelnen Punkte erfüllen." – Nicht: „Ich werde *versuchen*, den Plan/Vertrag einzuhalten."). Falls erwünscht, kann der Schüler „seinen" Plan auch unterschreiben.

Nachfolgend wird eingeschätzt, wie der Plan funktioniert. Dafür sollte ein angemessener Zeitrahmen gesetzt werden. Stellt sich heraus, dass die erwünschten Resultate ausbleiben, sollten Schüler und Lehrer sich nicht mit Erklärungsversuchen aufhalten, sondern den Plan abändern oder neu er-

stellen und den einmal beschrittenen Weg fortsetzen. Erfolge und Fortschritte werden positiv hervorgehoben und gewürdigt.
Im Anhang finden Sie Beispiele für Pläne und Verträge mit Schülern.

Prävention von Problemverhalten

Wirkungsvolle Steuerung von Problemverhalten bedeutet proaktives Handeln. Entsprechend ist ein Großteil proaktiven Handelns bereits Prävention von Problemverhalten. Jede Minute, die damit verbracht wird, Probleme und Krisen zu vermeiden, lohnt sich und spart kostbare Zeit, die für Interventionen aufgebracht werden muss, wenn eine Krisensituation erst einmal ihren Lauf genommen hat. Prävention von Problemen stellt die beste aller Problemlösungen dar. Hierauf beruht vieles, was in diesem Kapitel bereits vorgestellt worden ist.

Auch die folgenden Vorschläge dienen dazu, Probleme und Krisen zu vermeiden:

- Stellen Sie sicher, dass alle Schüler zu jeder Zeit mit einer Aufgabe/Unterrichtsaktivität beschäftigt sind.
- Schätzen Sie vorab ein, welche Probleme auftauchen könnten, und bereiten Sie sich so vor, dass diese Probleme gar nicht erst entstehen.
- Kinder, die Schwierigkeiten haben, sich in offenen, unstrukturierten Situationen angemessen zu verhalten, brauchen Orientierungshilfen, bevor man sie zum Beispiel in eine freie Spielphase entlässt.
- Besprechen Sie gemeinsam mit den Kindern die folgenden Punkte:
  - Was werden die Kinder spielen?
  - Mit wem werden sie spielen (es kann nötig sein, für ein Kind, das noch keine eigenen Spielkontakte aufgebaut hat, einen Spielpartner zu bestimmen)?
  - Sind die notwendigen Spielgeräte verfügbar?
  - Kündigen Sie einen Wechsel der Unterrichtsaktivität rechtzeitig, zum Beispiel fünf Minuten im Voraus, verbal an.
- Die Sitzordnung ist von entscheidender Bedeutung. Platzieren Sie ein redefreudiges Kind neben einem stillen Schüler oder setzen Sie einen Schüler, der Probleme hat, bei der Aufgabe zu bleiben, neben jemanden, der bereits selbstständig arbeiten kann usw.
- Unterteilen Sie eine umfangreiche Aufgabe in kleine, überschaubare Einheiten, wenn Schüler eine kurze Konzentrationsspanne haben oder sich angesichts der Gesamtanforderung schnell überfordert fühlen.

- Stellen Sie sicher, dass alle Schüler die Aufgabenstellung und Anleitung verstehen – lassen Sie Schüler, die Probleme beim Zuhören oder im Aufgabenverständnis haben, die Anweisungen wiederholen.
- Wenn Sie bemerken, dass einige Kinder unruhig werden, verändern oder wechseln Sie die Unterrichtsaktivität, um Problemen erst gar keinen Raum zur Entfaltung zu geben.
- Entscheiden Sie sich für *eine* Methode, die Aufmerksamkeit der Schüler zu fokussieren, zum Beispiel von 10 oder 5 rückwärts zählen, als Signal eine Hand heben, damit die Kinder ebenfalls ihre Hand heben und ruhig werden, bis die ganze Gruppe zur Ruhe gekommen ist (gut geeignet in großen Klassen), Licht kurz ausschalten. Wichtig ist, sich wirklich nur für eine Methode zu entscheiden und dabei zu bleiben.
- Verändern Sie Regeln, die nicht praktikabel sind.

Manche Problemstellungen, die über eine längere Zeit bestehen bleiben oder nur schwer zu beeinflussen sind, erfordern Kreativität. Ein typisches Beispiel hierfür ist das Werfen von Schneebällen auf dem Schulhof. Selbstverständlich sollten Kinder nicht mit Schneebällen werfen, denn es stellt eine offensichtliche Gefährdung dar. Trotzdem tun sie es immer wieder. Das Kollegium einer Schule widmet einen Teil seiner Konferenzzeit dem Erarbeiten von Lösungen für solche wiederkehrenden Probleme. Dieses Kollegium entschied sich dafür, Gymnastikreifen als Zielscheiben am Zaun zu befestigen und die Kinder ihre Schneebälle darauf werfen zu lassen (selbstverständlich unter Einhaltung von Regeln). Auf diese Weise konnte das Schneeballproblem gelöst werden.

Auch Schüler können durchaus sinnvolle Vorschläge für Regeländerungen einbringen, denn sie betrachten die Situation vom kindlichen Standpunkt aus. Einmal wurden die Schüler einer Klasse gefragt, wie die vielfältigen Probleme, die während der Mittagspause im Schulgebäude entstünden, vermieden werden könnten. Ihre Antwort lautete, dass es im Schulgebäude Bereiche mit verschiedenen Beschäftigungsmöglichkeiten geben sollte, damit jeder etwas zu tun hätte. Es könne nicht von ihnen erwartet werden, die ganze Zeit nur im Klassenraum herumzusitzen. Daraufhin entstanden Schülerclubs wie Schachclub, Computerclub, Mal- und Zeichenclub sowie organisierte Aktivitäten in der Turnhalle, in der Bücherei usw. Das alles half, die Pausenprobleme unter Kontrolle zu bringen.

Mitschüler-Mediatoren oder andere Schüler in Hilfsfunktionen sind in vielerlei Hinsicht wertvoll und fruchtbar. Ältere Schüler können sich um jüngere kümmern, ihnen zum Beispiel beim Anziehen vor der Hofpause helfen. Draußen oder auch während der Pausen im Schulgebäude können sie schnell gesehen und angesprochen werden, sodass Kinder, die Fragen haben oder Hilfe brauchen, ebenso auf sie zugehen können wie auf Erwachsene. Sie können auch erkennen, wenn ein Kind durch besonders konstruktives Verhalten auffällt, sodass dies in der Form, für die die Schule sich entschieden hat, gewürdigt werden kann. Öffentliche Formen von Lob können anerkennende Worte, Urkunden oder die namentliche Erwähnung am Schwarzen Brett sein. Ältere Schüler können jüngere, die dazu neigen, auf dem Schulhof in Schwierigkeiten zu geraten, beobachten oder sich mit ihnen beschäftigen. Sie können auch in verschiedenen Klassen Präsentationen vorstellen oder Rollenspiele durchführen, um jüngeren Mitschülern zu vermitteln,

- wie störend es ist, wenn Kinder auf den Fluren Lärm machen;
- wie sie sich auf dem Schulgelände entsprechend der Regeln verhalten sollten;
- welche Schüler an ihrer Schule Mitschüler-Mediatoren sind und was Streitschlichtung ist;
- was sie tun können, wenn sie sich verletzt haben oder in anderer Weise Hilfe brauchen.

Verantwortliches Verhalten unterrichten

Mein sechsjähriger Sohn kam eines Tages zutiefst beunruhigt von der Schule nach Hause. Auf die Frage, was passiert sei, antwortete er, er habe sich sehr schlecht und „total blöd" benommen. Nachdem ich ihm versichert hatte, dass ich ihn unterstützen und ihm dabei helfen würde, für das, was er getan habe, Verantwortung zu übernehmen, erzählte er mir, was passiert war. Er und eine Gruppe von Mitschülern hatten eine Glastür des Schulgebäudes zerbrochen. Sie hatten die – normalerweise offen stehende – Tür verschlossen vorgefunden und traten dagegen, um die Aufmerksamkeit der Lehrerin, die sich im Gebäude am Ende des Flurs aufhielt, auf sich zu ziehen. Gruppendynamik entwickelt sich oft rasant, und so wurde aus den Tritten bald ein Spiel, dessen Intensität die Tür zu Bruch gehen ließ. Im Nachhinein hielt mein Sohn es für eine ausgesprochen dumme Idee, auf diese Weise die Lehrerin auf sich aufmerksam zu machen. Umgehend riefen wir den Rektor der Schule an, um eine finanzielle Entschädigung anzubieten, und unser Sohn willigte ein, beim Ersetzen der Tür zu helfen, falls man ihm dies gestatten würde.

Verantwortung für eigene Fehler zu übernehmen ist von zentraler Bedeutung, um den Zusammenhang von eigenem Verhalten, dessen Folgen und dem Aufwand, der für Schadensbeseitigungen erbracht werden muss, zu verstehen.

Jeder Schüler braucht Unterstützung, um sich bewusst zu machen, dass die Schule, die er besucht, auch seine Schule ist, und dass jeder mit dazu beitragen und Verantwortung dafür übernehmen sollte, um aus ihr einen Ort zu machen, an dem sich jeder sicher und zufrieden fühlen kann. Sorgen Sie dafür, dass sich alle Schüler dieses Verantwortungsgefühl aneignen und dass sie sich gegenseitig in angemessenem Verhalten unterstützen.

Unbestreitbar sollten Schüler untereinander als nachahmenswerte Beispiele und als Rollenmodelle wirken – doch noch wichtiger ist die Modellfunktion durch den Lehrer. Kinder entwickeln sich nicht ausschließlich dadurch zu verantwortlichen Menschen, indem sie die dafür notwendigen Fähigkeiten im Unterricht lernen. Sie brauchen auch Erwachsene als Rollenmodelle, deren Verhalten sie nachleben. Anders ausgedrückt: Als Lehrer sollten wir das verkörpern, was wir unseren Schülern beibringen. Denken Sie daran: Indem Sie Probleme vermeiden, brauchen Sie nicht mehr darüber nachzudenken, wie Sie mit ihnen umgehen oder wie Sie auf sie reagieren sollen.

Rechte und Verantwortung

Mit jedem Privileg übernehmen wir auch Pflichten und Verantwortung. Ein Schüler, dem das Recht zugestanden wird, seine Sachen immer heil und am selben Platz wieder zu finden, übernimmt gleichzeitig die Verantwortung dafür, mit dem Eigentum anderer sorgfältig umzugehen und es an den dafür vorgesehenen Ort zurückzulegen. Wird einem Schüler das Recht auf respektvolle Ansprache eingeräumt, steht er in der Verantwortung, selbst gegenüber anderen eine respektvolle Sprache zu gebrauchen. Wenn Kinder begreifen, dass das eine nicht ohne das andere geht, werden sie bereitwillig an ihrem Verhalten arbeiten – in der Gewissheit, dass alle Beteiligten, sie selbst mit eingeschlossen, davon profitieren.

Zuverlässigkeit als persönliche Eigenschaft ist im Laufe der Zeit sehr vernachlässigt worden. Als Lehrer haben wir die Chance, gegenüber Schülern die Bedeutung von Zuverlässigkeit in den Vordergrund zu rücken und immer dann darauf aufmerksam zu machen, wenn ein Schüler Verlässlichkeit beweist. Zu seinem Wort zu stehen ist ein Qualitätsmerkmal des eigenen Verhaltens und der Integrität der eigenen Person. Das Konzept von Zuverlässigkeit im Klassenleben zu verankern und Schüler anzuleiten, während des Unterrichts Verlässlichkeit zu üben, bedeutet, sie wesentlich in der Entwicklung von Selbstdisziplin und Selbstkontrolle zu unterstützen. Diese Eigenschaften werden später im Arbeitsleben erwartet und ihre Aneignung wird Kindern für ihr jetziges und späteres Leben von großem Nutzen sein.

Achtung vor dem Eigentum anderer

Vandalismus hat heute alarmierende Ausmaße angenommen. Über pure Gleichgültigkeit hinaus gehört absichtsvoll-zerstörerisches Verhalten mittlerweile zum Alltag vieler Schulen. Bis in die jüngste Geschichte haben Menschen in Gruppen gelebt und Werkzeuge, Behausungen und Güter miteinander geteilt. Gemeingut war für das Überleben wesentlich und viele Gesellschaften leben noch heute danach. Wasservorräte und -quellen, Höhlen und Hütten, später dann Gebrauchsgegenstände wie Backöfen gehörten der Gemeinschaft und wurden von jedem, der sie benutzte, gepflegt. Dieses Teilen von gemeinsamem Eigentum führte zu einem natürlichen Gespür für die Verantwortung gegenüber den Gegenständen, die man gebrauchte. Von frühester Kindheit an lernten Menschen durch Beobachtung, Erfahrung und Erklärung, dass gemeinsames Eigentum jedem zur Verfügung stand und dass von jedem erwartet wurde, zu Bau und Pflege von Gebrauchsgegenständen beizutragen. Auf diesem Wege wurde Verantwortungsgefühl gelehrt und gelernt.

In der heutigen Welt wird Kindern bereits im Sandkasten beigebracht, dass jene Schaufeln und Eimer ihnen nicht gehören. Ihre Spielsachen sind in *dieser* Tasche und man sollte immer erst fragen, bevor man etwas nimmt. Ebenso sollte man mit anderen Spielzeug teilen, wenn sie auch damit spielen möchten. Natürlich werden auch so Regeln sozialen Verhaltens vermittelt. Dennoch – das Konzept von „meins und deins" hat vielfältige und weit reichende Folgen. Wird nicht mit der gebotenen Umsicht vorgegangen, kann es dazu führen, dass ein Kind glaubt, nur auf die Dinge Acht geben zu müssen, die ihm gehören.

Was kann man tun, um dem entgegenzuwirken? Es ist notwendig, unseren Kindern wieder beizubringen, dass wir nicht nur innerhalb des begrenzten Radius unserer Eigeninteressen Verantwortung tragen, sondern darüber hinaus auch in und gegenüber unserer Umwelt. Dabei geht es nicht darum, dass Kinder sich gegenseitig kontrollieren, sondern dass sie zunehmend eine Wahrnehmung für das entwickeln sollten, was um sie herum vorgeht. Eine Lehrerin schrieb nach einem besonders alarmierenden Ausbruch von Vandalismus an ihre Klasse: „Ihr seid nicht nur für das verantwortlich, was ihr tut, sondern auch für das, was ihr unterlasst. Die Frage ist nicht, ob ein Schüler etwas kaputt macht oder einen Mitschüler drangsaliert, sondern ob jeder Einzelne sich für die Einhaltung sozialer Regeln mitverantwortlich fühlt. Wenn eine Person eine Regel verletzt und deshalb unverantwortlich handelt, sollte jemand anders Verantwortung übernehmen und gegen die

Regelverletzung vorgehen, zum Beispiel die betreffende Person ermuntern, sich wieder in angemessener Weise zu verhalten, oder einen Lehrer benachrichtigen." Selbstverständlich müssen dabei Aspekte wie Petzen und Weitersagen beachtet werden, dennoch wird es sich auf lange Sicht lohnen, Kindern zu vermitteln, dass soziale Verantwortung jeden angeht.

Zieldefinition als wesentliches Element von Prävention

Kinder sind wahre Energiebündel. Für die Förderung der Verhaltenskontrolle bzw. Disziplin hat daher die Kanalisierung dieser Energien eine hocheffiziente, unterstützende Wirkung. Ein sehr wirkungsvolles Instrument ist die Definition von (erreichbaren) Zielen. Gibt man Kindern die Chance, ihr kreatives Potenzial, ihre Ideen und Wünsche in eine bestimmte Richtung zu lenken, und versorgt man sie dann mit der Zeit, dem Material und der Motivation, um dieser Route zu folgen, wird ein Großteil unsinnigen oder störenden Verhaltens ausbleiben. Die Definition klarer, erreichbarer Ziele dient dazu, das Verständnis von Ursache und Wirkung zu entwickeln, positive Selbstmotivation aufzubauen und Grundlagen für spätere Führungsqualitäten zu legen.

Unsere Ziele im Leben lassen sich – um ein Bild zu verwenden – mit Standorten oder Eintragungen auf einer Landkarte vergleichen. Jeder ist Experte für sein eigenes Leben und sollte daher diese Landkarte selbst entworfen haben, in allen Einzelheiten kennen, sich nach ihr richten und sie – falls nötig – bewusst verändern können. Es ist gut und richtig, auf das eigene Selbst und dem persönlichen, inneren Leitsystem zu vertrauen. Zwar lohnt es sich immer, das Wissen, die Erfahrung und Einsicht anderer Menschen auszuloten und etwas davon zu übernehmen, aber das eigene innere Bezugssystem bleibt letztendlich die verlässlichste Orientierung, die wir haben, und auf die wir uns auch in Zweifelsfällen jederzeit berufen können. Selbst dann, wenn wir unsere Ziele nicht auf direktem Wege erreichen, tragen solche Umwege zur Bereicherung und Verfeinerung unserer persönlichen Weltkarte bei und sind Teil unserer eigenen Erfahrung. Gönnt man sich die Zeit und Gelassenheit, Erfahrungen zu verarbeiten und zu ordnen und Prioritäten neu zu setzen, kann man mit frischen Kräften seinen Weg fortsetzen. Klare Zielsetzungen, Handlungsstrategien und gezielter Arbeitseinsatz führen schließlich zum Erfolg. Die innere Einstellung und ein sicheres Gespür für sich selbst tragen entscheidend dazu bei, dass Lebensziele und -wünsche Wirklichkeit werden.

Disziplin erfordert Engagement

Leben kennt keine Pause und nirgends wird dies wahrer als im Schulleben. Es bleibt nie genügend Zeit, um alles zu erledigen, was von uns erwartet wird. Wie dem auch sei – effiziente Verhaltenssteuerung und der Aufbau von Disziplin brauchen Zeit, Geduld, Nachhaltigkeit und Konsequenz. Wir als Lehrer müssen uns vollständig darüber im Klaren sein, dass wir Autorität besitzen und ausüben: Wir sind diejenigen, die Veränderungen beschließen, notwendige Entscheidungen treffen, erforderliche Grenzen setzen und erkennen, wann Kinder ihre eigenen Entscheidungsspielräume brauchen. Was immer wir auch tun, wir dürfen nie vergessen, dass die Würde unserer Person sowie der Person unserer Schüler unantastbares Gut ist. Jeder – ob Mitarbeiter der Schule, Schüler oder Eltern – sollte sich dem Ziel verpflichten, diszipliniertes Verhalten in der Schule wirksam zu verankern und so ein friedvolles und allen förderliches Klassen- und Schulleben zu schaffen.

Verhaltensrichtlinien für angemessenes Verhalten, die für die ganze Schule verbindlich sein sollen, bestehen aus klar und präzise formulierten Regeln mit ebenso eindeutig gehaltenen Konsequenzen. Ein solcher Verhaltenskodex bedarf schriftlicher wie mündlicher Festlegung. Alle am Schulleben Beteiligte – Schulleitung, Lehrer, nicht-pädagogische Mitarbeiter, Schüler und Erziehungsberechtigte – sollten diese Grundsätze kennen und verstehen. Im Kontext mit den schulischen Verhaltensrichtlinien sollten Vorfälle anhand von Protokollbögen notiert werden, um Verläufe aufzeichnen und auswerten zu können. Bei allem ist von grundlegender Bedeutung, dass sowohl Lehrer wie Schüler sich „ihren" Verhaltenskodex zu Eigen machen und im Schulalltag leben.

Unsere Kinder sind ein Geschenk. Sie mögen verschiedene Verpackungen haben, aber wir müssen sie auf jeden Fall als etwas Wertvolles behandeln. Wir müssen sie dabei unterstützen, sich in ihrer Ganzheit zu entfalten. Sie verkörpern unsere Zukunft – geben wir ihnen ein Werkzeug an die Hand, um eine positive Zukunft zu gestalten.

Das Wichtigste dieses Kapitels in Kürze

☑ Regeln und Grenzen sind nicht verhandelbar. Für Konsequenzen können gelegentlich Vereinbarungen getroffen werden.

☑ Das übergeordnete Ziel, das mit Hilfe von erzieherischen Techniken und Methoden angestrebt wird, besteht darin, die drei Maximen sozial-emotional verantwortlichen Verhaltens (Achtung von sich selbst, Achtung vor anderen, Verantwortung für die eigenen Handlungen) im Bewusstsein von Kindern zu verankern.

☑ In einem Konflikt sollte der Lehrer dem Kind vermitteln, dass sich seine Reaktionen auf das Verhalten des Kindes beziehen – unter Respektierung der Würde des Kindes sowie der Würde seiner eigenen Person.

☑ Verhaltenskontrolle und der Aufbau von Disziplin bedürfen proaktiven Vorgehens.

☑ Freundlichkeit, Achtung und Selbstkontrolle sind – ebenso wie Mathematik oder Fremdsprachen – das Ergebnis von Lernprozessen.

Mögliche Fragen und Einwände

◇ *„Wie wird bei Kindern mit gravierendem Problemverhalten verfahren?"*

Tritt der Fall ein, dass Schüler durchgängig Störverhalten und Uneinsichtigkeit zeigen oder aggressive und gewalttätige Verhaltensweisen entwickeln, ist es erforderlich, dass die Lehrkräfte einen Handlungsplan für das weitere Vorgehen erstellen. Wenn ein Schüler sich extrem gewalttätig und aggressiv zeigt, muss sowohl seine eigene Sicherheit wie die der Mitschüler und des Schulpersonals gewährleistet werden. Nach Episoden aggressiven Verhaltens braucht der betreffende Schüler unbedingt Zeit und Raum, um sich zu beruhigen und die Selbstkontrolle wiederzugewinnen. In manchen Fällen ist es notwendig, dass ein Schüler von selbst aus einem emotionalen Ausnahmezustand herausfindet – solange niemand (der Schüler eingeschlossen) dabei gefährdet wird. Ist es nicht möglich, den betroffenen Schüler aus dem Raum zu entfernen, sollten die Mitschüler das Klassenzimmer verlassen.

Für den Fall einer aggressiven Eskalation sollten Signale vereinbart werden, damit die Schulleitung oder andere Lehrkräfte helfend eingreifen können. Ein Vorschlag ist zum Beispiel, eine rote Karte bereitzuhalten, mit der ein Mitschüler zur Nebenklasse oder zum Sekretariat geschickt werden kann, um Hilfe zu holen, wenn eine Krisensituation entsteht. Hat sich der betreffende Schüler beruhigt, kann die Situation mit ihm außerhalb des Klassenraumes durch Mitarbeiter der Schule besprochen werden.

◇ *„Stehen Disziplin und Verhaltensregeln nicht im Gegensatz zu persönlicher Freiheit?"*

Fehlende oder inkonsequent gehandhabte Verhaltensregeln können zu Verunsicherung und Orientierungsverlust führen – oft mit aggressivem Verhalten als Folge. Wird Selbstkontrolle belohnt und eine positive Einstellung gegenüber Gruppenregeln unterstützt, wird damit ein Orientierungsrahmen geschaffen, der Kindern Handlungsspielräume und Bewegungsfreiheit bietet. Kindern einen solchen Orientierungsrahmen vorzuenthalten heißt, sie ins Chaos zu entlassen. Kinder zeigen hingegen dann persönliches Wachstum und Entwicklungsfortschritte, wenn ihnen ein gesundes Maß an Strukturen geboten werden. Freiheit besteht in der Gewissheit, Einfluss auf die eigene Lebenssituation zu besitzen – und die Berechtigung, diesen Einfluss geltend zu machen. Erst durch ein adäquates Maß an Selbstkontrolle und Disziplin kann diese Freiheit gelebt werden.

Lektionen zum 3. Baustein: Disziplin und Respekt

Lektion
....

Rechte und Verantwortung

Ziel: Verständnis für die Bedeutung von Recht und Verantwortung entwickeln. Sich darüber bewusst werden, dass jedes erhaltene Recht gleichzeitig die Übernahme von Verantwortung bedingt.

Materialien: Plakatbögen, Filzstifte, Friedensheft, Bleistifte, für jeden das Arbeitsblatt „Schülerrechte und Schülerverantwortung" (siehe Anhang, S. 245).

Arbeitsschritte: Schreiben Sie „Rechte" und „Verantwortung" als Überschriften an die Tafel. Fordern Sie die Schüler auf, in ihrem Friedensheft zu notieren, was aus ihrer Sicht ein Recht darstellt. Sie können einzelne Begriffe oder Definitionen, aber auch Stichworte oder kurze Sätze, die ihnen dazu einfallen, aufschreiben. Nach Ablauf der festgesetzten Arbeitszeit lesen die Schüler ihre Ergebnisse vor. Notieren Sie sie an der Tafel.

Teilen Sie die Klasse in Arbeitsgruppen zu je zwei bis drei Schülern auf. Fordern Sie die Schüler auf, eine Liste von Rechten auf einem Plakatbogen zu erstellen. Nach Ablauf der Arbeitszeit stellen die Kinder ihre Gruppenergebnisse der Klasse vor. Verfahren Sie mit dem Begriff „Verantwortung" in derselben Weise.

Vertiefung:
Fragestellungen für ein Unterrichtsgespräch:
- Warum sollten wir Rechte haben?
- Warum haben wir Verantwortung/Regeln?
- Gibt es zwischen Rechten und Verantwortung einen Zusammenhang? Begründe deine Antwort.
- Was würde geschehen, wenn wir nur eines von beiden hätten oder wenn Rechte und Verantwortung im Ungleichgewicht wären? Dieser Zusammenhang kann durch das Bild von den zwei Händen – die eine nimmt, während die andere gibt – gut veranschaulicht werden. Wenn Geben und Nehmen nicht ausgewogen sind, kann kein harmonisches Zusammenwirken entstehen.
- Fällt euch eine andere Bezeichnung für Rechte ein? Für Verantwortung? (Regeln)

- Wähle ein Recht aus der Liste. Findest du auf der anderen Liste eine dazu passende Verantwortlichkeit und kannst du daraus ein Paar bilden?

Verteilen Sie das Arbeitsblatt „Schülerrechte und Schülerpflichten" an die Kinder. Lesen und besprechen Sie es mit der Klasse. Sie können dieses Exemplar im Klassenraum aufhängen, damit es die Schüler daran erinnert, worin ihre Rechte und Pflichten bestehen. Jeder Schüler kann es auch in sein Friedensheft einkleben.

Ergänzende/klassenübergreifende Unterrichtsangebote:
1. Statt ein vorgefertigtes Merkblatt zu benutzen, können die Schüler ihre eigene Liste über Rechte und Verantwortung erstellen und dabei die bereits erstellten Plakate zu Hilfe nehmen.
2. Es kann auch eine Schülerversammlung zu dem Thema „Rechte und Verantwortung" durchgeführt werden.
3. Eine Gruppe älterer Schüler erklärt in anderen Klassen die Bedeutung dieser Begriffe und spricht mit den Mitschülern darüber. Jede Klasse erhält eine Kopie des Arbeitsblattes „Schülerrechte und Schülerverantwortung" oder Kopien der von den Schülern erstellten Plakate. Diese Listen können in jeder Klasse und in regelmäßigen Abständen ausgehängt und diskutiert werden. Diese Maßnahme setzt ein Zeichen für eine einheitlich getragene Schulphilosophie.

Lektion
Verantwortung lernen

Ziel: Einschätzung des eigenen Verantwortungsgefühls. Einsehen, dass es notwendig ist, Verantwortung zu übernehmen (und damit unabhängiger zu werden).

Materialien: Plakatbögen, Filzstifte, für jeden das Arbeitsblatt „Verantwortung lernen" (siehe Anhang, S. 246).

Arbeitsschritte: Besprechen Sie mit den Schüler noch einmal die Bedeutung von Pflichten und Verantwortung.
Führen Sie ein Unterrichtsgespräch unter den folgenden Gesichtspunkten:
- Wofür bist du hier in der Schule verantwortlich?
- Wofür bist du zu Hause verantwortlich?
- Welche Pflichten/Verantwortung hast du gegenüber deiner Familie?

- Welche Pflichten/Verantwortung hast du gegenüber deinen Freunden?
- Glaubst du, dass du sie zufrieden stellend erfüllst?
- Wie kannst du deinen Pflichten/deiner Verantwortung noch besser nachkommen (falls erforderlich)?
- Ist es wichtig, verantwortlich zu handeln? Warum oder warum nicht?

Fordern Sie die Schüler auf, das Arbeitsblatt „Verantwortung lernen" zu vervollständigen.

Vertiefung:
Schüler lesen ihre Ergebnisse vor. Diskutieren Sie die Beiträge mit der Klasse.

Lektion
Wer ist verantwortlich?

Ziel: Vermitteln, wie wichtig verantwortliches Handeln für das Zusammenleben mit anderen Menschen ist. Bewusstsein schaffen für den persönlichen Mut, den die Übernahme von Verantwortung erfordert. Die Notwendigkeit deutlich machen, Verantwortung für das eigene Verhalten zu übernehmen und zu den eigenen Taten zu stehen

Material: Für jeden Schüler eine Kopie der Geschichte „Wer ist verantwortlich?".

Wer ist verantwortlich?

Vor langer Zeit einmal saßen ein König und seine Tochter im königlichen Schloss bei einem köstlichen Mahl. Weil es ein so schöner Tag war, lehnten sie sich aus dem Fenster und genossen die warmen Sonnenstrahlen. Während sie ihren Kuchen aßen, besprachen sie allerhand wichtige Dinge, die ihr Königreich betrafen. Dabei ließ der König versehentlich etwas von seinem Kuchen auf den Fenstersims unter ihnen fallen.
Seine junge Tochter sprach: „Ach, Vater, jetzt hast du deinen Kuchen fallen lassen. Ich will hinuntergehen und ihn für dich aufheben."
Der König aber antwortete: „Bemühe dich nicht. Dafür sind wir nicht verantwortlich. Jemand anders wird die Kuchenstücke wegräumen. Ich werde nach neuem Kuchen rufen."

Also setzten der König und seine Tochter ihre gemütliche Mahlzeit in der Sonne fort. Wind kam auf und eine kräftige Böe blies die Kuchenstücke den Fenstersims entlang, bis sie herunterfielen und auf dem Straßenpflaster landeten. Eine vornehme Dame kam gerade die Straße entlang und trat in den Kuchen. Ihre kostbaren neuen Schuhen waren nun ganz verklebt und verschmutzt. Ein Bäcker schaute zufällig gerade aus seiner Ladentür heraus. Die Dame beschuldigte ihn, mit seinen Backwaren schluderig umgegangen zu sein. Der Bäcker fühlte sich ungerecht behandelt und begann mit der Dame zu streiten.

Die Königstochter sprach: „Vater, dort unten auf der Straße streiten zwei miteinander. Sollen wir nicht zu ihnen gehen, um den Streit zu schlichten?"

Der König aber antwortete: „Das ist nicht unsere Verantwortung. Jemand anders wird sich darum kümmern."

Der König gab seiner Tochter einen Becher frischen Most und nahm sich selbst noch ein Stück Kuchen. Ein Kaufmann kam des Weges, hörte, wie der Bäcker die Dame beschimpfte, und kam ihr zu Hilfe. Nun tauschten der Bäcker und der Kaufmann hitzige Worte aus. Das wiederum lockte immer mehr Leute herbei, die sich in den Streit einmischten, bis schließlich eine Prügelei im Gange war.

Die Königstochter fiel ihrem Vater ins Wort und fragte: „Vater, da unten auf der Straße prügeln sich die Leute. Sollten wir nicht etwas tun?"

Der König aber antwortete: „Was geht uns das an? Das ist die Verantwortung dieser Leuten, nicht unsere. Sollen sie sich selbst darum kümmern."

Bald war ein solcher Tumult auf der Straße, dass die Polizei geholt wurde, um den Aufruhr zu beenden. Aber die Polizei war nicht imstande, das Problem zu lösen und dem Streit ein Ende zu setzen. Soldaten mit geladenen Gewehren und gezückten Bajonetten rückten ein. Der Aufruhr wuchs zu einem Bürgerkrieg. Häuser wurden niedergebrannt und Wohnungen verwüstet. Das Schloss wurde in Schutt und Asche gelegt.

Als der König und die Königstochter auf die Trümmer ihres Königreiches und ihres Schlosses blickten, wandte sich der König seiner Tochter zu und sprach: „Du hattest Recht, mein Kind, ich war im Unrecht. Vielleicht wäre das alles nicht passiert, wenn ich die Kuchenstücke, die ich fallen gelassen habe, selbst beseitigt hätte. In Wahrheit ist es unsere Verantwortung gewesen."

Arbeitsschritte: Verteilen Sie Kopien der Geschichte. Lassen Sie die Geschichte mit verteilten Rollen (Erzähler, König und Königstochter) vorlesen. Regen Sie dann ein Unterrichtsgespräch an, indem Sie als Impulse die folgenden Fragen stellen:

- Was hältst du von den Ereignissen, von denen die Geschichte erzählt?
- Glaubst du, dass sie durch den fallen gelassenen Kuchen ausgelöst wurden oder nicht? Wenn ja, welche Ereignisse wurden durch die Kuchenreste verursacht?
- Warum hat der König den Kuchen nicht aufgehoben?
- Wann und wie hätten der König und seine Tochter sich anders verhalten können?
- Waren die beiden wegen des heruntergefallenen Kuchens für die Ereignisse verantwortlich?
- Wann beginnt die Verantwortung für eine Situation? Wann hört sie auf?

Vertiefung: Erarbeiten Sie auf der Grundlage der Geschichte einen kurzen Sketsch. Beteiligen Sie alle Kinder der Klasse daran. Laden Sie andere Klassen ein, sich den Sketsch anzusehen. Beziehen Sie die neuen Zuschauer in eine Diskussion über das Stück ein.

Lektion

Gemeinsam Regeln finden

Ziel: Die Wahrnehmung dafür schärfen, um was es bei der gemeinsamen Aufstellung von Regeln geht und worin ihre Bedeutung besteht. Die Schüler dazu befähigen, ein Verantwortungsgefühl für ihre Klasse aufzubauen, und ihnen das Gefühl vermitteln, Teil der Klasse/der Schule/der Gesellschaft zu sein, indem ihnen erlaubt wird, an der Erarbeitung von Klassen- bzw. Schulregeln teilzuhaben.

Anmerkungen: Die Schüler an der Aufstellung von Regeln zu beteiligen, mag zeitaufwändig sein, aber es lohnt sich aus folgenden Gründen:

- Die Schüler tragen dazu bei, Standards zu definieren.
- Sie interessieren sich mehr dafür, dass die Regeln ihren Zweck erfüllen.
- Sie beteiligen sich stärker daran, untereinander ihr Verhalten zu beobachten.
- Sie erhalten mehr Gelegenheit, Verantwortungsgefühl zu entwickeln.
- Sie erlernen und gebrauchen Fähigkeiten zur Problemlösung.

Material: Plakatbögen, Filzstifte, Friedensheft, Bleistifte, für jeden das Arbeitsblatt „Eine gute Regel ist ...“ (siehe Anhang, S. 248).

Arbeitsschritte: Wiederholen Sie, warum Regeln wichtig und notwendig sind. Teilen Sie das Arbeitsblatt aus. Besprechen Sie mit den Schülern, woran man eine gute Regel erkennt. Fordern Sie die Schüler auf, Beispiele für gute und schlechte Regeln zu nennen.

Teilen Sie die Klasse in Zweiergruppen auf. Geben Sie den Schülern den Arbeitsauftrag, mit dem Partner drei gute Regeln für die Klasse zu entwerfen und ihre Ergebnisse in ihr Friedensheft einzutragen. Anschließend entwerfen die Schüler ein Rollenspiel, in dem gezeigt wird, wie eine der gefundenen Regeln verletzt wird. Es soll deutlich werden, wie notwendig Regeln sind.

Vertiefung: Die Schüler tragen ihre Ergebnisse aus der Partnerarbeit der Klasse vor. Die Mitschüler sollen einschätzen, ob die vorgestellten Regeln die Kriterien für eine gute Regel erfüllen. Notieren Sie die Resultate an der Tafel. Geben Sie nun den Arbeitsgruppen Gelegenheit, ihr Rollenspiel vorzuführen. Besprechen Sie die jeweiligen Beiträge mit der Klasse.

Diskussionspunkte:

- Sind das gute Regeln? Warum oder warum nicht?
- Sind sie wichtig oder notwendig?
- Warum brauchen wir diese Regeln?
- Welche der Regeln werden wir zu Klassenregeln bestimmen?
- Warum entscheiden wir gemeinsam über diese Regeln?

Diskutieren Sie an dieser Stelle mit der Klasse, welche Einstellungen zu Zusammenarbeit und Kooperation führen. Betonen Sie, dass das Klassenzimmer ein Gemeinschaftsraum ist und darum jeder für das, was in ihm geschieht, Verantwortung trägt. Es gibt viele Entscheidungen zu treffen, zum Beispiel wer welche Dienste in der Klasse übernimmt, wie miteinander umgegangen wird, was geschieht, wenn jemand wütend ist. Jeder hat das Recht auf eine Klasse, in der er sich sicher fühlen kann, in der man sich mit Respekt begegnet, sich gegenseitig hilft und in der man sich wohl fühlt. Gleichzeitig hat jeder die Verantwortung, seinen Teil für eine positive Atmosphäre in der Klasse beizutragen.

Einigen Sie sich in der Gruppe auf eine Liste von Klassenregeln, wobei Sie von den Regeln ausgehen, die die Schüler erarbeitet haben. Die Liste sollte nicht zu lang sein. Hängen Sie sie in der Klasse auf, sodass alle Kinder sie sehen können. Geben Sie jedem Schüler eine Kopie davon für sein Friedensheft. Zum Schluss wird noch untersucht, in welcher Beziehung die Liste von Rechten und Verantwortungen zu den gefundenen Klassenregeln steht.

Ergänzendes/klassenübergreifendes Unterrichtsangebot:
Ältere Schüler werden daran beteiligt, Regeln für andere Bereiche der Schule zu erarbeiten, zum Beispiel für den Schulhof oder das Schülercafé.

Lektion
....
Gemeinsam Konsequenzen erarbeiten

Ziel: Den Schülern das Gefühl vermitteln, Teil der Klasse/der Schule/der Gesellschaft zu sein, indem sie Gelegenheit erhalten, an der Erarbeitung von Konsequenzen bei der Verletzung bestimmter Regeln mitzuarbeiten.

Bewusstsein und Verständnis dafür vermitteln, dass Regeln nicht verhandelbar sind, während über Konsequenzen Vereinbarungen getroffen werden können.

Material: Friedensheft, Bleistifte, Kopien des Beispiels „Marco und Lisa" von Seite 129, für jeden das Arbeitsblatt „Welche Konsequenzen?" (siehe Anhang, S. 249).

Arbeitsschritte: Rufen Sie in Erinnerung, was eine Konsequenz bedeutet (das Ergebnis bzw. die Wirkung einer Handlung). Schreiben Sie ein Beispiel für eine Klassen- oder Schulregel an die Tafel. Fragen Sie die Schüler, welche Konsequenzen ihnen für die Verletzung dieser Regel einfallen. Notieren Sie die Antworten. Teilen Sie die Klasse in Zweiergruppen auf. Verteilen Sie das Arbeitsblatt „Welche Konsequenzen?". Die Schüler sollen für jede Regelverletzung eine Konsequenz finden. Nach Ablauf der Arbeitszeit stellen die Schüler ihre Lösungen vor. Notieren Sie die Ergebnisse an der Tafel. Diskutieren Sie, ob die jeweilige Konsequenz angemessen ist.

Vertiefung:
Diskutieren Sie über folgende Fragen:

- Wer sollte über Konsequenzen entscheiden: Lehrer, Schulleitung, Schüler oder alle gemeinsam?
- Wer sollte die Konsequenzen vollziehen bzw. durchsetzen?
- Sollten Regeln verhandelbar und flexibel sein? Warum bzw. warum nicht?
- Ist die gleichrangige Behandlung von Schülern dasselbe wie eine faire Behandlung? Begründe deine Antwort.

Teilen Sie die Klasse in Zweiergruppen auf. Stellen Sie den Schülern das Fallbeispiel von Marco und Lisa vor. Die Kinder sollen überlegen, welche Konsequenzen für Marco und Lisa angemessen sind, und ihre Ergebnisse mit einer Begründung in ihr Friedensheft schreiben. Zum Schluss tragen die Schüler ihre Lösungen vor und diskutieren sie mit den anderen.

Lektion
Verhalten verändern

Ziel: Einsicht vermitteln, dass unangemessenes Verhalten nicht nur beendet, sondern verändert werden sollte. Die Kinder darin unterstützen, unangemessenes durch angemessenes Verhalten zu ersetzen: eine konkrete Vorstellung von der jeweils angemessenen Verhaltensweise entwickeln, das neue Verhalten wiederholt und nachhaltig einüben.

Material: Friedensheft, Bleistifte, für jeden das Arbeitsblatt „Verhaltensweisen umkehren: Aus negativem Verhalten wird positives Verhalten" (siehe Anhang, S. 250).

Arbeitsschritte: Besprechen Sie mit den Schülern die Notwendigkeit, unangemessenes durch angemessenes Verhalten zu ersetzen. Gehen Sie ausführlich darauf ein, dass Verhalten geändert werden kann, wenn man sich genau vorstellen kann, wie man sich besser verhält, und wenn man dies übt.

Teilen sie die Klasse in Zweiergruppen auf. Verteilen Sie das Arbeitsblatt. Die Schüler sollen für jede negative Verhaltensweise eine positive Verhaltensalternative finden. Lassen Sie jede Arbeitsgruppe ein Rollenspiel entwickeln, in dem zunächst eine unangemessene Verhaltensweise und dann ihre positive, angemessene Alternative gezeigt werden.

Vertiefung:
Nach ausreichender Übungszeit zeigen die Arbeitsgruppen ihre Rollenspiele der Klasse. Diskutieren Sie die dargestellten Szenen mit den Schülern.

Besprechen Sie mit den Schülern ausführlich die Notwendigkeit, diese neuen Verhaltensweisen nachhaltig zu üben, damit sich Verhalten dauerhaft verändern kann. Wissenschaftliche Untersuchungen haben gezeigt, dass eine neue Verhaltensweise im Durchschnitt drei Wochen lang geübt werden muss, um sie als neue Gewohnheit im Verhalten einer Person zu verankern oder um eine alte Gewohnheit dauerhaft aufzugeben.

Ergänzendes/klassenübergreifendes Unterrichtsangebot: Die Schüler können ihre Rollenspiele in anderen Klassen aufführen und so veranschaulichen, dass unangemessenes Verhalten nicht nur aufgegeben, sondern durch angemessenes, positives Verhalten ersetzt werden sollte.

4. Baustein: Konfliktlösung und Gewaltprävention

Theorie

„Wir müssen eine Alternative zur Gewalt finden. Der alte Grundsatz ‚Auge um Auge' macht schließlich jeden blind."   *Martin Luther King Jr.*

Konfliktsituationen sind naturgegebene und unvermeidliche Bestandteile sozialer Interaktion, sobald zwei oder mehr Menschen zusammenkommen. Sowohl einfache Missverständnisse als auch ernste Meinungsverschiedenheiten, unterschiedliche Überzeugungen, Bedürfnisse, Zielsetzungen, Traditionen usw. sorgen oft für Zündstoff. Das Problem liegt nicht in den Konflikten selbst, sondern darin, wie mit ihnen umgegangen wird. Konflikte kann man akzeptieren, Gewalt nicht – gleichgültig ob in verbaler oder anderer Form. Unsere Gesellschaft ist leider oft nicht fähig, Konflikte in fairer und friedvoller Weise zu bewältigen. Besonders alarmierend ist dabei, dass Kinder und Jugendliche davon überzeugt sind, Konflikte seien ein Grund und geradezu eine Berechtigung für Gewalttätigkeit, aggressives Handeln und Vergeltung. Einsicht und Verstehen, Bewältigung von Konflikten und Kooperation mit anderen werden Kindern und Jugendlichen in der Regel nicht mehr gezielt im Sinne von persönlich erstrebenswerten Fähigkeiten vermittelt. Dieser Trend setzt eine Dynamik in Gang, die droht, außer Kontrolle zu geraten. Die Schule als Ort der Erziehung ist in optimaler Weise geeignet, diese Entwicklung abzuwenden.

Langzeitstudien haben ergeben, dass Kinder mit Problemverhalten, deren aggressiven Verhaltensweisen erzieherisch nichts entgegengesetzt wurde, später kaum in der Lage sind, ihr Leben eigenverantwortlich zu führen, und daher in der Mehrzahl auf finanzielle Zuwendungen sozialer Leistungsträger angewiesen sind. Besonders in der Schule fallen sie durch Leistungsversagen auf und bleiben auf einem vergleichsweise niedrigen Lernstand, der oft nicht ihrem tatsächlichen Leistungsvermögen entspricht. Erhöht aggressives Verhalten und Gewalttätigkeit werden von diesen Kindern, deren Selbstwertgefühl gravierend geschädigt ist, als einzige Möglichkeit erlebt, sich selbst zu beweisen und über soziale Macht und Kontrolle zu verfügen, und dient als Kompensation von Misserfolgen in der Schule und sozialer Isolation.

Konfliktlösung und Gewaltprävention setzen Fähigkeiten sozialer Wahrnehmung voraus. Soziale Situationen zu erfassen und zu unterscheiden, was „da draußen" (in der Welt) und „hier drinnen" (in mir selbst) vorgeht, sind grundlegende Fähigkeiten, die aufgebaut werden müssen, um Konflikte erfolgreich zu bewältigen. Das Bewusstsein für das eigene Verhalten und das Verhalten anderer bedingt problemlösendes Handeln. Aktives problemlösendes Handeln wiederum bereichert und vertieft die eigene soziale Wahrnehmung.

Innensteuerung versus Außensteuerung

In unserem Alltag beobachten wir unablässig alles, was sich um uns herum ereignet. Entweder uns gefällt, was wir sehen, oder es erregt unser Missfallen oder es ist uns gleichgültig. Anders ausgedrückt: Wir bewerten es nach der schlichten Formel „Ziehe ich einen Nutzen daraus oder nicht?". Von der Zuordnung der Ereignisse in diese beiden Kategorien leiten wir unser Handeln ab. Besteht die persönliche Weltsicht eines Menschen darin, dass die äußeren Bedingungen weitgehend sein Gefühlsleben und seine Lebensweise bestimmen, wird er einen Großteil seiner persönlichen Energie dafür aufbringen, eben diese äußeren Bedingungen zu verändern bzw. anzupassen. Dieses Bemühen entpuppt sich in der Regel als zeitaufwändiges, kräftezehrendes und nur zu oft vergebliches Unterfangen.

Ist sich eine Person hingegen bewusst, dass das eigene Wohlergehen eher davon abhängt, wie sie sich selbst zu einer gegebenen Situation stellt, und kennt sie ihre eigenen Gefühle dazu, gewinnt sie Kontrolle und Einfluss über ihr Leben. In der Interaktion mit anderen Menschen steht die Person zu sich selbst und ihren Gefühlen, ohne andere in ihrer Person zu verletzen oder zu kritisieren. Auf diese Weise macht sie auf die eigene „innere Welt" aufmerksam und drückt Bedürfnisse aus, ohne Versagen oder Schuld bei anderen zu suchen.

Die Förderung der sozialen Wahrnehmung befähigt, unter Berücksichtigung der eigenen Gefühle und Bedürfnisse auf sozial angemessene und konstruktive Weise zu reagieren. Dazu gehören folgende grundlegende Aspekte:

- die eigenen Gefühle kennen und erkennen;
- die Gefühle anderer erkennen und verstehen;
- Handlungsmöglichkeiten erkennen: Wann soll man wie reagieren?

Folgende Fähigkeiten bedürfen gezielter Förderung und führen zu einer erweiterten Wahrnehmungsfähigkeit und zu differenzierten Verhaltensweisen:

- aktives Zuhören;
- sich klar und präzise mitteilen (Ich-Botschaften);
- nicht wertender Umgang mit anderen, Fehler nicht bei anderen suchen, sich persönlicher Urteile enthalten;
- Gefühle angemessen und selbstbewusst ausdrücken;
- problemlösendes Handeln konkret einsetzen.

Beispiel

Bitte stellen Sie sich die folgende Situation vor: Sie stehen in der Warteschlange vor der Kinokasse. Plötzlich drängelt sich eine Schülerin vor – auf den Platz vor Ihnen.

Bei einer undifferenzierten Wahrnehmung denken Sie vielleicht spontan: „So eine Gemeinheit! Die hat sich vorgedrängelt!" Sie spüren Wut und schnauzen die Schülerin grob an, woraufhin sie weggeht. Nun fühlen Sie Macht und Selbstgerechtigkeit: „Na bitte, sie ist weg. Also hatte ich Recht!"
Trotzdem fühlen Sie sich tief im Inneren unzufrieden.

Bei einer differenzierten Wahrnehmung haben sie den Vorgang beobachtet und denken vielleicht: „Nanu? Hat sie nicht aufgepasst? Ist sie heute schlecht gelaunt? Vielleicht hat sie einfach schlechte Manieren!" Sie können Ihre Gefühle differenziert wahrnehmen und merken: „Das ärgert mich jetzt. Ich fühle mich ignoriert und unfair behandelt." Sie weisen die Schülerin auf ihr unhöfliches Verhalten hin, aber verlangen nicht, dass sie weggeht. Sie sind mit sich und der Situation zufrieden, weil sie ihre Meinung zum Ausdruck gebracht haben, ohne Ihrerseits selbstgerecht zu werden.

Wir Lehrer sollten die Schüler darin unterstützen, zunehmend differenzierter verschiedene Situationen wahrzunehmen und auf sie zu reagieren. Damit helfen wir ihnen, für Konflikte konstruktive Lösungen zu finden und Gewalt erfolgreich zu vermeiden. Rollenspiele und Sketsche eignen sich gut dafür, im Unterricht mit den Schüler tagtägliche Konfliktsituationen zu analysieren und angemessene Handlungsstrategien für sie zu finden.

Einfühlungsvermögen

Die Gefühle anderer verstehen und sich in andere Menschen hineinversetzen zu können bedeutet eine wertvolle und bereichernde Fähigkeit, die vermittelt und erlernt werden muss. Einfühlungsvermögen entwickelt sich nicht von selbst. Sie kann in jedem Lebensalter erworben werden – je eher, desto besser. Erwachsene Straftäter, die in ihrer Jugend andere bedroht, eingeschüchtert oder aggressiv behandelt haben, zeigen als Persönlichkeitsmerkmal eine weitgehende Unfähigkeit, sich einfühlsam in die Gefühle anderer Menschen hineinzuversetzen. Sie leben in ihrer begrenzten, isolierten Welt aus intensiven Emotionen und Gefühlen. Wenn Einfühlungsvermögen regelmäßig gelehrt und eingeübt wird, nimmt das Vorkommen von Schikane, Aggression und Gewalt an Schulen drastisch ab. Zugang zu den eigenen Gefühlen zu haben, aktiv zuzuhören, in Ich-Botschaften und ohne eine allgemeine Vorwurfshaltung zu reden sind wesentliche Elemente für die Entwicklung von Einfühlungsvermögen.

Gefühle kennen und erkennen

Gefühle drücken aus, was wir über uns, andere Menschen und über unsere Interaktionen mit unserer Umwelt denken und empfinden. Viele unserer Gefühle, wie die Angst vor Feuer oder die Liebe zu einem neugeborenen Kind, wurzeln tief in unserer Evolutionsgeschichte. Andere Gefühle werden direkt oder indirekt durch persönliche Erfahrung und durch die Eindrücke aus der Umwelt gelernt. Die eigenen Gefühle genau zu kennen führt nicht allein zu einem positiven Gefühl für sich selbst, sondern ist eine wesentliche und grundlegende Voraussetzung, um wirksam kommunizieren und Konflikte bewältigen zu können. Die Gewissheit, dass nicht unsere Gefühle uns beherrschen, sondern dass wir unsere Gefühle lenken können, ist einer der Schlüssel zu persönlicher Reife. Zu wissen, was wir fühlen, und sicher zu sein, nicht zum Opfer unserer Emotionen zu werden, ebnet uns den Weg zu einem stabilen, gesunden und selbstbewussten Leben.

Nehmen wir zum Beispiel einen Jungen, der der Kleinste in seiner Klasse und darum völlig eingeschüchtert ist. Oft muss er erleben, dass er von den anderen ausgeschlossen, übersehen und gehänselt wird. In einem solchen Fall kann es hilfreich sein herauszufinden, welches Spektrum an Gefühlen er innerlich durchlebt. Trauer und Wut sind in einer solchen Situation durchaus verständlich. Es ist zu hoffen, dass er die Gefühle, die er erfährt, benennen kann. Die Chance auszusprechen, dass er glaubt, weniger wert zu sein als die anderen (weil er kleiner ist als sie), oder dass er sich abgelehnt fühlt (weil er eben anders ist), gibt dem Schatten, der auf seinen Gefühlen lastet, einen Namen. Eine solche Situation ist ein gut geeigneter Ausgangspunkt, um Unterschiede im körperlichen Erscheinungsbild mit den Schülern zu diskutieren.

Ein Vorschlag dazu ist eine Unterrichtsstunde zum Thema „Akzeptanz von Unterschieden". Persönliche Unterschiede und Eigenheiten, wie sie jeder aufzuweisen hat in Körpergröße, Hautfarbe, Gewicht usw., werden hier unter die Lupe genommen (siehe Lektion „Wenn ich an deiner Stelle wäre ..." auf S. 180).

Jedem Kind sollte die Gelegenheit gegeben werden, seine Gefühle über seine Eigenheiten als eine veränderbare Variable zu erkennen, die er mit Unterstützung und Übung beeinflussen kann. Wer seinen inneren Wert als Person kennt, wird in die Lage versetzt, sich selbst zu akzeptieren, und folglich besser damit umgehen können, wenn ihm durch andere Schwierigkeiten oder Verletzungen zugefügt werden.

Wer außerdem die eigenen Gefühle erforscht und erkennt, sie entweder bestätigt oder aus eigener Überzeugung verändert, wer zudem das natürliche Gespür dafür stärkt, was für ihn persönlich richtig ist, schafft die Voraussetzungen für ein gesundes Selbstwertgefühl und für starke, gesunde Beziehungen und Interaktionen mit anderen Menschen.

Um die Gefühle anderer Menschen verstehen zu können, müssen wir zuerst unsere eigenen Gefühle verstehen. Ist dieser Schritt getan, fällt der nächste Schritt zum Verständnis der Gefühle anderer leichter – insbesondere dann, wenn praktisch daran gearbeitet wurde. Das kann geschehen, indem aktives Zuhören, Verstehen und der Verzicht auf wertende Beurteilung und Vorwurfshaltungen geübt wird.

Aktives Zuhören und Verstehen

Wer lernt, (vor)urteilsfrei wirklich zuzuhören, was eine andere Person sagt, und sich dabei in ihre Überlegungen und ihren persönlichen Hintergrund einhört, wird Verständnis, Einfühlung und vielleicht sogar echtes Mitgefühl aufbringen. Diese Form des Zuhörens wird durch Üben der folgenden Fähigkeiten unterstützt. Schüler sollten dazu ermutigt werden, einige oder alle dieser Fertigkeiten in einer Konfliktsituation oder bei deren Klärung anzuwenden.

Kennzeichen aktiven, aufmerksamen Zuhörens:

- während des Sprechens Blickkontakt halten;
- bestärkende Gesten wie Kopfnicken oder kurze, bestätigende Bemerkungen einsetzen;
- zuhören, ohne eigene Reaktionen sofort zu artikulieren;
- zuhören, ohne das Gehörte wertend zu beurteilen;
- mit der Antwort warten, bis der Sprecher geendet hat;
- bei Unklarheiten gezielt nachfragen;

- das Gesagte zusammenfassen, um sicherzugehen, alles richtig verstanden zu haben;
- berücksichtigen, wie die andere Person sich fühlt.

Kennzeichen nichtaktiven, unaufmerksamen Zuhörens:

- das Thema wechseln;
- den Sprecher unterbrechen;
- sich vom Gesprächspartner abwenden oder wegsehen;
- den Gesprächspartner ignorieren, sich mit etwas anderem beschäftigen (Stift in den Fingern drehen, kritzeln usw.);
- sich über das Gesagte lustig machen;
- despektierliche oder unfreundliche Kommentare abgeben;
- unreflektierte Ratschläge erteilen;
- durch Mimik und Gestik Langeweile zum Ausdruck bringen.

Stephen Covey, der als Autor, Lehrer und Leiter von Fortbildungen viel Anerkennung gefunden hat, äußert sich in vielen seiner Bücher zu der Kunst des aktiven Zuhörens. Mit Recht weist er auf die Tatsache hin, dass wir Jahre unseres Lebens damit verbringen, uns den Gebrauch der Sprache vollständig anzueignen, und Hunderte von Stunden innerhalb und außerhalb des Schulunterrichts aufwenden, um Lesen, Schreiben und Rechnen zu lernen. Aber die wichtigste Fähigkeit von allen, die, die wir täglich brauchen und die entweder zu gegenseitigem Verständnis und Einvernehmen oder zu Missverständnissen und Differenzen führt, ist die Fähigkeit, einem anderen Menschen wirklich zuzuhören. Während unserer Entwicklung wird uns diese Fähigkeit nicht gezielt gelehrt. Normalerweise wird als gegeben vorausgesetzt, dass jeder Mensch grundsätzlich gut zuhören *kann*. Genau diese Annahme führt oft dazu, dass die Kommunikation auseinander läuft oder abbricht – jeder der Beteiligten bleibt gefangen in seiner eigenen Interpretation des gerade Gesagten. Dennoch muss die Frage gestellt werden, wie die Fähigkeit, aktiv und einfühlsam zuzuhören, hätte eingeübt werden können. Die Rollenmodelle, die den meisten von uns zur Verfügung standen, waren selten geeignete Vorbilder in der Anwendung dieser wertvollen Fähigkeit. Als Lehrer sind wir in der glücklichen Lage, als Rollenmodelle für aktives Zuhören zu dienen und den wichtigen Lernprozess der Aneignung dieser Fähigkeit in unsere tägliche Arbeit zu integrieren. Auf diese Weise geben wir Kindern – und nicht zuletzt uns selbst – die Chance, wahrhaftes Zuhören zu praktizieren, wann immer wir mit anderen Menschen in Kommunikation stehen.

„Ich-Botschaften" anstatt „Du-Botschaften"

Aussage 1: „Jedes Mal, wenn ich nach Hause komme, sehe ich, dass du die Küche nicht aufgeräumt hast. Ich habe deine Schlamperei satt. Du denkst an niemand anderen als dich selbst."
Das Wort „Ich" taucht in dieser Aussage zweimal auf. Dennoch ist sie keine Ich-Botschaft.

Aussage 2: „Martina, wenn ich aus dem Büro nach Hause komme, bin ich müde und muss mich erst einmal einige Zeit erholen. Wenn dann auch noch die Küche unordentlich ist, ist das einfach zu viel für mich. Ich habe dann das Gefühl, dass von mir erwartet wird, Ordnung zu machen. Es wäre schön, wenn du dein Geschirr selbst spülst und wegräumst, bevor ich nach Hause komme."

In Aussage 1 und 2 wird derselbe Inhalt mitgeteilt, aber die Formulierung sowie die vermittelte Botschaft unterscheiden sich erheblich. In Aussage 1, einer „Du-Botschaft", wird die empfundene Unzufriedenheit von der frustrierten Person auf die Person, die die Unordnung hinterlassen hat, abgeladen. In der Botschaft sind Beschuldigungen und Vorwürfe enthalten. Die natürliche Reaktion auf einen derartigen Angriff ist ein Gegenangriff. Das bringt die ursprünglich verärgerte Person, die sich dann im Gegenzug angegriffen fühlt, nur noch mehr auf, denn schließlich ist sie nicht für die Unordnung verantwortlich. Dennoch wird sie wahrscheinlich nicht den Irrtum erkennen, der mit der Vermittlung einer persönlichen Zuschreibung verbunden ist, die verletzen kann und in jedem Fall destruktiv wirkt.

In Aussage 2, einer „Ich-Botschaft", drückt die unzufriedene Person ihre Frustration angemessener aus und teilt ihre eigenen Gefühle mit, ohne der anderen Person Fehler und Schuld zuzuschreiben. Die Aussage schließt – ohne dass verletzende oder vorwurfsvolle Worte gebraucht werden – mit ei-

Regeln für Ich-Botschaften
(einfach zu behalten und einfach anzuwenden)

Die andere Person mit Namen ansprechen.	*Martina,*
Die eigenen Gefühle mitteilen.	*ich bin müde und mir wird alles zu viel,*
Das Problem genau beschreiben.	*wenn nach einem Arbeitstag auch noch die Küche unordentlich ist.*
Eine Bitte bzw. einen Wunsch formulieren.	*Es wäre schön, wenn du dein Geschirr selbst spülst und wegräumst, bevor ich nach Hause komme.*

ner Bitte ab, die beschreibt, wie die gleiche Situation in Zukunft beschaffen sein sollte. Diese Ich-Botschaft wird mit großer Wahrscheinlichkeit viel eher als Ausdruck der Unzufriedenheit eines anderen Menschen aufgenommen und weniger als persönlich gemeinter Angriff. Das Gegenüber wird größere Bereitschaft empfinden, offen zuzuhören und auf den Gesprächspartner einzugehen. Eine positive Bewältigung dieser Situation hat daher gute Chancen.

Wenn wir mit anderen Menschen sprechen, können wir tatsächlich nur unsere eigene Wahrnehmung, unser Situationsverständnis und unsere eigenen Bedürfnisse mitteilen. Die Annahme, die Gefühle oder Absichten anderer Menschen präzise einschätzen zu können, beruht auf einem Irrtum. Das kann nur der andere Mensch selbst. Es liegt darum in der Verantwortung des Einzelnen, in zwischenmenschlicher Kommunikation über das, was er denkt und was ihn bewegt, zu sprechen. Die eigenen Gedanken und Gefühle unter Verzicht auf Verbalangriffe mitzuteilen und die eigene Sichtweise auszudrücken, ist ein effektiver Kunstgriff, Konflikten ihre Schärfe zu nehmen oder sie gar nicht erst entstehen zu lassen.

Die Last von Vorwurf und Schuldzuweisung

Einer Person Vorwürfe zu machen bedeutet, ihr die Schuld für eine Sache oder Situation zuzuweisen. Dabei werden ihr damit meist Gefühle von Beschämung vermittelt. Das Resultat ist eine Eskalation der Situation durch gegenseitiges Zuschieben von Anschuldigungen und schließlich eine scheinbare Beilegung des Konflikts, die im Ergebnis dem tatsächlichen Problem ausweicht. Anderen Personen Schuld zuzuschreiben ist das Gegenteil davon, Verantwortung für die eigenen Handlungen zu tragen. Übernähmen alle Beteiligten für ihren Anteil an einer Situation die Verantwortung, würden sich gegenseitige Vorwürfe und Beschuldigungen erübrigen. Eine Lösung für ein Problem wäre dann schnell gefunden. In den meisten Fällen hingegen wird die Kommunikation durch Schuldzuweisungen schwer belastet.

Der Teufelskreis gegenseitiger Vorwürfe entsteht durch Schuldgefühle der beteiligten Personen. Wer sich schuldig fühlt oder glaubt, etwas falsch gemacht zu haben, neigt dazu, den Vorwurf von sich abzuwenden und auf andere zu richten, um das Gefühl des eigenen Versagens abzumildern. Vielen von uns wurde das Gefühl, „schlecht" zu sein, vermittelt, als wir kleine Kinder waren: Wenn wir etwas falsch gemacht hatten, hieß es, wir seien „unartig" und daher ein „schlimmer Junge" bzw. ein „schlimmes Mädchen". Da niemand gerne von sich den Eindruck hat, ein schlechter Mensch zu sein, stellen wir uns nicht zu unseren Fehlhandlungen und halten an dem Glauben, „gut" zu sein, fest, indem wir eben diese Handlungen vor uns selber leugnen. Das geschieht in der Überzeugung, das Eingeständnis unserer Fehler würde uns in unserer „Schlechtigkeit" festlegen. Also schieben wir die Schuld auf jemand anders, um uns selbst zu entlasten. Dies wiederum erregt dessen Unwillen, setzt in ihm Schuldgefühle frei.

Schuldzuweisungen vermeiden und Lösungen entwickeln

Wie kann die Kontraproduktivität gegenseitiger Schuldzuweisungen vermieden werden? Eine einfache und wirksame Strategie besteht darin, Vorwürfen keinerlei Raum zu geben und sich stattdessen auf die gezielte Arbeit an einer Lösung zu konzentrieren:

- Alle beteiligten Personen werden aktiv an der Lösungssuche beteiligt.
- Niemandem wird Schuld für die Situation zugeschrieben.
- Es werden keine Fragen nach dem Warum gestellt.
- Alle Beteiligten sind gleichermaßen dafür verantwortlich, dass eine Lösung gefunden wird.
- Falls möglich, werden unbeteiligte Personen mit einbezogen, um eine Lösung zu erarbeiten.

Dieser Ansatz zur Problemlösung ist nicht für jede Situation geeignet, erzielt aber eine effektive Wirkung bei Gruppenproblemen und in besonders verfahrenen Situationen. Gerade Lehrer profitieren von diesem Vorgehen, wenn sie aus Zeitgründen nicht auf andere Techniken der Problemlösung wie den Sprech-Stab (siehe Seite 186) zurückgreifen können.

Eine weitere Möglichkeit, Schuldzuweisungen zu vermeiden, besteht im Einüben von Verantwortungsgefühl. Für diese Kompetenz können Erwachsene in ihrem täglichen Leben als Vorbilder fungieren. Das Bedürfnis, Recht zu haben, ist in beinahe jedem Menschen tief verwurzelt.

Manchmal wird sogar eher das Ende einer Beziehung in Kauf genommen, als dass ein Fehler zugegeben wird. Zur eigenen Verantwortung zu stehen ist eine soziale Kompetenz, die zunächst erlernt werden muss, bevor sie an andere weitergegeben werden kann.

Dazu schlagen wir die folgende Übung vor: Beobachten Sie bei der nächsten Gelegenheit, wenn sich bei Ihnen zu Hause oder bei der Arbeit ein Problem ergibt, den Verlauf der Situation:

In beinahe allen Fällen besteht die erste Reaktion darin, eine andere Person, die verflixte Technik oder sogar Gott im Himmel für die Situation bzw. das Problem verantwortlich zu machen. Anschließend wird die Situation beklagt. Ausführlichkeit und Dauer hängen von der individuellen Grundeinstellung ab. Zu guter Letzt wird nach einer Lösung gesucht oder mit Reparaturarbeiten begonnen.

Probieren Sie in solchen Situationen folgende Handlungsstrategien:

- Übernehmen Sie so bald wie möglich die volle Verantwortung für das Problem, die Situation usw. – auch wenn Sie nichts dafür können! Sagen Sie: „Oh, das muss ich gewesen sein! Ich übernehme dafür die Verantwortung." Das Gefühl spürbarer Entlastung wird die Folge sein. Warten Sie ab, was als Nächstes geschieht ...

- Oder/und unterbrechen oder verkürzen Sie die Phase der Beschuldigungen, indem Sie anbieten, nach einer Lösung zu suchen. Machen Sie Vorschläge, halten Sie Ausschau nach Alternativen, solange Sie sich nicht in dem Muster gegenseitiger Schuldzuweisungen verstricken. Beobachten Sie dann, wie sich die Situation entwickelt.

In einem Lebensmittelgeschäft stieß eine Dame mit ihrem Fuß gegen eine Schachtel mit Müsli, die auf dem untersten Regalbrett stand. Mit ihrer nächsten Bewegung fiel diese Schachtel und mit ihr die Müslipackungen des gesamten unteren Regals auf den Boden. Die anderen Kunden sahen zu der Dame hinüber, als sie ausrief: „Das war ich nicht!" Niemand, auch nicht die Dame, rührte sich, um die Müslipackungen wieder aufzuheben. Ein junger Mann kam herbei und sagte wie nebenbei: „Oh, das muss ich gewesen sein. Lassen Sie mich das in Ordnung bringen." Diese schlichten Worte veranlassten die Umstehenden, gemeinsam die Müslipackungen wieder zurück ins Regal zu stellen. Der junge Mann hatte, ohne jemandem einen Vorwurf zu machen, die Verantwortung übernommen und sich erboten, den Schaden zu beheben.

Wut und Impulskontrolle

„Mit geballter Faust kannst du niemandem die Hand geben."

Indira Gandhi

Das Gefühl von Wut ist eine normale Reaktion auf viele Situationen. Nachrichten über soziale Ungerechtigkeiten und das Wissen, nichts dagegen tun zu können, ist nur ein Beispiel für etwas, was Wutgefühle in uns auslöst. Es ist kein Makel, Wut zu empfinden – entscheidend ist, was wir mit diesem Gefühl tun. Es ist vollkommen inakzeptabel, Wut an einer anderen Person auszulassen und diese seelisch oder körperlich zu verletzen. Unsere Verantwortung besteht darin, angemessen mit Gefühlen von Wut und Ärger umzugehen und einen Weg zu finden, sie in zuträglicher Weise auszudrücken.

Werden im Unterricht Gefühle allgemein und Wutgefühle im Besonderen angesprochen, hilft dies Schülern, ihre Emotionen zu erkennen und sich mit ihnen insgesamt wohler zu fühlen. Sie merken, dass sie in ihrer Gefühlswelt nicht allein sind (siehe Lektion „Wie fühlen sich Gefühle an?", S. 176). Die Kenntnis unserer Gefühle hilft uns, uns selbst besser kennen zu lernen und uns in allen unseren Aspekten zu akzeptieren. Je mehr wir über unsere Gefühle, über unsere Wünsche und Abneigungen und unsere Zielsetzungen wissen, desto ausgeprägter wird unser Gespür dafür, Einfluss und Kontrolle über unser Leben zu besitzen. Dieses Gespür für die eigene Kompetenz führt nicht nur zu weniger Konflikten, es stärkt zudem das Selbstwertgefühl und das Einfühlungsvermögen und lässt uns liebevoller mit anderen umgehen.

Körpersignale

Um Gefühle zu erkennen, ist es hilfreich zu wissen, wie sie auf den Körper wirken:

- Wie wirkt das Gefühl auf meine Atmung?
- Wie wirkt das Gefühl auf meine Hände?
- Wie fühlt sich meine Muskulatur an?
- Fühle ich mich heiß, kalt oder normal an?
- Welche Gedanken gehen mir durch den Kopf?
- Was würde ich jetzt am liebsten tun?

Jeder Mensch hat so genannte „rote Knöpfe", die in bestimmten Situationen, durch Kommentare oder sogar durch die Anwesenheit gewisser Personen gedrückt werden können. Für jeden von uns, besonders für sehr sensible Kinder oder Kinder mit ADS (Aufmerksamkeitsdefizitsyndrom), ist es von großem Nutzen, solche Auslöser für Wutgefühle zu erkennen. Wer auf solche auslösenden Situationen vorbereitet ist, kann die eigene Wut besser kontrollieren und läuft weniger Gefahr, von ihr dominiert zu werden.

Die Kontrolle von Wutgefühlen beginnt damit, ihre körperlichen Anzeichen zu erkennen. Dann kann man Maßnahmen ergreifen, Wut angemessen zu kanalisieren. Folgende Techniken helfen:

- dreimal tief ein- und ausatmen;
- eine Auszeit zur Beruhigung nehmen;
- an etwas denken, das Ruhe oder Gefühle der Zufriedenheit vermittelt;
- langsam rückwärts von 10 bis 1 zählen;
- ein Selbstgespräch führen, sich Selbstbotschaften senden.

Manchmal staut sich ein Übermaß an Spannung im Körper an, sodass angemessen „Dampf abgelassen" werden muss. Die entsprechende Fähigkeit besteht darin, diese enorme Energie zu kanalisieren, ohne sich selbst oder jemand anderen zu verletzen, und sich selbst Zeit zu geben, um sich innerlich wieder zu sammeln. Von Spannung und innerem Druck befreit kann das jeweilige Problem ruhig und angemessen angegangen werden. Wenn Wutgefühle überhand nehmen, gibt es zwei effektive Möglichkeiten, damit umzugehen:

> Eine Schule im amerikanischen Bundesstaat New York hat mit einem Programm begonnen, in dem im wahrsten Sinne des Wortes der Wut „Beine gemacht" werden. Die Idee dazu entstand, als einige Lehrkräfte während der Pause Kinder, in denen sich während des Unterrichts viel Frustration und Ärger aufgebaut hatte, dazu ermunterten, ihren Bewegungsdrang als Ventil für angestaute Gefühle zu nutzen. Die Kinder nahmen das Angebot begeistert an, zusammen mit anderen „unter Dampf" stehenden Mitschülern viermal um den Schulhof zu rennen. Diese Maßnahme hatte so viel Erfolg und machte den Kindern so viel Spaß, dass die Gruppe sich von da ab regelmäßig traf, um ihrer Wut „Beine zu machen".
> Diese Gruppenaktivität ist nun fester Bestandteil des Pausengeschehens. Sie ist für die Schüler aller Altersstufen offen und hat das Frustrations- und Wutpotenzial dieser Kinder erheblich gesenkt. Damit ist ein weiteres Mal erwiesen, dass der bewusste Einsatz von Sport und körperlicher Anstrengung in hohem Maße dazu beiträgt, Aggressionen zu reduzieren. Lässt sich an einer Schule keine feste Gruppe einrichten, sollte man mit den Kindern besprechen, welche Vorteile es hat, seiner Wut „Beine zu machen" und sie einzeln dazu zu ermuntern, eine Rennpause einzulegen, wann immer dies möglich ist.

Ein weiterer Weg, sich von Wutgefühlen zu befreien und zur Ruhe zu kommen besteht darin, sich innere Spannungen von der Seele zu schreiben. Dabei werden alle Einfälle, Eindrücke und Gedanken quasi „aus dem Bauch" zu Papier gebracht – ohne Rücksicht auf Rechtschreibung, Stil oder Grammatik. Angefangene Sätze dürfen unvollständig bleiben. Regeln gibt es nicht. Es kommt einzig darauf an, den Stift und den Verstand in Bewegung zu halten, bis alle angestauten Frustrationen sowie Spannungen und innerer Druck ihren Weg auf das Papier gefunden haben. Damit wird nicht nur eine befreiende Wirkung erzielt. Die Möglichkeit, auszudrücken, was einen tatsächlich stört, erbringt oft erstaunliche Resultate. Unerwartete Erkenntnisse und bisher unterdrückte Gefühle kommen an die Oberfläche, können freigesetzt und sogar nutzbar gemacht werden. Es lohnt sich, dieses Verfahren auszuprobieren, wenn wieder einmal der Drang, aus Wut „alles kurz und klein zu schlagen", übermächtig wird.

Konfliktbewältigung

Was wir Kindern vermitteln möchten, ist nicht allein die Kenntnis, wie man Konflikte friedlich löst, sondern warum diese Fähigkeit so wichtig ist. Einen Streit mittels verbaler Aggression oder geballten Fäusten auszufechten, führt zu Dauerkonflikten, verletzten Gefühlen und einer negativ geprägten Grundstimmung bei allen Beteiligten. Auch dann, wenn das gesamte Rüstzeug zur Kontrolle von Wutgefühlen, zur Steuerung von Impulsen und zum Einsatz konstruktiver Kommunikationsfähigkeiten aufgeboten wird, werden immer wieder Konfliktsituationen entstehen. Bei der Bewältigung von Konflikten ist es wichtig, die folgenden zentralen Aspekte zu berücksichtigen:

- für die Lösung eines Konflikts einen angemessenen Zeitpunkt und einen geeigneten Ort bestimmen;
- ohne Wertungen alle Fakten zusammentragen;
- jeder Person Raum geben, die eigene Sichtweise mitzuteilen;
- während des Konfliktlösungsprozesses Fähigkeiten des aktiven Zuhörens einsetzen;
- sich über Ich-Botschaften mitteilen;
- alle Beteiligten in die Suche nach einer Lösung mit einbeziehen;
- Kompromissbereitschaft zeigen.

Schritte konstruktiver Problemlösung:
Die folgenden Punkte stellen die einzelnen Schritte dar, die zu effektiver und fairer Problemlösung führen:
1. Beschreibung und Definition des Konflikts
2. Aktives Zuhören
3. Ausdruck von Gefühlen, Sichtweisen, Ich-Botschaften
4. Brainstorming
5. Auswahl von Lösungen
6. Vereinbarungen, Wiedergutmachungen, Kompromisse

Beschreibung und Definition des Konflikts

Um ein Problem lösen zu können, muss zunächst geklärt werden, worin es besteht. Sind zwei oder mehr Personen an einem Konflikt beteiligt, wird es mindestens zwei verschiedene Sichtweisen über die Ursachen geben. Um den Gesamtzusammenhang erfassen zu können, ist es unerlässlich, dass alle Beteiligten zu Wort kommen. Erst dann kann mit der Lösung des Problems begonnen werden.

Was ist wann und wie passiert? Im Normalfall löst diese Frage eine wahre Flut von Erklärungen und Empörung aus. Nehmen Sie sich darum einen Moment Zeit und machen Sie sich bewusst, dass es um eine Situation oder einen Problempunkt geht und nicht um die Person, auf die sich die Emotionen richten. Halten Sie sich bei Konfliktlösungen strikt an die Fakten. Vermitteln Sie den Schülern, dass das Problem zwischen den beteiligten Personen steht und nicht in den Personen selbst angesiedelt ist. Diese Vorstellung ist für den Klärungsprozess entscheidend. Wenn wir begreifen, dass jemand, auf den wir wütend sind, kein schlechter Mensch ist, sondern dass er vielleicht etwas getan hat, was nicht in Ordnung war, und möglicherweise sogar dasselbe empfindet wie wir, dann können wir darangehen, eine Lösung für das Problem zu finden. Dementsprechend besteht der erste notwendige Schritt darin, das Problem anzusprechen. Klären Sie so eindeutig und präzise wie möglich den Hergang des Ereignisses – unter Verzicht auf Vorwürfe, Beschimpfungen oder Herabsetzungen. Gehen Sie dann auf den entstandenen Schaden ein, zum Beispiel beschädigtes Material oder Verletzungen. Hier erfüllen Ich-Botschaften eine zentrale Funktion. Zum Schluss fassen Sie in Ihrer Eigenschaft als neutrale Person die Situation zusammen, um sicherzugehen, dass Sie den Hergang des Geschehens korrekt erfasst haben.

Aktives Zuhören und Verwenden von Ich-Botschaften

Kleine Kinder überraschen uns oft mit ihrer Fähigkeit, Gesprächsfetzen, Worte und andere Belanglosigkeiten, von denen wir nicht einmal wussten, dass sie sie mitgehört hatten, wiederzugeben. Der Grund dafür liegt in der Tatsache, dass Menschen, sobald sie auf die Welt kommen, damit beginnen, unablässig Informationen aufzunehmen. In diesem Alter ist alles neu für uns, und mit unseren Sinnen nehmen wir jede Information aus unserer Umgebung auf und machen uns so ein Bild von unserer Umwelt. Deshalb ist es wichtig und notwendig, dass Erwachsene besonders in Anwesenheit von Kindern Sprache als Ausdrucksmittel verwenden. Während wir heranwachsen, wiederholt sich jedoch das Gehörte so oft, dass wir beginnen, neue Informationen zu überhören. In der Annahme, bereits zu wissen, was gesagt wird, achten wir nicht mehr bewusst auf das, was uns unser Gesprächspartner gerade mitteilen möchte. An diesem Punkt hören wir auf zuzuhören. Wir glauben zu hören, was wir bereits wissen, was wir erwarten zu hören oder was wir schon gehört haben. Tatsächlich vertreten wir oft den Standpunkt, *genau* zu wissen, was gesagt wurde, und sind dann selbst überrascht, wenn unsere Überzeugung sich als falsch herausstellt.

Die wesentliche Voraussetzung für intensives, zugewandtes Zuhören besteht in der *Fähigkeit, den eigenen inneren Dialog bewusst abzuschalten, während eine andere Person spricht.* Es ist wichtig, nicht die eigene Antwort bereits vorzubereiten, während jemand anders redet. Vielmehr sollten ihre Mitteilungen bei uns angekommen sein, bevor wir uns die Zeit nehmen, sie zu bewerten und unsere eigene Antwort dazu zu formulieren. Aktives Zuhören als konzentriertes Hören auf Mitteilungen und Botschaften lässt uns in intensivierter Weise Interaktionen und Verbindungen mit anderen Menschen erleben. Auch dem Gesprächspartner werden so zwischenmenschliche Erfahrungsmöglichkeiten eröffnet, denn die meisten von uns kennen die Sehnsucht danach, bei einem anderen Menschen offenes, aufmerksames und einfühlsames Gehör zu finden.

Gefühle ausdrücken – die eigene Sichtweise darlegen

Ist die Problemsituation umrissen und sind alle Beteiligten bereit, einander zuzuhören, sollte *jedem* Gelegenheit gegeben werden, seine eigene Sichtweise darzulegen. Dies sollte möglichst in Form von Ich-Botschaften erfolgen. Jeder sollte wissen, dass niemand voll und ganz Recht hat. Alle Beteiligten nehmen auf ihre Weise ihre Handlungen und Gefühle wahr. Diese persönliche Wahrnehmung kann nicht in Frage gestellt oder diskutiert werden. Es gibt weder „richtige" noch „falsche", sondern nur *andere, voneinander verschiedene* Ansichten oder Standpunkte zu demselben Sachverhalt. Diese unterschiedlichen Sichtweisen bedürfen der gleichrangigen, urteilsfreien Betrachtung (siehe Lektion „Der Sprech-Stab", S. 182).

Brainstorming

Im nächsten Schritt werden Ideen für mögliche Lösungswege gesammelt. Es handelt sich hierbei um eine in vielerlei Hinsicht grundlegende Strategie der Problemlösung. Die Ideensammlung bezieht alle Beteiligten in den Prozess der Lösungssuche ein. Es gibt Raum für ein breites Spektrum möglicher Lösungswege und ebnet den streitenden Parteien den Weg zum Friedensschluss. Für das Zusammentragen von Ideen gelten einfache Regeln, die den Schülern vermitteln, wie dieser Schritt vollzogen wird:

- Jede Idee ist grundsätzlich willkommen – auch solche Vorschläge, die zunächst verrückt oder undurchführbar erscheinen.
- Es werden so viele Ideen wie möglich auf einem Tisch ausgelegt.
- Kein Vorschlag wird unterbrochen, diskutiert oder bewertet.

Lösungssuche

Nun werden die Lösungsvorschläge erneut betrachtet und aussortiert. Nur sichere, faire und praktikable Vorschläge bleiben. Diese Möglichkeiten werden nun diskutiert, anschließend entscheidet sich die Gruppe für eine oder zwei Lösungen, die zunächst zur Bewältigung des Konfliktes herangezogen werden sollen. Die ausgewählte Lösung wird in konkrete Handlungsschritte strukturiert, wobei auch die Personen bestimmt werden, die die jeweiligen Schritte umsetzen sollen. Die Schüler werden von der Lehrerin dabei unterstützt, die gefundene Lösung in die Tat umzusetzen.

Beinhaltet eine Lösung eine Wiedergutmachung oder einen Kompromiss, erfahren Kinder auf diese Weise, dass sie nichts zu verlieren haben, wenn sie dabei helfen, eine entstandene Problemsituation zu korrigieren. Im Gegenteil – sie gewinnen so den Respekt der Mitschüler, sie haben einen Grund, auf sich selbst stolz zu sein, und es bestärkt sie in ihren guten Absichten.

Ist für den betreffenden Schüler eine verbale Entschuldigung zu schwierig, sollte er dazu ermutigt werden, sich in schriftlicher Form zu entschuldigen. Bedingt die gefundene Lösung eine Entschuldigung, bietet die folgende kurze Anleitung dem betreffenden Schüler Hilfe und Rückhalt:

Hilfen für Entschuldigungen (einfach zu behalten und einfach anzuwenden)	
Die andere Person mit Namen ansprechen:	*Stefan,*
Sagen, dass es einem Leid tut:	*es tut mir Leid,*
Genau sagen, was einem Leid tut:	*dass ich hinter deinem Rücken so über dich geredet habe.*
Wiedergutmachung anbieten:	*Ich werden die falschen Behauptungen richtig stellen. Ich werde so etwas nicht wieder tun. Bitte verzeih mir.*

Regeln für Rollenspiele

In vielen Lektionen zu Konfliktlösung und Gewaltprävention ist das Rollenspiel am besten dafür geeignet, soziale, kommunikative und empathische Fähigkeiten zu üben. Die folgenden Vorschläge helfen dabei, Rollenspiele erfolgreich einzusetzen:

- Stellen Sie zunächst der ganzen Gruppe das Thema des geplanten Rollenspiels vor.

- Stellen Sie die gedachte Szene, die gespielt werden soll, so detailliert vor, wie es die Unterrichtsplanung erfordert.

- Erlauben Sie denen, die mitspielen wollen, teilzunehmen oder suchen sie nach Freiwilligen. Versuchen Sie, im Laufe der Zeit auch eher zurückhaltende Schüler ins Rollenspiel einzubinden.

- Beteiligen Sie die zuschauenden Schüler, indem sie Beobachtungsaufträge bearbeiten oder indem sie die Spieler in irgendeiner Weise unterstützen.

- Erinnern Sie die Schüler daran, dass sie nur eine Rolle annehmen und sie selbst als Person im Hintergrund bleiben.

- Behalten Sie die Zeit im Auge.

- Schließen Sie die Stunde damit ab, dass Sie das Rollenspiel rückblickend mit den Schülern besprechen.

Ob wir nun wollen oder nicht – als Lehrer sind wir Vorbilder. Diese Tatsache können wir nutzbar machen, um unseren Schülern konstruktive Beispiele dafür zu liefern, wie man mit den Herausforderungen, die jedem Menschen

Das Wichtigste dieses Kapitels in Kürze

Mit folgenden Empfehlungen können Sie das Vorkommen von Konflikten im Alltag begrenzen:

☑ Anwenden von kommunikativen und empathischen Fähigkeiten wie „Ich-Botschaften" und aktives Zuhören, Verzicht auf wertende Beurteilungen.

☑ Die Auslöser für Wutgefühle identifizieren und angemessene Umgehensweisen entwickeln, körperliche Signale deuten lernen.

☑ Techniken zur Kontrolle von Wut und Impulsen oder Techniken zur Kanalisierung von Gefühlen anwenden, bevor auf die Situation reagiert wird.

☑ Wird ein Konflikt unvermeidbar, folgen Sie den Schritten zur konstruktiven Problemlösung und beginnen Sie mit der Problembeschreibung als erstem Schritt.

☑ Sprechen Sie das Problem an, kritisieren Sie nicht die Person. Verzichten Sie auf Wertungen und Vorwürfe und respektieren Sie das Gehörte.

☑ Übernehmen Sie Verantwortung für die eigenen Handlungen.

☑ Bei den Lösungsideen ist weitgehende Kreativität gefragt. Lösungen, in denen es nur Gewinner gibt, werden bevorzugt gesucht. Es sollte eine Bereitschaft zur Entschuldigung und Wiedergutmachung geben.

begegnen, umgehen kann. Es liegt an uns, unseren Schülern diese Fähigkeiten zunächst im Alltag vorzuleben, damit sie daraus ableiten können, wie Konflikte friedvoll bewältigt werden und wie man miteinander in mitmenschlicher Weise umgeht. Der nächste Schritt im Lernprozess besteht in der gezielten Vermittlung dieser Fähigkeiten im Unterricht. Nutzen Sie aktuell auftretende Konfliktsituationen, in denen die Schüler diese Fähigkeiten anwenden können. Dazu gehören auch solche Situationen, die sich im Laufe eines Schultages außerhalb des regulären Unterrichts ergeben. Sie eignen sich besonders, um Schüler in der Entwicklung ihrer sozialen, kommunikativen und empathischen Fähigkeiten zu unterstützen.

Mögliche Fragen und Einwände

◇ *„Wie bringe ich frustrierte und von Wut erfüllte Kinder dazu, sich hinzusetzen und diese Handlungsschritte zu erarbeiten? Das klappt doch nie!"*
Diese Fähigkeiten und Handlungsschritte müssen in einer konfliktfreien Situation eingeübt werden. Stehen regelmäßige Stunden zur Friedenserziehung auf dem Stundenplan, wird die Vermittlung aller notwendigen Kompetenzen abgedeckt. Wenn es dann zum Konflikt kommt, können die Kinder bereits auf einige Erfahrungen im Umgang mit Problemen zurückgreifen. Für Lehrer ist es dann einfacher, die Beteiligten auf die bereits vermittelten Techniken zurückzuführen.

◇ *„Wie gehe ich mit Schülern um, deren häusliche Umgebung ein hohes Problempotenzial aufweist und die aggressives Verhalten als Bewältigungsstrategie für Konflikte bereits gelernt haben?"*
Hierbei handelt es sich um eine grundlegende Fragestellung, der man immer wieder begegnen wird. Die Erfahrung in Hunderten von Schulen hat gezeigt, dass Kinder, denen im Unterricht gezielt effektive Kompetenzen zur Bewältigung von Konflikten vermittelt wurden, über diese Handlungskompetenz verfügen – unabhängig von ihrer häuslichen Situation. In einzelnen Fällen wurden solche Fähigkeiten sogar durch die Kinder den Eltern weitervermittelt. Alle Kinder, die diese Fähigkeiten regelmäßig lernen und üben, erhöhen ihre Kompetenz, Konflikte friedlich zu bewältigen.

Lektionen zum 4. Baustein:
Konfliktlösung und Gewaltprävention

Lektion

Was ist ein Konflikt?

Ziel: Verständnis dafür entwickeln, wie ein Konflikt entsteht und woran er zu erkennen ist.

Material: Zeichenblock, Filzstifte, Bleistifte, Buntstifte.

Arbeitsschritte: Geben Sie den Schülern den Auftrag, ein Bild zu malen, das einen Konflikt darstellt. Stellen Sie ihnen dazu die Aufgabe, fünf Begriffe aufzuschreiben, die das Wort „Konflikt" beschreiben.

Vertiefung: Geben Sie den Schülern ausreichend Zeit, ihre Aufgabe zu bearbeiten. Die Bilder werden im Klassenraum aufgehängt. Geben Sie den Schülern ein wenig Zeit, die Bilder auf sich wirken zu lassen. Lassen Sie die Schüler ihre Beschreibungen von „Konflikt" vorlesen. Sie können zusammengefasst und als Definitionen auf einem Plakat oder im Friedensheft notiert werden.

Diskussionspunkte:

- Erlebt jeder Konflikte in seinem Leben?
- Mit wem können wir in Konflikt geraten?
- Könnt ihr ein Beispiel für einen Konflikt nennen, den ihr vor kurzem erlebt habt? Bitte nennt keine Namen. Wie habt ihr euch verhalten?
- Wie reagiert ihr normalerweise in einem Konflikt?
- Muss an einem Konflikt immer körperliche Aggression beteiligt sein?
- Welche anderen Formen von Konflikten gibt es?
- Warum erleben wir Konflikte? Besprechen Sie mit den Schülern, dass jede Person einzigartig ist, dass jeder von uns in individueller Weise denkt, eigene Sichtweisen vertritt und persönliche Erwartungen aufbaut. Als Folge dieser Unterschiede kann es zu Konflikten kommen.
- Ist Konflikt etwas Schlimmes oder nicht?
- Fordern Sie die Schüler dazu auf, ein Beispiel dafür zu geben, dass ein Konflikt zu positiven Resultaten geführt hat.
- Können Konflikte uns dabei helfen, für uns zu lernen und unsere Fähigkeiten auszubauen? Auf welche Weise?

- Ist es wichtig, zu versuchen, Konflikte zu vermeiden? Wie können wir das tun?
- Sind Konflikte immer vermeidbar?

Lektion
Mit Konflikten umgehen

Ziel: Ein Bewusstsein dafür entwickeln, wie Menschen mit Konflikten umgehen.

Material: Plakatbögen, Filzstifte.

Arbeitsschritte: Teilen Sie die Klasse in Gruppen zu drei bis vier Schülern auf. Geben Sie den Schülern den Arbeitsauftrag, drei Gründe aufzuschreiben, weshalb Kinder sich streiten. Im nächsten Schritt notieren sie drei Möglichkeiten, wie Kinder mit einem Konflikt umgehen. In einem weiteren Schritt schreiben die Schüler drei Gründe auf, weshalb Erwachsene (Eltern, Lehrer, führende Politiker verschiedener Länder usw.) sich streiten. Zum Schluss notieren sie drei Möglichkeiten, wie Erwachsene mit Konflikten umgehen.

Vertiefung: Nach Ablauf der Arbeitsphase werden die Plakatbögen aufgehängt. Jede Arbeitsgruppe stellt ihre Ergebnisse der Klasse vor. Diskutieren Sie die Gruppenbeiträge mit den Schülern.

Diskussionspunkte:

- Streiten Erwachsene und Kinder aus den denselben Gründen? Begründe deine Antwort.
- Gehen sie mit Konflikten oft in ähnlicher Weise um? Begründe deine Antwort.
- Warum streiten sich Kinder oft aus denselben Gründen und behandeln Konflikte in ähnlicher Weise?
- Welche von den Möglichkeiten, die auf den Plakaten stehen, sind angemessene Wege, um mit Konflikten umzugehen?
- Wie verhältst du dich in Konflikten?
- Sind gewaltsame Lösungen akzeptabel? (Wir müssen das Problem angreifen, nicht die Person.) Machen Sie die Schüler darauf aufmerksam, dass wir Konflikte nicht immer verhindern oder vermeiden können und dass wir wissen sollten, wie man einen Konflikt in angemessener Weise bewältigt. Gemeinsame Problemlösung ist für gewöhnlich der beste Weg.

In manchen Fällen kann ein Konflikt durch die Beteiligten selbst in friedvoller Weise bewältigt werden, in anderen Fällen wird die Hilfe durch eine dritte Person – einen Erwachsenen oder einen Mitschüler-Mediator – erforderlich. Kindern sollten zudem begreifen, dass sie sich in solchen Situationen, in denen ihre Sicherheit gefährdet ist, aus der Situation entfernen sollten (weggehen oder weglaufen). Das Problem kann dann später angegangen werden.

Lektion

Meine Sichtweise – deine Sichtweise

Ziel: Kinder in der Erkenntnis unterstützen, dass Menschen die Situationen, Dinge und Personen ihrer Umgebung auf unterschiedliche Weise wahrnehmen und dass jeder die Sichtweise anderer respektieren muss.

Material: Filzstifte, Bleistifte, Buntstifte, Zeichenpapier (DIN-A3), Auswahl von Plaka-Farben (drei oder vier kräftige Farbtöne).

Arbeitsschritte: Zeigen Sie den Schülern (zunächst ohne Kommentierung), wie mit Hilfe von Farbklecksen ein symmetrisches Klappbild entsteht.
1. Falten Sie ein Blatt Zeichenpapier in der Mitte und klappen Sie den Bogen anschließend wieder auseinander.
2. Geben Sie eine kleine Menge von jeder Farbe entlang der Faltlinie auf das Papier.
3. Klappen Sie den Bogen behutsam wieder zusammen. Bewegen Sie Ihre Hand (als Faust) von der Mitte zu den Außenkanten über das Papier. Während Sie auf diese Weise die Farbe verteilen, können Sie die Form der Farbfläche nach Wunsch beeinflussen.
4. Wenn Sie das Papier anschließend wieder auseinander falten, erhalten Sie ein symmetrisches Klappbild.

Fragen Sie einige Kinder danach, was das Bild aus ihrer Sicht darstellt. Notieren Sie die Antworten an der Tafel. Wählen Sie eine der Antworten aus. Heben Sie mit Hilfe von Stiften den Umriss und Details des Objektes, das in dem Klappbild gesehen wird, hervor. Fügen Sie entsprechende Merkmale und Charakteristika hinzu und entwickeln Sie so ein vollständiges Bild. Umrahmungen, ein passender Hintergrund oder eine Überschrift können noch hinzugefügt werden, um das Kunstwerk zu vollenden.

Im nächsten Schritt fertigen die Schüler eigene Klappbilder auf Zeichenpapier an. Die Verteilung der Farben sollte durch die Lehrerin erfolgen. Haben die Schüler ihr Klappbild fertig gestellt, muss es trocknen, bevor es mit Filz- und Malstiften weiterbearbeitet werden kann. In der Zwischenzeit bearbeiten die Kinder andere Aufgaben in Einzelarbeit.

Vertiefung:
Diskussionspunkte:

- Hat jeder in dem ersten Klappbild der Lehrerin dasselbe gesehen?
- Gibt es eine einzig richtige Möglichkeit, das Bild zu betrachten?
- Ist eine Möglichkeit besser als eine andere?
- Was ist Wahrnehmung?
- Welchen Zusammenhang gibt es zwischen dieser Unterrichtsaufgabe und unserem Alltagsleben?
- Können wir aus dieser Aufgabe etwas lernen, das uns dabei hilft, mit Konflikten umzugehen?
- Warum ist es wichtig zu wissen, dass es meistens mehr als eine Art und Weise gibt, Dinge zu betrachten?
- Sollten wir die Sichtweise anderer Menschen respektieren?
- In Konflikten haben Menschen oft eine unterschiedliche Wahrnehmung von dem, was geschehen ist. Wie können sie den Konflikt lösen, wenn sie die Situation in verschiedener Weise sehen?

Ergänzende Unterrichtsangebote: Die Kinder können eine Geschichte oder ein Gedicht über das, was ihr Klappbild darstellt, schreiben. Menschen und ihre unterschiedlichen Sichtweisen können auch als Thema für eigene Geschichten dienen.

Lektion
Wie fühlen sich Gefühle an?

Ziel: Kinder darin unterstützen, Gefühle zu erkennen. Kinder darin fördern, ein Bewusstsein für unterschiedliche Gefühlsqualitäten zu entwickeln.

Material: Friedensheft, Bleistifte, Arbeitsblatt „Gefühle" (siehe Anhang, S. 252).

Arbeitsschritte: Schreiben Sie die Überschrift „Gefühle" an die Tafel. Fragen Sie die Kinder, was ihrer Ansicht nach Gefühle sind. Die Schüler sollen in fünf bis zehn Minuten so viele verschiedene Gefühle wie möglich in ihr Friedensheft schreiben. Sammeln und notieren Sie die Antworten der Schüler an der Tafel. Falls notwendig, werden einzelne Nennungen genauer erklärt. Wählen Sie einige der genannten Gefühlsqualitäten aus und fragen Sie die Schüler danach, was sie dazu veranlasst, bestimmte Gefühle zu empfinden. Beispiel: „Was macht dich glücklich? Traurig? Wütend?" Dann fragen Sie die Schüler, wie es sich anfühlt, wenn man Glück, Traurigkeit, Wut usw. empfindet. Beispiel: Aufgeregt zu sein fühlt sich an, als ob man an einem Rennen teilnimmt und an der Spitze liegt. Fordern Sie die Schüler nun auf, das Arbeitsblatt „Gefühle" zu bearbeiten. Wenn nötig, geben Sie Erklärungen.

Vertiefung:

Diskussionspunkte:

- Kennst du alle Gefühle, die auf der Liste stehen?
- Hat es dir geholfen, zu beschreiben, wie sich ein bestimmtes Gefühl anfühlt? Warum oder warum nicht?
- Beschreibe, wie sich dein Körper anfühlt, wenn du Glück, Wut usw. empfindest.
- Wie sieht dein Körper aus, wenn du wütend usw. bist?
- Ist es wichtig, anderen deine Gefühle mitzuteilen? Warum oder warum nicht?
- Ist es wichtig, die eigenen Gefühle zu erkennen und zu wissen, wie sich ein bestimmtes Gefühl anfühlt? Warum oder warum nicht?
- Ist es wichtig, die Gefühle anderer Menschen zu erkennen? Warum oder warum nicht?
- Besprechen Sie mit der Klasse, wie wertvoll und nützlich es ist, Verständnis und Einfühlung für die Gefühle anderer Menschen sowie für die Gründe ihrer persönlichen Handlungsweisen aufzubringen – besonders in Konflikten.

Weisen Sie darauf hin, dass man nur dann angemessen mit seinen Gefühlen umgehen kann, wenn man sie kennt und ein Bewusstsein von ihnen hat. Das gilt nicht nur für die eigenen Gefühle, sondern auch für die anderer Personen.

Ergänzende/klassenübergreifende Unterrichtsangebote:

1. Beschreiben Sie eine Situation und lassen Sie die Schüler ergänzen, welche Gefühle in ihnen dadurch ausgelöst werden. Beispiele: „Wenn sich jemand über mich lustig macht, dann macht mich das ...", „Wenn meine Freunde etwas ohne mich unternehmen, fühle ich mich ...", „Wenn ich zu Hause unaufgefordert den Abwasch erledige, bin ich ...", „Wenn ich mich

melde, um etwas zu sagen, und ich werde kaum drangenommen, fühle ich mich ...“.

2. Geben Sie den Schülern den Auftrag, auf zehn Karteikarten jeweils ein Gefühl und die jeweils auslösende Situation zu notieren. Beispiel: „Ich bin glücklich, wenn ...“ Die Aussage kann durch eine kleine Illustration, etwa ein lachendes Gesicht, ergänzt werden. Lochen Sie die Karten an einer Seite und binden Sie sie mit einem Ring zu einem kleinen Buch zusammen. Zum Schluss kann noch ein Titelblatt gestaltet werden.

3. Die Schüler können Gedichte über Gefühle schreiben.

4. Konzentrieren Sie sich bei jüngeren Kindern auf jeweils eine einzelne Gefühlsqualität. Beispiel: Die Schüler sprechen oder schreiben darüber, wie es ist, sich glücklich zu fühlen. Dabei können sie auf Papierblüten oder Papierschmetterlingen schreiben. Die Darstellung eines Clownsgesichts kann für Traurigkeit stehen. Die Kinder können Aussagen dazu auf dem Hut oder auf der Fliege des Clowns notieren.

5. Die Kinder malen Bilder zu einem bestimmten Gefühl, wobei das jeweilige Gefühl als deutliche Überschrift über der Darstellung steht. Die Überschrift selbst kann in ihrer Gestaltung bereits das Gefühl symbolisieren. Beispiel: „Aufgeregtheit“ kann in kräftigen Farben geschrieben werden, statt des „i“ wird ein Ausrufezeichen gesetzt, die Überschrift wird mit einer Zickzack-Linie umrandet.

Lektion
Wut untersuchen

Ziel: Ein Bewusstsein für das Gefühl Wut, für Wut auslösende Situationen und für Handlungsmöglichkeiten im Umgang mit Wut entwickeln. Die Einsicht fördern, dass Wut als Empfindung nicht unangemessen oder negativ ist, sondern dass der Umgang mit ihr darüber entscheidet, ob ein Konflikt entsteht, ob er eskaliert oder ob er deeskalierend beeinflusst werden kann.

Material: Friedensheft, Arbeitsblatt „Von Wut erzählen“ (siehe Anhang, S. 253). Dieses Arbeitsblatt kann je nach Alter der Schüler verändert werden.

Arbeitsschritte: Schreiben Sie die Überschrift „Wut“ an die Tafel. Sprechen Sie mit der Klasse darüber, was Wut bedeutet. Notieren Sie die Antworten der Kinder. Fragen Sie die Schüler, in welchen Situationen sie wütend werden. Besprechen Sie mit den Kindern, dass es zwar durchaus normal und in Ordnung ist, Wut zu empfinden, dass man im Umgang mit ihr allerdings unangemessene von angemessenen Verhaltensweisen unterscheiden muss. Verteilen Sie das Arbeitsblatt „Von Wut erzählen". Geben Sie den Schülern für diese Aufgabe zwanzig Minuten Zeit.

Vertiefung:
Diskussionspunkte:
- Empfindet jeder von uns hin und wieder Wut?
- Ist es in Ordnung, wütend zu sein?
- Ist es in Ordnung, oft wütend zu sein?
- Sind es immer wieder dieselben Dinge, die uns wütend machen?
- Nenne unangemessene Verhaltensweisen, um mit Wut umzugehen. Warum sind sie unangemessen?
- Nenne angemessene Verhaltensweisen, um mit Wut umzugehen. Warum sind sie angemessen?
- Welche Verhaltensweisen gebrauchst du?
- Was empfindest du, wenn andere auf dich wütend sind und dich anschreien?
- Was, glaubst du, empfindet ein anderer Mensch, wenn du ihn anschreist?
- Fragen Sie die Kinder, wie sie sich das nächste Mal, wenn sie wütend sind, verhalten werden.

Lektion
Mit Wut umgehen

Ziel: Verhaltensweisen kennen lernen und trainieren, um mit Wut angemessen umzugehen. Durch Wut ausgelöste Gefühlsqualitäten und Körperreaktionen bewusst wahrnehmen.

Material: Friedensheft, Arbeitsblätter „Wenn ich wütend bin" und „Rollenspiele – Umgang mit Gefühlen" (siehe Anhang, S. 254 f.).

Arbeitsschritte:
Diskutieren Sie mit den Schülern die folgenden Fragestellungen:
- Was empfindest du, wenn du wütend bist?
- Was verändert sich in deinem Körper, wenn du wütend bist?

Beispiele
- „Mein Herz schlägt schneller",
- „Mein Gesicht läuft rot an",
- „Ich fühle mich angespannt",
- „Ich fühle mich, als ob ich jeden Moment explodieren werde".

Notieren Sie die Antworten an der Tafel.

Stellen Sie den Schülern folgende Fragen:
- Ist es sinnvoll, einen Konflikt zu lösen, solange du diese Gefühle empfindest? Warum oder warum nicht?
- Was könnte passieren?
- Wie sollte man sich in dieser Situation verhalten?

Notieren Sie die Antworten auf die letzte Frage an der Tafel. Zeigen Sie das Arbeitsblatt als OHP-Folie und besprechen Sie es mit den Schülern. Die Kinder können eine Kopie für ihr Friedensheft bekommen.

Vertiefung: Teilen Sie die Klasse in Zweiergruppen auf. Weisen Sie jeder Arbeitsgruppe ein Rollenspiel zu. Fordern Sie die Schüler auf, im Rollenspiel folgende Situation darzustellen: Eine Person ist wütend und beginnt mit der Konfliktlösung, bevor sie sich beruhigt hat. Danach spielen die Schüler dieselbe Szene mit der Vorgabe, dass mit der Konfliktlösung begonnen wird, nachdem die wütende Person zur Ruhe gekommen ist. In diesem Rollenspiel brauchen noch keine Lösungen für die gegebenen Konfliktsituationen gefunden zu werden. Vielmehr soll deutlich werden, wie wichtig es ist, vor einem Lösungsversuch die emotionale Kontrolle wiederzugewinnen anstatt impulsiv und von Gefühlen geleitet zu reagieren.

Diskussionspunkte:
- Wie hat die Person, auf die sich die Wut des anderen richtete, reagiert?
- War die Art und Weise, mit der Wut umzugehen, angemessen? Warum oder warum nicht?
- Was war anders, als sich die wütende Person zuerst beruhigt hatte, bevor eine Konfliktlösung begonnen wurde?
- Welches Verfahren hatte mehr Erfolg? Warum?

Lektion
Wenn ich an deiner Stelle wäre ...

Ziel: Verständnis und Bewusstsein für die Bedeutung von Einfühlungsvermögen entwickeln. Verstehen, dass es zwischenmenschliche Beziehungen stärken und Konflikte friedlich lösen kann.

Material: Friedensheft, Schreibpapier, weißes Zeichenpapier (DIN-A3), Bleistifte, Buntstifte, Filzstifte, Arbeitsblätter „Sichtweisen", „Rollenspiele –

Verschiedene Sichtweisen" und Rollenspiel-Beobachtungsbogen (siehe Anhang, S. 256 f.).

Arbeitsschritte: Schreiben Sie an die Tafel die Überschrift „Einfühlungsvermögen – Mitgefühl". Fragen Sie die Kinder, ob sie wissen, was das bedeutet. Notieren Sie die Antworten an der Tafel. Diskutieren Sie die Antworten mit der Klasse. Besprechen Sie mit den Kindern, dass Einfühlungsvermögen beziehungsweise Mitgefühl die Fähigkeit darstellt, die Gefühle eines anderen Menschen zu erkennen, die Sichtweise eines anderen Menschen zu verstehen, auf einen anderen Menschen in mitfühlender, angemessener Weise zu reagieren.

1. Die Kinder sollen im Friedensheft aufschreiben, auf welche Weise man *die Gefühle eines anderen Menschen erkennen* kann. Nach der vorgesehenen Zeit tauschen die Schüler ihre Ergebnisse aus. Gehen Sie darauf ein, dass man die Gefühle erkennen kann, indem man auf die Körpersprache und den Gesichtsausdruck achtet, auf sprachliche Signale wie den Sprachgebrauch und den Tonfall hört und indem man das Geschehen selbst im Auge behält.

2. Wenden Sie sich dann noch einmal dem Aspekt *Wahrnehmung und Sichtweise* von Situationen zu. Beziehen Sie sich auf die Lektion „Meine Sichtweise – Deine Sichtweise" (siehe S. 175). Bieten Sie ein Beispiel für eine Situation an, die auf verschiedene Weise betrachtet und wahrgenommen werden kann (Arbeitsblatt dazu S. 256). Besprechen Sie mit den Kindern, dass Menschen aufgrund unterschiedlicher Erfahrungen unterschiedliche Sichtweisen haben. Solche Erfahrungshintergründe können in der vergangenen oder gegenwärtigen Lebenssituation, durch den Glauben, durch individuelle Bedürfnisse und durch die persönliche Gefühlswelt eines Menschen erworben werden. Das Verständnis für die Sichtweise einer anderen Person trägt wesentlich dazu bei, Beziehungen zu stärken und Konflikte in friedlicher Weise zu bewältigen. Besprechen Sie mit den Kindern, dass jeder darum bemüht sein sollte, die Sichtweisen anderer Menschen zu verstehen und ihre Meinungen zu respektieren. Allerdings muss damit nicht notwendig verbunden sein, der anderen auch zuzustimmen. Vielmehr hat jeder Mensch Anspruch auf seine persönliche Betrachtungsweise.

3. Fragen Sie die Schüler danach, was es bedeutet, auf einen anderen Menschen *mit Verständnis und Mitgefühl zu reagieren.* Vertiefen Sie in der Diskussion den folgenden Aspekt: Wenn man über ähnliche Erfahrungen

verfügt, fällt es leichter, Einfühlungsvermögen zu entwickeln und anderen Menschen mit Verständnis und Mitgefühl zu begegnen.

Teilen Sie die Klasse in Zweiergruppen, die nun ein Rollenspiel erarbeiten sollen. Während die Schüler ihr Rollenspiel vor der Klasse zeigen, bearbeiten die zuschauenden Schüler den Beobachtungsbogen. Diskutieren Sie die Rollenspiele jeweils unter Berücksichtigung der oben aufgeführten Aspekte. Fragen Sie die Zuschauer, ob in dem Rollenspiel zum Ausdruck kam, dass eine Person einen anderen Menschen in einfühlsamer Weise begegnet ist und an welchen Verhaltensmerkmalen das erkennbar wird.

Vertiefung:

Schreiben Sie die folgenden Vorgaben an die Tafel:

- Ich habe mich einmal sehr gefreut, als ich ...
- Ich habe mich einmal sehr geärgert, als ich ...
- Ich bin einmal sehr traurig gewesen, als ich ...

Verteilen Sie an jeden Schüler jeweils ein Blatt Schreibpapier. Fordern Sie die Schüler auf, sich für eine der drei Vorgaben zu entscheiden und den Satz mit einer entsprechenden Situationsbeschreibung zu vervollständigen. Es dürfen auch noch zwei oder drei Sätze zur näheren Erklärung dazugeschrieben werden.

Wenn alle Kinder fertig sind, falten Sie die beschriebenen Blätter zusammen und geben Sie sie als „Lose" in eine Schachtel oder einen Beutel. Danach lassen Sie jedes Kind ein Los ziehen (wer den eignen Zettel erhält, zieht noch einmal).

Verteilen Sie weißes Zeichenpapier. Fordern Sie die Schüler auf, die beschriebene Situation zu malen. Dabei sollen sich die Schüler so genau wie möglich in das Kind einfühlen, das die Situation beschrieben hat.

Anmerkung: Dieser Teil der Aufgabe kann auch in einer nachfolgenden Unterrichtsstunde bearbeitet werden.

Lektion
Aktives Zuhören

Ziel: Ein Bewusstsein dafür schaffen, dass wirksame Kommunikation sowohl auf einfühlsamem Zuhören wie auf Sprechen beruht. Verständnis dafür entwickeln, dass wirksame kommunikative Fähigkeiten – sowohl beim Sprechen als auch beim Zuhören – dazu beitragen, Konflikte zu vermeiden, zu deeskalieren oder zu bewältigen. Diese Fertigkeiten einüben.

Material: Friedensheft, Arbeitsblätter „Aufmerksames Zuhören/Unaufmerksames Zuhören", „Mit anderen sprechen" und „Rollenspiele – Aufmerksames Zuhören" (siehe Anhang, S. 259 ff.).

Arbeitsschritte: Schreiben Sie die Überschrift „Hören" an die Tafel. Fragen Sie die Schüler, was damit gemeint sein könnte. Notieren Sie die Antworten. Dann fügen Sie die Überschrift „Zuhören" hinzu. Fragen Sie die Schüler nach der Bedeutung des Wortes. Notieren Sie wiederum die Antworten. Sprechen Sie mit den Schülern über die Unterschiede. Bitten Sie einen Schüler, nach vorne zu kommen und der Klasse eine Geschichte zu erzählen. Währenddessen soll die Klasse Verhaltensweisen unaufmerksamen Zuhörens zeigen. Besprechen Sie diese Situation anschließend mit der Klasse. Nun erzählt derselbe Schüler seine Geschichte noch einmal. Dieses Mal hört die Klasse aufmerksam zu. Vergleichen Sie gemeinsam mit den Kindern beide Situationen.

Diskussionspunkte:

- Hat der Erzähler seine Geschichte beim ersten Erzählen erfolgreich an die Mitschüler vermittelt? Beim zweiten Erzählen?
- Wie hat sich der Sprecher beim ersten Erzählen gefühlt? Beim zweiten Mal?
- Woran kannst du erkennen, dass dir jemand wirklich zuhört, anstatt dich nur zu hören?
- Woran kannst du erkennen, dass dir jemand nicht aufmerksam zuhört?
- Was kann passieren, wenn du jemandem nicht aufmerksam zuhörst, während er/sie mit dir spricht?
- Warum ist aufmerksames Zuhören so wichtig für den Umgang mit Konflikten?
- Wann fällt es schwer, aufmerksam zuzuhören?
- Wann ist das Zuhören schwierig? Was kann man tun, um die Aufmerksamkeit zu erhöhen?
- Musst du in jedem Fall mit dem, was dir jemand erzählt, einverstanden sein?
- Warum sollten wir immer darauf achten, uns in einfühlsamer Weise mit anderen Menschen zu verständigen?
- Ist eine gute gegenseitige Verständigung immer und in allen Situationen wichtig? Gehen Sie im Gespräch tiefer darauf ein. (Verteilen Sie das Arbeitsblatt „Aufmerksames Zuhören/Unaufmerksames Zuhören", das anschließend in das Friedensheft eingeklebt werden kann. Diskutieren

Sie die Inhalte mit der Klasse. Erinnern Sie dabei an Fähigkeiten kommunikativen Sprechens, vor allem an Ich-Botschaften.)

Vertiefung: Teilen Sie die Klasse in Zweiergruppen auf. Weisen Sie ihnen ein Rollenspiel zu und fordern Sie sie auf, Verhaltensweisen einfühlsamen Zuhörens zu üben. Die Partner sollten sich in den Rollen des Zuhörers und des Sprechenden abwechseln. Nachdem die Schüler einige Zeit geübt haben, zeigen einzelne Arbeitsgruppen ihr Rollenspiel.

Ergänzende Unterrichtsangebote: Üben Sie diese kommunikativen Verhaltensweisen regelmäßig mit Ihrer Klasse. Erinnern Sie die Kinder daran, die geübten Fähigkeiten anzuwenden, wenn sie im Unterricht sprechen oder zuhören. Fordern Sie die Schüler auf, zu wiederholen, was Sie oder ein Mitschüler gesagt hat, um zu überprüfen, ob das Gesagte angemessen vermittelt wurde oder ob die betreffende Person aufmerksam zugehört hat.

Lektion
„Ich" hier, „Du" dort

Ziel: Mit Hilfe von Ich-Botschaften Gedanken, Gefühle und Bedürfnisse einer anderen Person mitteilen. Verstehen, welche unterschiedlichen Wirkungen von Ich- und von Du-Botschaften ausgehen.

Material: Friedensheft, Bleistifte, Arbeitsblätter „Rollenspiel Ich-Botschaften/Du-Botschaften" (als Demonstration), „Rollenspiele – Ich-Botschaften", Rollenspiel-Beobachtungsbogen (siehe Anhang, S. 258, 263 f.).

Arbeitsschritte: Wiederholen Sie mit den Schülern die Bedeutung von Einfühlungsvermögen. Fragen Sie die Schüler danach, ob man jederzeit und in jeder Situation die Gefühle eines anderen Menschen erkennen kann. Gehen Sie auf die Tatsache ein, dass Schüler häufig ihre wahren Gefühle verbergen oder hinter einer Fassade verstecken, während sie nach außen den Ausdruck eines ganz anderen Gefühls zeigen.

Stellen Sie den Inhalt der folgenden Lektion vor: Die Kinder sollen praktisch kommunikative Fähigkeiten lernen und üben. Sie sollen einer anderen Person sagen, wie sie sich fühlen, und darauf hören, wie eine andere Person sich fühlt.

Spielen Sie mit einem Schüler das Rollenspiel „Du-Botschaften und Ich-Botschaften" vor (eventuell kann der Schüler das Rollenspiel vorher üben).

Diskussionspunkte:

- Wie hat sich Anne gegenüber Julia in dieser Szene gefühlt?
- Wie hat sich Julia gegenüber Anne in dieser Szene gefühlt?
- Welches Wort kam immer wieder vor?
- Welche Gefühle hat der Gebrauch des Wortes „Du" geweckt (zum Beispiel das Gefühl, unfair behandelt, zu Unrecht beschuldigt oder ignoriert worden zu sein, Wut, Frustration)?
- Hat diese Form der Mitteilung dazu beigetragen, den Konflikt in friedlicher Weise zu lösen?
- Auf welche Weise könnte diese Art, mit Konflikten umzugehen, die Beziehungen zwischen zwei Menschen beeinträchtigen?

Spielen Sie nun mit einem Schüler das Rollenspiel „Ich-Botschaften" vor.

Diskussionspunkte:

- Wie hat sich Anne gegenüber Julia in dieser Szene gefühlt?
- Wie hat sich Julia gegenüber Anne in dieser Szene gefühlt?
- Welches Wort kam immer wieder vor?
- Welche Gefühle hat das Wort „Ich" bei Anne geweckt?
- Welche Gefühle hat das Wort „Ich" bei Julia geweckt?
- Hat diese Form der Mitteilung dazu beigetragen, den Konflikt friedlich zu lösen? Warum oder warum nicht?

Gefühlen anhand von Ich-Botschaften zu beschreiben könnte für Schüler anfangs schwierig sein. „Es ärgert mich, wenn du immer hinter mir herläufst" benennt zwar ein Gefühl, enthält aber eine versteckte Du-Botschaft. Durch Umformulierung wird sie zur Ich-Botschaft: „Es ärgert mich, wenn ich nicht für mich sein kann."

- Ich-Botschaften drücken die Gefühle eines Menschen aus, ohne einer anderen Person Vorwürfe zu machen.
- Ich-Botschaften vermitteln, dass man für die eigenen Gefühle Verantwortung übernimmt.
- Ich-Botschaften beschreiben die eigenen Gefühle und Bedürfnisse. Sie tragen dazu bei, Kontrolle über die eigenen Gefühle zu behalten, und können einem Menschen helfen, offen zu ihnen zu stehen, ohne von Verunsicherung und dem Bedürfnis nach Abwehr gesteuert zu werden.

Manche Schüler versuchen, dieses Verfahren ins Lächerliche zu ziehen, und behaupten, dass es nicht funktioniert. Argumentieren Sie, dass Ich-Botschaften in manchen Situationen mehr, in anderen weniger erfolgreich eingesetzt werden können und dass sich die Schüler mehr als eine einsetzbare Strategie aneignen sollten, die gewährleistet, dass die erwünschte Wirkung ohne Beschuldigung einer anderen Person erzielt wird.

Vertiefung: Teilen Sie die Lerngruppe in Zweiergruppen auf. Verteilen Sie die Vorgaben für die Rollenspiele. Geben Sie mehreren Schülern den Auftrag, Du-Botschaften in Ich-Botschaften umzuformulieren, bevor sie mit dem Rollenspiel beginnen. Bei der Gruppenarbeit sollten sich die Schüler abwechselnd und anhand von Ich-Botschaften mitteilen, wie sie sich in der jeweils vorgegebenen Situation fühlen. (Sie können ihre Formulierungen zunächst aufschreiben.) Weisen Sie darauf hin, dass der Mitspieler Verhaltensweisen aufmerksamen Zuhörens zeigen sollte. Wählen Sie anschließend einige Gruppen aus, die ihre Rollenspiele der Klasse vorspielen. Nach Ende eines Rollenspiels füllen die Schüler jeweils ihre Beobachtungsbögen aus. Besprechen Sie die Ergebnisse mit der Klasse.

Ergänzende Unterrichtsangebote: Nutzen Sie so oft wie möglich Momente, in denen die Schüler für Einsichten zugänglich sind, damit sie die geübten Fähigkeiten in neue Situationen übertragen können. Wenn Sie zum Beispiel bemerken, dass Schüler gerade dabei sind, eine Meinungsverschiedenheit oder einen Konflikt auszutragen, ermuntern Sie sie, in dieser Situation Ich-Botschaften zu verwenden. Nutzen Sie selbst Ich-Botschaften, wenn Sie mit Schülern eine Problemsituation klären. Schüler sollten diese Fähigkeiten durchgängig in Alltagssituationen anwenden, damit sie zur Gewohnheit werden können.

Lektion
Der Sprech-Stab

Ziel: Kinder dabei unterstützen, Konflikte zu bewältigen, die sich zugespitzt oder die in eine Sackgasse geführt haben. Einfühlsames Zuhören und Ich-Botschaften üben.

Material: Ein Stab, der von den Kindern selbst verziert wurde. In derselben Weise kann ein anderer Gegenstand, zum Beispiel ein Kristall, ein schöner Stein oder ein Ball, verwendet werden.

Arbeitsschritte: Erzählen Sie den Kindern davon, dass über Jahrhunderte in vielen Kulturen ein Sprech-Stab als Ritual genutzt wurde, um Konflikte zu lösen. Ein solches Ritual ist von Nutzen, wenn zwei oder mehr Parteien nicht mehr in der Lage sind, einen Streitpunkt ruhig und angemessen beizulegen, oder wenn der Streit in eine Sackgasse geführt hat (und daher unlösbar erscheint).

Solange die Übung dauert, nehmen die Beteiligten entweder die Rolle des Empfängers oder die Rolle des Senders ein. Weisen Sie darauf hin, dass jede Partei die gleiche Chance erhält, ihre eigene Wahrnehmung der Situation mitzuteilen. Darum ist es einerlei, wer anfängt. Die Schüler oder nötigenfalls der Lehrer bestimmen, wer zuerst Sender oder Empfänger ist. Alle Beteiligten sitzen in einem Kreis. Blickkontakt schafft ein positives Gesprächsklima. Der Lehrer sollte die Schüler dabei unterstützen, nach den folgenden, einfachen Regeln vorzugehen:

■ Die *Aufgabe des Sprechers* ist es, unter Verwendung von Ich-Botschaften seine Wahrnehmung der Situation mitzuteilen und dabei keine Beschuldigungen, verbalen Verletzungen oder Herabsetzungen zu gebrauchen. Die Aussagen sollten sich auf den Ausdruck der eigenen Gefühle, den Anlass und das Erleben der Situation konzentrieren.

■ Die *Aufgabe des Zuhörenden* ist es, ruhig auf das zu hören, was gesagt wird – möglichst ohne dabei eine Antwort vorzubereiten – und dabei auf jegliche Äußerungen zu verzichten, die durch Unterbrechungen, Veränderungen des Gesichtsausdrucks oder Geräusche Unaufmerksamkeit, Ablehnung oder eine andere Meinung signalisieren.

Der Sprech-Stab wird von den Teilnehmern herumgereicht. Sie verfahren dabei nach den folgenden Regeln:

■ Der Schüler, der beginnt, teilt mit, wie er die Situation erlebt und erfahren hat.

■ Wenn der erste Schüler geendet hat, wird der Stab an den Nachbarn weitergereicht, dem nun die ganze Aufmerksamkeit gehört. Der Stab wird so lange weitergereicht, bis alle Beteiligten zu Wort gekommen sind.

■ Danach fordert der Lehrer die beteiligten Kinder auf, der Reihe nach wiederzugeben und zusammenzufassen, was sie von den anderen gehört haben. Auf diese Weise werden die Kinder dafür sensibilisiert, dass es eine Vielzahl verschiedener Sicht- und Erlebnisweisen für eine einzelne Situation gibt. Zudem wird das Einfühlungsvermögen gefördert.

■ Nun werden, während der Stab nochmals herumgereicht wird, Lösungsvorschläge geäußert. In dieser Runde erhält jeder die Möglichkeit, einen Lösungsvorschlag zu machen, der die Situation und die Bedürfnisse der einzelnen Beteiligten berücksichtigt.

- Die Kinder einigen sich selbst auf eine angemessene Lösung. Es kann notwendig sein, dass sie dabei Unterstützung brauchen, um eine Lösung zu finden, in der jeder gewinnt.
- Schließlich wird Frieden geschlossen. Jetzt sollten die Kinder ein positives Feedback dafür erhalten, dass sie ausdauernd an der Problemlösung gearbeitet und eine Lösung gefunden haben. Die Kinder werden gleichzeitig ermutigt, ihren eigenen Beitrag und ihre Bereitschaft zur Mitarbeit anzuerkennen. Bevor alle Beteiligten den Sitzkreis verlassen, besiegeln die Parteien ihren Friedensschluss durch einen Händedruck.

Lektion
....
Verschiedene Reaktionsweisen

Ziel: Verständnis und Gespür für die drei Handlungstypen entwickeln, die im Umgang mit Konflikten eingesetzt werden können. Kinder darin unterstützen, Konfliktsituationen mit Selbstvertrauen und Durchsetzungsvermögen zu begegnen.

Material: Bleistifte, Friedensheft, Arbeitsblätter „Verschiedene Reaktionsweisen", „Selbstbehauptung", „Rollenspiele – Selbstbehauptung" (siehe Anhang, S. 265 ff.).

Arbeitsschritte: Geben Sie den Schülern ein Situationsbeispiel für einen Konflikt. (Sie können eine Konfliktsituation aus den Rollenspielen dafür auswählen.) Wählen Sie einen Schüler als Mitspieler. Die Aufgabe des Schülers ist es, auf Ihre Handlungen zu reagieren, während Sie in drohend-aggressiver Weise agieren. Fordern Sie die Schüler auf, die Reaktionen des Mitspielers in dieser Situation zu beschreiben. Notieren Sie die Ergebnisse an der Tafel. Bitten Sie einen weiteren Schüler, eine andere Reaktionsweise zu zeigen. Notieren Sie die Antworten und diskutieren Sie sie mit der Klasse. Fragen Sie die Schüler nach einer dritten Möglichkeit, in der gegebenen Situation zu reagieren. Notieren und diskutieren Sie wieder die Ergebnisse.

Anmerkung:

- *Passivität* bedeutet, Situationen, Bedingungen oder die Handlungen anderer zu akzeptieren, ohne darauf zu reagieren oder dem etwas entgegenzusetzen. Das Wort selbst leitet sich aus dem lateinischen „pass" ab und ist in seinem Ursprung ein Begriff für „Leiden".
- *Aggression* bedeutet, sich anderen gegenüber in feindseliger oder ge-

walttätiger Weise zu verhalten und eine Gewaltbereitschaft in sich zu tragen, die auch ohne vorausgegangene Provokation zu Gewalthandlungen führen kann. Das lateinische Wort „aggredi" bedeutet „angreifen" und „ad" meint „auf etwas gerichtet, zu etwas hin".

▪ *Selbstbehauptung/selbstbewusstes Verhalten* bedeutet, mit Selbstvertrauen, Entschiedenheit und Durchsetzungskraft zu handeln. (Der entsprechende englische Begriff „assertiveness" leitet sich vom lateinischen „assere" ab, der für „etwas behaupten, geltend machen, bekräftigen" steht.)

Angesichts von Konflikten oder Schikanen ist die Fähigkeit zur Selbstbehauptung von großer Wichtigkeit. Niemand sollte sich in die Opferrolle begeben oder gewalttätige Handlungen zulassen. In einem solchen Fall wird eine echte Lösung des Problems unwahrscheinlich; vielmehr werden sich als Ergebnis ungünstige Verhaltens- und Kommunikationsmuster zwischen dem Aggressor und seinem Opfer herausbilden. Ebenso sollte Aggression nicht mit Aggression beantwortet werden. In solchen Situationen gibt es nur Gewinner und Verlierer. Da eine Lösung ausbleibt, wird die Situation mit aller Wahrscheinlichkeit eskalieren. Selbstbehauptung hingegen entspringt einem starken Selbstwertgefühl und der Fähigkeit, Strategien zur Konfliktlösung zu nutzen, die zu Lösungen, in der es nur Gewinner gibt, oder zu einer sicheren und fairen Bewältigung des Konflikte führen.

Verteilen Sie das Arbeitsblatt „Verschiedene Reaktionsweisen". Besprechen Sie die drei Handlungsweisen mit der Klasse und beziehen Sie sich dabei auf die Rollenspiele.

Vertiefung: Die Schüler bilden drei Gruppen und stellen sich in ihrer Gruppe zu einer Reihe auf. Jede Gruppe steht für eine der drei Handlungstypen: Selbstbehauptung, aggressives Verhalten und passive Reaktionsweisen. Die Schüler erhalten eine kurze Beschreibung einer Konfliktsituation. Der vorderste Schüler jeder Reihe spielt nun Reaktionsweisen des Handlungstyps, den seine Gruppe repräsentiert. Erinnern Sie die Schüler daran, alle Möglichkeiten der Körperhaltung, der Körpersprache, des Gesichtsausdrucks und des Tonfalls zu nutzen, um ihre Botschaft zu übermitteln. Ist die Darstellung einer Situation beendet, begibt sich der vorderste Schüler an das Ende seiner Reihe, sodass der nächste Schüler seinen Platz einnehmen und die nächste Situation spielen kann. Wenn der Zeitrahmen es zulässt, sollte jeder Schüler Gelegenheit bekommen, alle drei Handlungstypen zu spielen.

Situationsbeschreibungen

- Ein Mitschüler verlangt von dir, dass du ihm dein Geld für das Mittagessen gibst.
- Du wirst von jemandem gehänselt.
- Jemand beleidigt deine Familie.
- Ein Freund/eine Freundin reißt dir ein Buch, das du gerade liest, aus der Hand.
- Ein Freund/eine Freundin leiht sich von dir deine Lieblings-CD und gibt sie nicht wieder zurück.
- Du schlägst einem Freund/einer Freundin vor, am Wochenende etwas zusammen zu unternehmen, aber er/sie will erst andere Einladungen abwarten.
- Ein Mitschüler unterbricht dich dauernd.
- Jemand drängelt sich vor.

Diskussionspunkte:

- Was hast du empfunden, als du dich passiv, aggressiv oder selbstbewusst verhalten hast?
- Warum ist Selbstbehauptung der erfolgreichste Handlungstyp, wenn es zu einem Konflikt kommt?
- Was ist eine Situation, in der es nur Gewinner gibt?
- Aus welchen Gründen sollte immer eine Problemlösung angestrebt werden, in der jeder gewinnt?

Gehen Sie nach der Übung noch einmal die Merkmale erfolgreicher Selbstbehauptung durch:

- Ruhig bleiben.
- Die Situation überdenken.
- Sich durch Selbstgespräch/Selbstbotschaften bestärken („Ich bin wütend, aber ich habe mich trotzdem unter Kontrolle.", „Ich kann für mich einstehen.").
- Aufrechte Körperhaltung einnehmen.
- Mit der anderen Person Blickkontakt halten.
- Mit Klarheit, Entschiedenheit, Ruhe, Selbstvertrauen und Höflichkeit sprechen.
- Ich-Botschaften verwenden.
- Das Gegenüber immer respektieren.

Ergänzende Unterrichtsangebote: Die Schüler können Übungen zur Selbstbehauptung anschließen, indem sie weitere Rollenspiele (siehe Anhang) probieren. Es ist wiederum sinnvoll, Alltagssituation zu nutzen, damit die Schüler geübtes Verhalten in neue Situationen übertragen können.

Vorwürfe und Anschuldigungen beseitigen

Ziel: Probleme lösen, ohne nach einem Sündenbock zu suchen. In Kindern die Einsicht fördern, wie sinnlos es ist, jemand anderem die Schuld an eigenen Handlungen zuzuschieben. Die Schüler durch aktives Problemlösen in der Gruppe darin bestärken, dass Sicherheit, Zugehörigkeitsgefühl und Zufriedenheit im Interesse aller am Schulleben Beteiligten liegt.

Material: Rollenspielvorgaben (siehe Anhang, S. 267).

Arbeitsschritte: Teilen Sie die Klasse in Zweiergruppen auf. Die Gruppen spielen einige Rollenspiele durch, ohne gezielt nach einer Lösung zu suchen. Damit ist gemeint, dass die Schüler in der Szene zunächst die gewohnten Wortgefechte austragen. Bitten Sie eine Gruppe, der Klasse ihren Konflikt vorzuspielen. Im Anschluss stellen Sie der Klasse den folgenden Zielgedanken vor:

„Wir wollen nicht wissen, wer was falsch gemacht hat. Unser Ziel ist es, eine Lösung zu finden, mit der alle Beteiligten zufrieden sind. Darum üben wir, wie man Lösungen findet anstatt nach Schuldigen zu suchen."

Stellen Sie den Schülern, die zugeschaut haben, die Aufgabe, für die Situation im Rollenspiel eine Lösung zu finden. Dabei gilt die Regel, dass keine Fragen nach dem „Warum" gestellt werden.

Fordern Sie die Schüler auf, Ideen für eine Lösung zu sammeln. Sind eine oder zwei realistische Lösungen gefunden, werden sie den Kampfparteien aus dem Rollenspiel angeboten. Diese geben ein Feedback, ob sie mit den Vorschlägen einverstanden sind. Falls nicht, sollten Sie selbst eine Lösung vorschlagen. Beteiligen Sie die Klasse daran, sicherzustellen, dass die dargestellte Lösung fair und frei von Schuldzuweisungen ist.

Dann spielt eine andere Arbeitsgruppe ihren Konflikt im Rollenspiel vor.

Probleme lösen

Ziel: Erkennen und Beschreiben eines Problems. Vermittlung von Lösungsstrategien.

Material: Bleistifte, Friedensheft, Arbeitsblatt „Ein Problem lösen" (siehe Anhang, S. 268).

Arbeitsschritte: Schreiben Sie die Überschrift „Probleme" an die Tafel. Bitten Sie die Schüler, ihnen von einem Problem zu berichten. Notieren Sie die Antworten.

Schreiben Sie die Überschrift „Lösungen" an die Tafel. Fragen Sie die gleichen Schüler nach den Lösungen, die sie für ihre Probleme gefunden haben. Notieren Sie die Antworten.

Schreiben Sie die Überschrift „Waren die Lösungen erfolgreich?" an die Tafel. Fragen Sie die Schüler, ob ihre gefundenen Lösungen zu einer Bewältigung der Probleme geführt haben. Wenn nicht: Warum waren einige Lösungen nicht erfolgreich? Welche anderen Möglichkeiten zur Problemlösung hätte es gegeben? Notieren Sie die Ergebnisse an der Tafel.

Besprechen Sie anhand des Arbeitsblatts „Ein Problem lösen" die Schritte, die zur Problemlösung führen. Nutzen Sie dafür einen Overheadprojektor. Geben Sie ein Beispiel (Vordrängeln oder Schubsen beim Aufstellen in einer Reihe, Verbreitung von Gerüchten, Ausleihen von Dingen ohne zu fragen oder sie zurückzugeben usw.).

Vervollständigen Sie die Darstellung in der Projektion mit Hilfe der Schülerbeiträge.

Vertiefung: Verteilen Sie das entsprechende Arbeitsblatt an die Schüler. Die Schüler bearbeiten es jetzt selbstständig und tauschen dann ihre Ergebnisse aus. (Das Arbeitsblatt kann nach Vervollständigung dem Friedensheft beigefügt werden.) Machen Sie die Schüler darauf aufmerksam, dass sie auf diese Handlungsschritte zurückgreifen können, wann immer sich ein Problem in der Familie, mit Freunden, Mitschülern usw. ergibt.

Lektion

Einen Konflikt friedlich bewältigen

Ziel: Vermittlung der Fähigkeit, Konflikte in friedlicher Weise zu bewältigen.

Material: Bleistifte, Friedensheft, Arbeitsblätter „Einen Konflikt friedvoll lösen", „Rollenspiele – einen Konflikt friedvoll lösen" und „Konfliktlösung", Rollenspiel-Beobachtungsbogen (siehe Anhang, S. 258, 269 ff.).

Arbeitsschritte: Wiederholen Sie mit den Schülern, welche Handlungsschritte zu Problemlösungen führen. Stellen Sie das Thema dieser Lektion vor: Wir suchen gemeinsam Lösungen für Konflikte, bei denen jeder gewinnt.

Besprechen Sie mit den Schülern die folgenden Lösungstypen, sodass sie erkennen und verstehen, worin diese Lösungen sich jeweils unterscheiden:

- Lösungen, bei denen es nur Verlierer gibt.
- Lösungen, bei denen es Gewinner und Verlierer gibt.
- Lösungen, bei denen es nur Gewinner gibt.

Verteilen Sie das Arbeitsblatt „Einen Konflikt friedvoll lösen". Besprechen Sie mit den Schülern die einzelnen Punkte. Beziehen Sie sich dabei auf Aspekte, die bereits in vorangegangenen Lektionen diskutiert worden sind. Wählen Sie eines der Rollenspiele aus und spielen Sie mit einem Schüler (es können auch zwei Schüler die Rollen übernehmen) die gegebene Situation durch. Achten Sie dabei darauf, dass die Handlungsweisen, die zur erfolgreichen Bewältigung des Konfliktes führen, dargestellt werden. Besprechen Sie im Anschluss mit den Schülern, welche Handlungsweisen während des Lösungsprozesses zur Anwendung kamen.

Vertiefung: Teilen Sie die Lerngruppe in Zweiergruppen auf. Jede Gruppe entscheidet sich für ein Rollenspiel und spielt dann durch, auf welche Weise die jeweilige Konfliktsituation friedlich bewältigt werden kann. Nach Ende der Übungsphase zeigen einige Gruppen ihre Rollenspiele vor der Klasse. Die übrigen Schüler beobachten die Szene und bearbeiten den Beobachtungsbogen. Die Ergebnisse werden im Anschluss ausgetauscht.

Ergänzende/klassenübergreifende Unterrichtsangebote:

1. Die Schüler führen während der folgenden Woche ein Tagebuch, in dem sie notieren, in welchen Situationen sie die geübten Fähigkeiten angewendet haben. Nach Ablauf der Woche tauschen sie im Unterricht ihre Erfahrungen mit ihren Mitschülern aus.

2. Trennen Sie eine „Friedens-Ecke" vom Klassenraum ab (etwa mittels einer Stellwand), in die sich Schüler, die einen Konflikt aushandeln müssen, zurückziehen können. Eine solche Ecke kann mit einem Tisch und Stühlen ausgestattet werden. Die Schüler finden so eine ruhige Umgebung vor, in der sie versuchen können, innerhalb eines angemessenen Zeitrahmens ihren Konflikt selbst zu lösen. Das Arbeitsblatt „Konfliktlösung" (siehe Anhang, S. 271) kann helfen, um den Lösungsprozess zu dokumentieren. Die Schüler sollten auch die Möglichkeit erhalten, Entschuldigungen schriftlich zu formulieren.

3. Emotional aufgebrachte Schüler können sich durch geeignete sensorische Angebote beruhigen, bevor eine Konfliktlösung versucht wird. Ein Bei-

spiel hierfür sind Stoffbänder, die – ähnlich einem riesigen Duschstrahl – von der Decke herabhängen (in der „Friedens-Ecke"). Während ein Kind durch diese Stoffdusche tritt, kann es verschiedene Strategien zur Beruhigung probieren: tief durchatmen, rückwärts zählen, an etwas besonders Schönes denken usw. Spannungen und Wutgefühle werden so gleichsam „abgestreift" und bleiben in der Stoffdusche zurück. Diese Methode spricht besonders jüngere Kinder an. Je nach Kreativität und Vorlieben können hierfür kindgerechte Bezeichnungen gefunden werden wie „Friedens-Dusche", „Anti-Wut-Wäsche" usw.

4. Schüler zeichnen einen Comic-Strip, in dem ein Konflikt erfolgreich gelöst wird und an dessen Ende eine Lösung steht, in der es nur Gewinner gibt.

5. Schüler können einen Mitschüler-Mediator oder Erwachsenen heranziehen, wenn sie einen Konflikt nicht lösen können.

5. Baustein: Umgang mit Schikane

Theorie

Zahlreiche Berichte über Aggression, Gewalt, Waffengebrauch und Selbstmorde in Schulen aus vielen Teilen der Welt belegen deutlich, dass Schikane und gewalttätige Übergriffe ein sehr ernstes Problem mit verheerenden Folgen darstellen. Es handelt sich dabei keineswegs um ein neues Phänomen, denn Kinder haben immer schon, gleich welchen Alters oder welcher Schichtzugehörigkeit, andere in unfairer und aggressiver Weise behandelt. Schikane ist – ob offen oder heimlich ausgeübt – allerorten präsent.

Schikane kann als Verhalten bezeichnet werden, das einseitig und in unfairer Weise das Opfer einschüchtert und bedroht, wobei die Kräfte zwischen Täter und Opfer ungleich verteilt sind. Zu den bezeichnenden Handlungsweisen, die Schikane ausmachen, zählen körperliche Gewalt oder die Androhung körperlicher Gewalt, anhaltende Beleidigungen und Hänseleien, Verbreitung von Abfälligkeiten, Tratsch und Gerüchten, soziale Isolation und sexuelle Nötigung. Wer andere in dieser Weise behandelt, strebt danach, Machtgefühle zu erleben und Kontrolle über andere zu gewinnen.

Erste Warnzeichen, dass ein Kind später einmal andere schikanieren wird, können sich schon im Vorschulalter bemerkbar machen. Aus Kindern, die in einem frühen Alter anfangen, andere gezielt zu ärgern, zu hänseln, unter Druck zu setzen oder sogar körperlich anzugreifen, können Jugendliche werden, die andere gewohnheitsmäßig terrorisieren und drangsalieren, wenn Erwachsene dem nichts entgegensetzen.

In früheren Zeiten wurde Schikane weder große Bedeutung beigemessen, noch wurde ein diesbezüglicher Handlungsbedarf erkannt. Opfern von Schikane blieben zwei Möglichkeiten, sich des Problems zu entledigen: Entweder sie versuchten stillschweigend der Schikane aus dem Weg zu gehen oder sie suchten ihr Heil in Gegengewalt. Dadurch wurde weder das Problem gelöst, noch setzte es der Schikane ein dauerhaftes Ende. Schikane wurde nicht als ernsthaftes Problem mit langfristigen psychologisch und emotional beeinträchtigenden Folgen für die Opfer wahrgenommen. Hinzu kommt, dass diejenigen, die andere drangsalierten, häufig selber Opfer früher erlebter Schikane waren und sich so ein Kreislauf der Gewalt fortsetzen konnte.

Schikane und ihre Auswirkungen

Die Auswirkungen von Schikane greifen tief in das seelische und körperliche Wohlbefinden eines Menschen ein und können sein Lern- und Leistungsvermögen beeinträchtigen. Zu solchen Beeinträchtigungen zählen:

- Konzentrationsschwierigkeiten
- verbale Zurückgezogenheit
- Leistungsabfall
- Schulverweigerung
- Wunsch nach Schulwechsel
- psychosomatische Angst- und Stresssymptome aufgrund von Schikane und in der Folge Versäumen von Unterricht

Zu den psychisch-emotionalen Beeinträchtigungen gehören:

- Gefühle von Scham und Peinlichkeit
- Geringes Selbstwertgefühl
- Gefühle ständiger Bedrohung und Unsicherheit
- Furcht vor sozialem Versagen, Ablehnung und sozialer Isolation
- Angst und Verunsicherung

Wer Schikane ausgesetzt ist, läuft Gefahr, von Gleichaltrigen abgelehnt zu werden und in die widersprüchliche Situation zu geraten, zwar dringend der Unterstützung durch andere zu bedürfen, diese aber mit größter Wahrscheinlichkeit nicht zu erhalten.

Es ist nachgewiesen worden, dass die beeinträchtigenden psychischen und emotionalen Auswirkungen von Schikane bis ins Erwachsenenalter reichen und zu geringem Selbstwertgefühl sowie einer erhöhten Anfälligkeit für Depressionen und andere psychische Erkrankungen führen können. Eine sehr ernst zu nehmende Konsequenz von Schikane besteht darin, dass aus einem Opfer ein späterer Täter hervorgehen kann und der Kreislauf so fortgesetzt wird. Kinder und Jugendliche, die Schikane ausüben, behalten ihr Verhalten oft als Erwachsene bei. Folgende Verhaltensweisen treten typischerweise auf:

- Zusammenschluss mit anderen, die ebenfalls zu aggressivem Problemverhalten neigen, zum Beispiel Bandenbildung;
- Gebrauch negativer Manipulation, um am Arbeitsplatz Einfluss auf andere auszuüben;
- verbale und körperliche Misshandlung des Partners und/oder der Kinder;
- kriminelle Handlungen.

Erwachsene haben die Möglichkeit, Schikane unter Kindern in positiver Weise zu beeinflussen. Als Eltern und Lehrer müssen wir uns darüber im Klaren sein, dass wir für eine sichere Lebenswelt unserer Kinder verantwortlich sind. Unsere Kinder wiederum sollten wissen, dass sie uns vertrauen und sich an uns wenden können, wenn sie Hilfe brauchen oder wenn ihre Sicherheit bedroht ist.

Auf ein Kind, das von anderen schikaniert oder bedroht wird, wirkt die Intervention Erwachsener als Unterstützung und Entlastung. Sie macht deutlich, dass Erwachsene Schikane keinesfalls dulden, und sie demonstriert gleichzeitig Fürsorge und Parteinahme für das Opfer. Leider besteht die traurige Wahrheit darin, dass Kinder in aller Stille die Schikane durch andere erleiden und ihre Erlebnisse den Erwachsenen nicht anvertrauen. Warum schweigen diese Kinder? Dafür kann es verschiedene Gründe geben:

- Ein Kind kann der Überzeugung sein, niemand werde ihm beistehen.
- Es glaubt, Erwachsene würden keine wirksamen Gegenmaßnahmen ergreifen.
- Es ist davon überzeugt, dass sich sowieso nichts ändern wird.
- Es möchte nicht offen legen, wie unbeliebt es ist.
- Es fühlt sich zu verstört, verwirrt oder verängstigt.
- Es befürchtet, dass die anderen Kinder es beschuldigen werden, gepetzt zu haben, oder es befürchtet Hänseleien.
- Es hat Angst davor, dass diejenigen, die es terrorisiert haben, sich an ihm rächen werden.

Schikane als Problem kann nur dann gelöst werden, wenn sich Erwachsene aktiv und beständig engagieren.

Strategien im Umgang mit Schikane

Welche Handlungsstrategien und Fähigkeiten können wir Kindern vermitteln, um Schikane wirksam zu begegnen? *Freundschaften* sind für die Vermeidung von Schikane von wesentlicher Bedeutung und sie unterstützen ein Kind darin, solche Erfahrungen gegebenenfalls zu verarbeiten. Kinder, die einen oder mehrere Freunde haben, laufen weniger Gefahr, von anderen als Opfer ausgesucht zu werden. Sollte ein Kind trotzdem einmal in eine solche Situation geraten, können seine Freunde ihm helfen, indem sie ihm zuhören, ihm Rat geben und das Vorkommnis einem Erwachsenen mitteilen. Der Aufbau positiver Beziehungen und Freundschaften zu Gleichaltrigen ist zentrales Element der sozial-emotionalen Gesamtentwicklung eines Kindes. Es ist für Kinder wichtig zu lernen, wie sie einem Mitschüler begegnen können, der andere nicht respektiert oder der sie dazu zwingen will, ihrerseits andere Kinder zu drangsalieren.

Kindern sollte vermittelt werden, woran sie Schikane erkennen, mit welchen Strategien sie sie vermeiden und wie sie ihr begegnen können. Ebenso wichtig ist es, dass Kinder, die selbst Schikane ausüben, dieses Verhalten zugeben. Diese Schüler brauchen Einsicht in ihr eigenes Verhalten und Unterstützung, damit sie ihr Verhalten ändern. Um dies zu erreichen, müssen sie ihrer negativen Machtmittel entledigt und in ihrem Selbstwertgefühl und Selbstbild gestärkt werden. Dadurch eröffnen sich für sie Optionen auf einen positiven sozialen Einfluss.

Soll Schikane erfolgreich entgegengewirkt werden, müssen sich die Interventionen darauf richten, sowohl für das Opfer zu sorgen als auch den Täter in seiner persönlichen Entwicklung zu unterstützen. Dabei sind alle gefordert (Eltern, Lehrer und Mitschüler): Wenn man nicht Teil der Lösung ist, ist man Teil des Problems. Erziehung auf diesem Gebiet geht darum nicht nur die Schüler etwas an, sondern auch die Eltern und alle Mitarbeiter einer Schule.

Wie Kinder langfristig auf Schikane reagieren, hängt davon ab, wie sie darauf vorbereitet worden sind. Zentrale Zielsetzungen sind, dass Kinder Kompetenzen und Strategien zur Problemlösung erwerben, dass sie lernen, sich zu behaupten und selbstbewusst für sich selbst einzutreten, dass sie wissen, wann sie allein mit Schikane fertig werden können und wann sie Hilfe von Erwachsenen einholen müssen. Gewalt und Schikane kann in Zukunft nur wirksam begegnet werden, wenn junge Menschen von heute adäquat darauf vorbereitet werden.

Dazu gehört auch, Kindern klarzumachen, wie sie sich als Augenzeugen verhalten sollen. Sie müssen erkennen, dass sie einer Situation nicht hilflos gegenüberstehen, sondern die Kraft und die Macht besitzen, einzugreifen. Kinder sollen wissen, dass Kenntnis von ausgeübter Schikane gleichbedeutend ist mit der Verantwortung, etwas zur Lösung des Problems beizutragen. Eine Gruppe zuschauender Kinder hat einen erheblichen Einfluss auf die Dynamik der Situationen, in denen ein Kind drangsaliert wird. Es ist wahrscheinlicher, dass Schikane sich vor den Augen von Kindern als vor Erwachsenen vollzieht. Kinder, die Zeugen einer solchen Situation werden, suchen oft untereinander durch Blickkontakte nach Hinweisen, wie sie sich angesichts von Schikane verhalten sollen. Zu sehen, wie ein anderes Kind bedroht wird, wirkt auf Kinder meist erschreckend. Sie wissen oft nicht, was zu tun ist, und sind zu verängstigt, um aktiv für das Opfer Partei zu ergreifen. Folglich ziehen Kinder es häufig vor, das Geschehen nicht weiter zu beachten und sich von der Situation zu entfernen.

Wenn Kinder stattdessen einfach stehen bleiben, zuschauen und so ein Publikum bilden, tragen sie bisweilen zur weiteren Eskalation der Situation bei, indem sie den Täter verbal anstacheln oder sich selbst aktiv beteiligen.

Es liegt an uns Lehrern und Eltern, Kinder darin zu unterstützen, Mitgefühl für die Opfer von Schikane und Mobbing zu entwickeln, ihren Anteil an der Lösung des Problems verständlich zu machen und ihnen die dafür erforderlichen Fähigkeiten zu vermitteln. Erwachsene leben Kindern den Mut und die Fähigkeit, bei Schikane einzugreifen, vor. Zudem zeigen sie Kindern auf diese Weise auch, wie das eigene Verhalten als Vorbild für andere wirken kann.

Es können unterschiedliche Gründe dafür vorliegen, weshalb ein Kind aggressives und manipulatives Problemverhalten zeigt:

- eigene Erfahrungen als Opfer von Schikane;
- geringes Selbstwertgefühl;
- Bedürfnis nach Kontrolle anderer;
- gering entwickeltes Einfühlungsvermögen;
- Impulsivität;
- Rückstand im Aufbau sozialer Fähigkeiten;
- Probleme im angemessenen Umgang mit den eigenen Gefühlen;
- Aggression als Mittel, um eigene Gefühle, besonders Wut, zu bewältigen;
- Suche nach Aufmerksamkeit;
- Befriedigung durch Machterleben und folglich dessen Missbrauch.

Kinder, die solche Verhaltensweisen zeigen, brauchen unsere Unterstützung darin, Einsicht in ihr Handeln und Verständnis für die Auswirkungen ihres Verhaltens zu gewinnen, und gezielte Förderung, um ihr Verhalten positiv zu verändern. Wir wollen ihre Selbstkontrolle stärken und ihnen Wege zeigen, wie sie mit ihren negativen Gefühlen angemessen umgehen und ihnen konstruktiv Ausdruck verleihen können. Wir müssen sie zudem in der Entwicklung eines positiven Selbstbildes und beim Aufbau eines gefestigten Selbstwertgefühls fördern, damit sie sich anderen Menschen in positiver Weise zuwenden können.

Um in der Schule Schikane wirksam zu begegnen, empfehlen wir, dass das vorliegende Programm an der ganzen Schule umgesetzt wird. Alle Mitarbei-

ter der Schule (auch nicht-pädagogisches Personal) sollten an den dazu erforderlichen Trainings- und Fortbildungsmaßnahmen beteiligt werden. Gemeinsam mit allen Mitarbeitern, Schülern und Eltern wird zunächst eine Untersuchung durchgeführt, um zu bestimmen, in welchem Ausmaß sich das
Problem von Gewalt und Schikane an der betreffenden Schule stellt, ob jeder sich eines vorliegenden Problems bewusst ist und ob jeder einen Handlungsbedarf erkennt. Es ist sinnvoll, die Untersuchung dann durchzuführen,
nachdem die Schule ein Programm zur Gewaltprävention durchlaufen hat.
Im Anschluss werden allgemeine Richtlinien und Grundsätze gegen Gewalt
und Schikane verfasst und in Kraft gesetzt.

Über die Umsetzung eines Programms zum Umgang mit Schikane werden
Eltern und Erziehungsberechtigte fortgesetzt informiert. Sie werden auch
daran beteiligt.

Wird ein Fall von Schikane oder ein gewaltsamer Übergriff bekannt, müssen sofortige und nachhaltige Interventionen erfolgen. Der Vorfall wird mit
dem Opfer, mit dem Täter und den jeweiligen Erziehungsberechtigten geklärt. In der Folgezeit wird die weitere Entwicklung beobachtet. Es ist wichtig, dass geeignete Maßnahmen eingeleitet werden, um im Falle möglicher
Vergeltung durch den Täter die Sicherheit des Opfers zu gewährleisten. Für
Kinder, die Schikane ausgeübt haben, sollten soziale und emotionale För-
dermaßnahmen bereitgestellt werden (in der Schule zum Beispiel ein Training für ein angemessenes Umgehen mit Wut, durch sportliche Aktivitäten
zum Abbau negativer Gefühle usw.; außerhalb der Schule durch psychologi-
sche Beratung).

Verstärken Sie außerdem die Pausen-Aufsichten in Umkleide- und Wasch-
räumen, in den Toiletten – kurz: überall dort, wo Schikane bevorzugt ausgeübt wird.

Es liegt in unserer Verantwortung, die Zeit, Energie und Ressourcen auf-
zubringen, die erforderlich sind, um für unsere Kinder ein Leben und einen
(Schul-)Alltag in Sicherheit zu gewährleisten – unsere Kinder sind diese
Mühe wert!

Das Wichtigste dieses Kapitels in Kürze

☑ Von Schikane und Mobbing gehen die meisten Gewalttaten aus. Ebenso sind sie Ursache für die meisten körperlichen und seelischen Schäden, die in Schulen an Kindern verursacht werden und die ihnen gewöhnlich anhaltend über einen längeren Zeitraum zugefügt werden. Es handelt sich um ein ernstes Problem. Seine wirksame Eingrenzung und Lösung führt zu einem erheblichen Rückgang gewalttätiger Vorfälle unter Schülern.

Kinder sollten die folgenden Aspekte kennen und verstehen:

☑ Was ist Schikane?

☑ Welche Möglichkeiten gibt es, darauf zu reagieren?

☑ Wann ist es sicher, sich selbst zu wehren und zu behaupten, und wann ist es notwendig, Hilfe zu holen?

☑ Was ist der Unterschied zwischen etwas petzen und etwas mitteilen?

☑ Welche Möglichkeiten gibt es, um „Teil der Lösung" zu sein?

Lektionen zum 5. Baustein: Umgang mit Schikane

Lektion

Was ist Schikane?

Ziel: Bewusstsein und Verständnis dafür entwickeln, um welche Form von Verhalten es sich bei Schikane handelt, und woran man sie erkennt.

Material: Buntstifte, Filzstifte, Zeichenpapier, Arbeitsblätter „Schikane", „Schikane oder nicht?" (siehe Anhang, S. 272 f.).

Arbeitsschritte: Verteilen Sie Zeichenpapier an die Schüler. Geben Sie den Schülern folgenden Auftrag: „Wie, glaubst du, sieht eine Person aus, die andere drangsaliert und schikaniert? Versuche, diese Person zu zeichnen. Schreibe drei bis fünf Eigenschaften dieser Person unter deine Zeichnung."

Sammeln Sie am Schluss der Arbeitsphase die Zeichnungen ein und hängen Sie sie im Klassenzimmer auf. Geben Sie den Schülern genügend Zeit, die Bilder zu betrachten. Ermuntern Sie die Schüler, miteinander über ihre Arbeiten zu sprechen.

Vertiefung:

Diskussionspunkte:

- Gleichen sich die Zeichnungen? In welcher Weise unterscheiden sie sich?
- Wie sehen die Personen, die andere schikanieren, auf den Bildern aus?
- Gibt es nur Bilder von Jungen? Sind auch Mädchen abgebildet? Jugendliche? Erwachsene?

Für die Schüler ist es wichtig zu erkennen, dass Menschen jeden Alters und beiderlei Geschlechts auf andere Schikane ausüben, und dass manche von ihnen einschüchternd und bedrohlich, andere durchaus liebenswert und freundlich wirken können.

Schreiben Sie im Anschluss an das Gespräch die Überschrift „Eigenschaften eines Menschen, der andere schikaniert" an die Tafel. Fordern Sie die Kinder auf, einige der Eigenschaften zu nennen, die sie unter ihre Zeichnung geschrieben haben. Notieren Sie die Antworten.

Leiten Sie aus der Ergebnissammlung eine Schülerdefinition für Schikane ab und notieren Sie sie an der Tafel. Zeigen Sie dann mit einem Overheadprojektor das Arbeitsblatt „Schikane" mit der vorgegebenen Definition.

Fragen Sie die Schüler danach, ob sich diese Definition mit ihrer eigenen deckt. Nehmen Sie die Antworten als Ausgangspunkt für ein Unterrichtsgespräch.

Diskussionspunkte:

- Ist diese Definition der selbst gefunden Definition ähnlich?
- Welche Schlüsselworte sind in der vorgegebenen Definition enthalten? (Unfair und einseitig.)
- Was ist ein Konflikt? (Er beruht auf verschiedenen Bedürfnissen oder Meinungen; die Personen wollen sich nicht verletzen oder einschüchtern, sondern gleichberechtigt und fair das Problem lösen).
- Was ist der Unterschied zwischen Konflikt und Schikane? (Bei Schikane sind Macht und Stärke immer ungleich verteilt: Ein stärkerer Täter drangsaliert ein schwächeres Opfer; in einem fair ausgetragenen Konflikt sind Stärken und Schwächen ausgewogener.)
- Wieso ist Schikane ein unfaires Verhalten?
- Wieso ist Schikane ein einseitiges Verhalten?
- Handelt es sich bei Schikane um ein ernstes Problem? Warum oder warum nicht?
- Geht dieses Problem jeden etwas an? Warum oder warum nicht?

Geben Sie den Schülern den Auftrag, das Arbeitsblatt „Schikane oder nicht?" zu bearbeiten (ggf. als Hausaufgabe). Besprechen Sie mit den Kindern anschließend die Ergebnisse.

Ergänzende/klassenübergreifende Unterrichtsangebote:

1. Die Schüler erarbeiten Rollenspiele, die Schikane im Unterschied zu Konflikten darstellen. Fragen Sie die Schüler, ob und woran sie bei den gezeigten Rollenspielen jeweils erkennen können, ob es sich um einen Konflikt oder um Schikane handelt.

2. Schüler suchen in Fernsehsendungen und Zeitschriften nach Beispielen für Schikane. Die Ergebnisse können in Form von Tabellen oder grafischen Darstellungen dokumentiert werden. Besprechen Sie in kleinen oder größeren Gruppen, wie sich Darstellungen von Gewalt oder Schikane in den Medien auf die Zuschauer auswirken.

Lektion

Schikane tut weh

Ziel: Bewusstsein und Verständnis wecken für die Auswirkungen von Schikane auf die Opfer. Wahrnehmung für die unterschiedlichen Formen von Schikane schärfen.

Material: Friedensheft, Stifte, Interviewbogen, Arbeitsblatt „Schikane" (siehe Anhang, S. 272).

Arbeitsschritte: Die Schüler beschreiben zuerst in ihrem Friedensheft eine Situation, in der sie entweder Opfer von Schikane waren oder selbst Schikane ausgeübt haben. Sie können auch über eine Erfahrung als Zeuge von Schikane schreiben. Machen Sie sie ausdrücklich darauf aufmerksam, keine Namen zu nennen. Fragen Sie, ob einige Schüler freiwillig ihren Beitrag vorlesen möchten (achten Sie darauf, dass wirklich nur Schüler zu Wort kommen, die sich in dieser Situation sicher fühlen).

Vertiefung: Fragen Sie die Klasse, von welchen Formen der Schikane ihre Mitschüler berichtet haben. Vertiefen Sie das Unterrichtsgespräch anhand des Arbeitsblatts „Schikane".

Diskussionspunkte:

- Wie hast du dich gefühlt, als du schikaniert worden bist?
- Wie hast du dich gefühlt, als du gesehen hast, wie jemand anders schikaniert wurde?
- Wie hast du dich gefühlt, als du jemanden schikaniert hast?
- Was hast du in dieser Situation getan? Mit welchem Erfolg?
- Was taten diejenigen, die dabeistanden?
- Hättest du dich anders verhalten können?
- Was wirst du tun, wenn du wieder in eine solche Situation gerätst?
- Welchen Rat könntest du anderen geben, die Schikane erleiden?
- Wie lange danach hast du dich verstört oder verletzt gefühlt?
- Stell dir vor, du wärst andauernd Schikane ausgesetzt. Welche Wirkung hätte das auf dich (zu Hause, in der Schule, auf deine Gefühle)?
- Kannst du ein Beispiel dafür nennen, dass sich Schikane auf das Opfer in sehr ernster Weise ausgewirkt hat? (Es kann sich dabei um Selbstmord, Todesfälle aufgrund von Schießereien, ernste Verletzungen usw. handeln. Du kannst deinen Bericht durch Zeitungsausschnitte ergänzen.)
- Welchen Rat kannst du anderen geben, die Schikane erleiden?

Ergänzende Unterrichtsangebote: Die Schüler sollen das Interview über Erfahrungen mit Schikane mit ihren Eltern durchführen. Die Ergebnisse werden in der nächsten Stunde vorgetragen und können als Schaubild dokumentiert werden. Regen Sie die Schüler zu Vergleichen an: Wie wurde im Vergleich zu heute mit Schikane umgegangen, als deine Eltern zur Schule gingen? Wie reagierte das Opfer? Wie reagierte der Täter? Welche Maßnahmen ergriffen die Erwachsenen? Betonen Sie den Aspekt, dass die negativen Folgen von Schikane vielfältige Erscheinungsformen zeigen.

Lektion
Was kann ich bei Schikane tun?

Ziel: Aneignung von Handlungsmöglichkeiten im Umgang mit Schikane. Kindern die Fähigkeit vermitteln, zu erkennen, wann sie selbst ungefährdet gegen Schikane vorgehen können.

Material: Filzstifte, Arbeitsblätter „Was kann ich bei Schikane tun?", „Sicher oder gefährlich?", „Gegen Schikane: allein oder mit Hilfe?" (siehe Anhang, S. 275 ff.).

Arbeitsschritte: Schreiben Sie an die Tafel „Was kann ich bei Schikane tun?". Fragen Sie die Kinder danach, was sie tun können, wenn sie von jemandem drangsaliert werden. Notieren Sie die Antworten. Besprechen Sie die Schülerantworten unter folgenden Gesichtspunkten (Sie können sich dabei auch auf die in der Lektion „Schikane tut weh" gesammelten Schülerbeiträge beziehen):
- Ist es ungefährlich, auf diese Weise zu reagieren?
- Wird es der Schikane ein Ende setzen? Für wie lange?
- Welche Gefühle löst es in dir aus?
- Wie, glaubst du, fühlt sich die Person, die die Schikane ausübt?

Zeigen Sie das Arbeitsblatt „Was kann ich bei Schikane tun?" mit dem Overheadprojektor. Besprechen Sie die einzelnen Punkte mit den Schülern. Schreiben Sie an die Tafel: „Ungefährliche Situationen". Fordern Sie die Schüler auf, Situationen zu nennen, in denen es ungefährlich ist, Schikane allein entgegenzutreten. Notieren Sie die Antworten. Zeigen Sie das Arbeitsblatt „Sicher oder gefährlich?" mit dem Overheadprojektor. Besprechen Sie die einzelnen Fragen mit den Kindern.

Vertiefung: Verteilen Sie das Arbeitsblatt „Gegen Schikane: allein oder mit Hilfe?". Bitten Sie die Schüler, nachdem sie die Aufgabe bearbeitet haben, ihre Ergebnisse vorzutragen. Besprechen Sie mit der Klasse die jeweiligen Vorschläge.

Ergänzende Unterrichtsangebote:

1. Die Schüler suchen in Zeitschriften oder Fernsehprogrammen nach Beispielen für Schikane (es können die Quellen verwendet werden, die bereits vorher in einem ergänzenden Unterrichtsangebot eingesetzt wurden). Die Schüler beschreiben in ihrem Friedensheft die Reaktionen der betroffenen Personen und deren Erfolg/Misserfolg. Als Zusatzaufgabe versuchen die Schüler Vorschläge zu entwickeln, wie die Person – falls ihr Vorgehen nicht erfolgreich war – anders hätte reagieren können.

2. Die Schüler entwerfen ein Poster mit einem eingängigen Slogan (und eventuell einer Illustration), um deutlich zu machen, wie man gegen Schikane vorgehen kann.

Lektion
Schikane mit Selbstvertrauen entgegentreten

Ziel: Wiederholung und Festigung von Strategien zur Selbstbehauptung. Kindern Möglichkeiten aufzeigen, wie sie gegen Schikane vorgehen können.

Material: Filzstifte, Friedensheft, Arbeitsblätter „Selbstbehauptung", „Mit Selbstvertrauen gegen Schikane", Beobachtungsbogen (siehe Anhang, S. 258, 266, 279).

Arbeitsschritte: Schreiben Sie an die Tafel die Überschrift „Selbstbehauptung". Wiederholen Sie mit den Schülern die Bedeutung dieses Begriffs. Fordern Sie die Kinder auf, Beispiele für Selbstbehauptung zu nennen. Notieren Sie die Antworten. Beziehen Sie sich auf das Arbeitsblatt „Selbstbehauptung", die Schüler haben es eventuell schon in ihrem Friedensheft aus der Lektion „Verschiedene Reaktionsweisen" (S. 188). Geben Sie einigen Schülern den Auftrag, im Rollenspiel zu zeigen, wie man sich in bestimmten Situationen selbst behaupten kann (Beispiele eventuell der Lektion „Verschiedene Reaktionsweisen" entnehmen).

Schreiben Sie die Überschrift „Selbstbehauptung ist wichtig" an die Tafel. Die Schüler arbeiten anschließend in Zweiergruppen. In ihrem Friedensheft notieren sie drei Gründe, weshalb Selbstbehauptung im Umgang mit Schikane notwendig ist. Danach werden die Ergebnisse vorgelesen. Notieren Sie die Vorschläge an der Tafel und besprechen Sie sie mit der Klasse. Verteilen Sie das Arbeitsblatt „Mit Selbstvertrauen gegen Schikane". Besprechen Sie die einzelnen Vorschläge. Fragen Sie die Kinder nach eigenen Ideen.

Anmerkungen: Diese Lektion kann über mehrere Unterrichtsstunden fortgeführt werden, indem die verschiedenen Strategien, gegen Schikane mit Selbstbehauptung vorzugehen, anhand von Rollenspielen eingeprägt und geübt werden. Kinder brauchen für diese Übungen viel Zeit. Erst wenn sie genügend Selbstvertrauen aufgebaut haben, können sie diese Techniken in realen Situationen einsetzen.

Verteilen Sie die Rollenspielvorgaben an die Schüler. Bilden Sie Zweiergruppen und fordern Sie die Schüler auf, sich für ein Rollenspiel zu entscheiden (oder entscheiden Sie, welche Gruppe welches Rollenspiel übernimmt). Die Schüler erarbeiten in Partnerarbeit ihr Rollenspiel und verwenden dabei eine der vorgegebenen Handlungsstrategien im Umgang mit Schikane. Die Partner sollten dabei beide Rollen durchspielen. Im Anschluss führen die Schüler ihre Rollenspiele der Klasse vor. Die zuschauenden Kinder füllen dabei den Beobachtungsbogen aus.

Vertiefung:

Diskussionspunkte:

- Welche Gefühle hat es in dir ausgelöst, als du im Rollenspiel eine bestimmte Strategie probiert hast?
- Hat es dir Selbstvertrauen gegeben?
- Hältst du es für wichtig, diese Strategien zu üben?
- Auf welche Weise möchtest du diese Strategien üben?
- Wirst du sie bei echter Schikane anwenden?
- Wenn du gegen Schikane vorgehst, glaubst du, dass andere dadurch ermutigt werden, dasselbe zu tun?

Ergänzende/klassenübergreifende Unterrichtsangebote:

1. Die Schüler führen ein Tagebuch darüber, ob und wann sie selbst Schikane erlitten haben bzw. ob und wann sie Zeuge von Schikane geworden sind. Die Schüler sollten auch notieren, wie sie mit der Situation umgegangen sind und welche Strategie sie eingesetzt haben. Besprechen Sie die Tagebucheintragungen mit den Schülern unter folgenden Aspekten: Hätten die Schüler sich in einer gegebenen Situation auch anders verhal-

ten können? Werden sie sich beim nächsten Mal wieder genauso verhalten? Erinnern Sie die Kinder daran, dass Schikane zwischen Erwachsenen, Geschwistern, Freunden und Mitschülern vorkommt. Schikane ereignet sich überall: zu Hause, in öffentlichen Verkehrsmitteln, auf dem Schulhof, in Wasch- und Toilettenräumen, in der Nachbarschaft, sogar im Internet (machen Sie die Schüler darauf aufmerksam, dass auch in Chatrooms die Verbreitung von Gerüchten und sozialer Ausschluss betrieben wird). Besprechen Sie diese Aspekte in Gruppen mit den Kindern.

2. Achten Sie auf reale Situationen, in denen Sie die Kinder dabei unterstützen können, die in der Klasse geübten Kompetenzen im Alltag anzuwenden. Bestätigen und verstärken Sie ein Kind, das seine neuen Fähigkeiten in Alltagssituationen erprobt oder sogar erfolgreich anwendet. Auf diese Weise wird es darin bestärkt, sein Verhalten beizubehalten. Sprechen Sie mit den Schülern regelmäßig darüber, auf welche Weise sich das Klassenleben verändert und wie die Kinder sich dabei fühlen, wenn sie versuchter Schikane zunehmend Selbstbehauptung und Selbstvertrauen entgegensetzen. Diese Aspekte sollten im Klassenleben als roter Faden mitlaufen, damit es den Schüler leichter fällt, die geübten Fähigkeiten in den Alltag zu übertragen. Bestärken Sie die Kinder darin, dass sie sich selbst durchaus anerkennen und sich sozusagen selbst auf die Schulter klopfen dürfen, wenn es ihnen gelingt, sich mit Hilfe einer oder sogar mehrerer dieser Strategien gegen Schikane durchzusetzen. Schließlich erfordert es Mut, aktiver Teil der Lösung dieses Problems zu sein.

3. Schüler können Poster, Transparente und Cartoons gestalten sowie Slogans, Flugblätter, Gedichte, Artikel für die Schülerzeitung oder für lokale Medien verfassen, um zu zeigen, wie die Strategien, die sie gelernt haben, dabei helfen, gegen Schikane vorzugehen.

4. Laden Sie Vertreter außerschulischer Einrichtungen (etwa die örtliche Polizei) ein, mit den Kindern über den Umgang mit Schikane zu sprechen.

Lektion

Über Schikane informieren

Ziel: Mit den Schülern wiederholen und ihnen einprägen, in welchen Situationen es ungefährlich ist, selbst gegen Schikane vorzugehen. Einsicht darin entwickeln, in welchen Situationen die Interventionen Erwachsener erforderlich sind, um Schikane wirksam zu beenden. Die angemessene Benachrichtigung eines Erwachsenen über Schikane einüben. Vermittlung eines Verständnisses für den Unterschied zwischen einer Mitteilung an einen Erwachsenen und Petzen.

Material: OHP-Folien „Sicher oder gefährlich?", „Was ist Petzen? – Was ist eine Mitteilung?", „Mitteilung von Schikane", Rollenspielvorgaben, Rollenspiel-Beobachtungsbogen (siehe Anhang, S. 258, 276, 281 f.).

Arbeitsschritte: Wiederholen Sie mit den Schülern die Inhalte der Lektion „Was kann ich bei Schikane tun?" anhand der OHP-Folie „Sicher oder gefährlich?".

Diskussionspunkte:

- Fühlt sich jeder gleichermaßen wohl dabei, selbst gegen Schikane vorzugehen? (Setzen Sie den Schwerpunkt darauf, dass dieselbe Situation in verschiedenen Menschen unterschiedliche Gefühle und Erwartungen auslösen kann.)
- Aus welchen Gründen vermeiden es manche Kinder, selbst jemandem, der sie drangsaliert, entgegenzutreten?
- Was kann man tun, wenn das eigene Vorgehen gegen Schikane keinen Erfolg hat?
- Was sollte man tun, wenn es zu gefährlich erscheint, sich gegen Schikane durchzusetzen? Lesen Sie der Klasse die folgende Situationsbeschreibung vor:

> „Du warst im Park und gehst nun nach Hause. Gerade als du um eine Ecke biegst, springen drei andere Kinder aus einem Hauseingang hervor und verstellen dir den Weg. Sie verlangen, dass du ihnen dein Geld gibst. Du hast große Angst. Du hast diese Kinder schon einmal gesehen und du weißt, dass sie andere belästigen und bedrohen. Niemand ist in der Nähe, der dir helfen könnte. Du bist ganz allein."

Fragen Sie die Schüler, was sie in dieser Situation tun würden. Weisen Sie darauf hin, dass solche Situationen gefährlich sind. Schlagen Sie den Schülern folgende Reaktionsmöglichkeiten vor:

- Ruhig bleiben.
- Abwarten, bis man in Ruhe gelassen wird und weggehen kann.
- Geld/Eigentum übergeben, wenn es verlangt wird.
- Eine Ausrede erfinden, um gehen zu können.
- Als Ablenkungsmanöver brüllen oder schreien, um entwischen zu können.
- Warum ist es notwendig, bei Erwachsenen Hilfe zu holen, um Situationen

zu beenden, in denen jemand belästigt oder bedroht wird? Was ist der Unterschied zwischen Mitteilung und Petzen?

Besprechen Sie mit den Schülern die OHP-Folie „Was ist Petzen? – Was ist eine Mitteilung?". Regen Sie sie dazu an, selbst Beispiele dafür zu finden, wann jemand petzt und wann jemand etwas mitteilt. Sie können das Unterrichtsgespräch auch führen, indem Sie den Schülern eine Situation vorgeben und sie dann einschätzen lassen, ob es sich um Petzen oder eine Mitteilung handelt.

Anmerkung: Diese Lektion kann auf zwei Unterrichtsstunden aufgeteilt werden. Dann endet der erste Teil hier.

Bestimmen Sie zwei Schüler, die eines der Rollenspiele einüben und dann der Klasse vorführen. Die Szene zeigt eine Person, die von jemandem bedroht wird. Sie endet damit, dass die bedrohte Person weggeht, um einem Erwachsenen den Vorfall mitzuteilen.

Diskussionspunkte:

- Sollte man es der Person, von der man bedroht oder belästigt wird, sagen, dass man jemandem diesen Vorfall mitteilen wird? Warum oder warum nicht?
- Welche anderen Strategien hätten der Schikane in dieser Situation ein Ende gesetzt?
- Auf welche Weise bestärkt es dich, wenn du dich bei Schikane durchsetzt oder jemandem den Vorfall mitteilst? Auf welche Weise ermutigt es andere, das Gleiche zu tun?

Schreiben Sie an die Tafel die Überschrift „Mitteilung von Schikane". Fragen Sie die Schüler, wie man vorgehen sollte, wenn man jemandem einen Vorfall mitteilt. Notieren Sie die Antworten und besprechen Sie sie mit der Klasse.

Besprechen Sie Schritt für Schritt mit den Kindern die OHP-Folie „Mitteilung von Schikane". Eventuell können die Schüler eine Kopie ihrem Friedensheft beifügen.

Anhand der Rollenspielvorgaben üben die Schüler in Zweiergruppen, wie man Vorfälle von Schikane angemessen mitteilt. Entweder wählen die Schüler selbst ein Rollenspiel aus oder die Lehrerin bestimmt ein Rollenspiel für jede Gruppe. Die Szene endet jeweils damit, dass das Opfer jemandem über den Vorfall Mitteilung gibt. Die Schüler wechseln sich beim Spielen ab.

Im Anschluss zeigen einzelne Gruppen ihre Rollenspiele der Klasse. Die übrigen Schüler bearbeiten dabei den Beobachtungsbogen.

Vertiefung:

Fragen an die Schüler:

- Ist es erforderlich, bei einem Erwachsenen Hilfe zu holen, wenn Strategien, sich gegen Schikane durchzusetzen, nicht funktionieren? Begründe deine Antwort.
- Fühlst du dich sicherer als vorher, weil du nun weißt, wann und wie man Erwachsene informieren sollte?
- Ist Mitteilung von Schikane gleichbedeutend mit Verrat? Begründe deine Antwort.
- Hilfst du durch dein Vorgehen nicht nur dem Opfer, sondern auch dem Täter? Auf welche Weise?
- Wirst du das, was du hier gelernt hast, auch in wirklichen Situationen anwenden?

Lektion

Schikane beenden – Die Rolle des Zeugen

Ziel: Einsicht in die Rolle des Zeugen von Schikane gewinnen. Bewusstsein und Verständnis dafür wecken, dass Zeugen verantwortlich dazu beitragen können, Schikane zu beenden.

Material: Plakatbögen, Filzstifte, Bleistifte, Buntstifte, Zeichenpapier oder Plakatkarton, Friedensheft, Arbeitsblatt „Jeder ist verantwortlich" (siehe Anhang, S. 284).

Arbeitsschritte: Schreiben Sie die Überschrift „Zeugen" an die Tafel. Fragen Sie die Schüler danach, was dieses Wort ihrer Meinung nach bedeutet. Notieren Sie die Antworten und diskutieren Sie sie mit der Klasse. Erklären und besprechen Sie die Bedeutung des Begriffs; nutzen Sie einen Overheadprojektor.

> „Ein Zeuge ist jemand, der weiß, dass Schikane ausgeübt wird. Er/sie kann davon erfahren, indem er/sie davon hört oder eine Situation sieht, in der jemand anders belästigt, eingeschüchtert oder bedroht wird."

Weisen Sie darauf hin, dass nicht nur Kinder, sondern auch Erwachsene zu Zeugen werden können. Regen Sie die Schüler dazu an, darüber nachzudenken, ob bzw. wann Zeugen die Verantwortung tragen, dafür zu sorgen, dass Schikane beendet wird. Besprechen Sie mit den Kindern das Arbeitsblatt „Jeder ist verantwortlich".

Lassen Sie die Schüler nach Möglichkeiten suchen, wie Zeugen dazu bei-tragen können, dass unfaire, einschüchternde und bedrohliche Verhaltens-weisen beendet werden können. Sie schreiben ihre Ideen in ihr Friedensheft. Im Anschluss lesen die Schüler ihre Vorschläge vor. Notieren Sie sie an der Tafel und besprechen Sie sie mit der Klasse.

Nun sollen die Schüler darüber nachdenken, wie einem Opfer nach einer Erfahrung von Schikane geholfen werden kann. Vorschläge dazu notiert je-der im Friedensheft. Gehen Sie im Anschluss genauso vor wie im vorherigen Unterrichtsabschnitt.

Beispiele für Hilfeleistungen:

– Darauf Acht geben, dass die Person nicht wieder drangsaliert wird.
– Mit der Person, die Schikane erlitten hat, Freundschaft schließen.
– Die Person dabei unterstützen, Strategien gegen Schikane anzuwenden.
– Sich mit der Person an Orten/in Situationen zusammenschließen, die oft zu Schauplätzen von Schikane werden, zum Beispiel auf dem Spielplatz, in Bus und Bahn usw.
– Der Person Mut machen und sie dabei unterstützen, mehr Selbstvertrauen zu entwickeln.

Die Schüler wählen nun eine ihrer eigenen Ideen oder einen Vorschlag vom Arbeitsblatt „Jeder ist verantwortlich" aus, um daraus ein Plakat zu gestal-ten. Die Kinder können sich auch für eine der folgenden Überschriften ent-scheiden:

▪ Kinder haben Macht
▪ Jeder verdient Respekt
▪ Kinder halten zusammen
▪ Stoppt Schikane
▪ Helft den Opfern von Schikane
▪ Du bist Zeuge – Du bist verantwortlich
▪ Wir alle sind verantwortlich

Vertiefung: Stellen Sie die Plakate im Klassenzimmer oder im Schulgebäu-de (an möglichst zentraler Stelle) aus.

Ergänzende/klassenübergreifende Unterrichtsangebote:
1. Gedichte über die Bedeutung von Zeugen und ihrer Rolle bei der Beendi-gung von Schikane.
2. Von Schülern entworfene Rollenspiele, die in anderen Klassen geübt wer-den können (bevorzugt aus der eigenen Erfahrung der Kinder).
3. Ältere Schüler informieren jüngere Schüler über die Rolle von Zeugen und darüber, was ein Zeuge tun kann, damit Schikane aufhört.

4. Von Schülern gestaltete Plakate, die zeigen, wie Menschen (alte und junge) respektvoll miteinander umgehen (zu Hause, im Unterricht, in der Pause, an der Bushaltestelle usw.). Heben Sie gegenüber den Schülern hervor, dass solche Plakate anderen als Beispiel dienen, um eine friedliche Atmosphäre in der Schule zu fördern und so Schikane zu verhindern.

5. Schüler gestalten einen Briefkasten, der innerhalb des Schulgebäudes an einem ruhigen, geschützten Ort angebracht wird. Schüler, die eingeschüchtert, bedroht oder belästigt wurden, oder Schüler, die Zeugen eines solchen Vorfalls wurden, können ihre Erfahrungen aufschreiben und anonym als Mitteilung an die Erwachsenen dort hinterlegen. Für manche Kinder wird dieses Verfahren einfacher sein, als direkt mit einem Erwachsenen zu sprechen.

6. Mit den Schülern Videos zu einzelnen Aspekten von Schikane aufzeichnen.

7. Eine Projektwoche unter dem Motto „Nein zu Schikane!" organisieren, an der sich die ganze Schule beteiligt. Innerhalb der Klassen und klassenübergreifend kann an Ausstellungen, Präsentationen oder der Ausrichtung eines Wettbewerbs gearbeitet werden, um ein breites Bewusstsein für Schikane als Problem sowie für Lösungswege zu schaffen. Eltern und Personen aus dem Umfeld der Schule können eingeladen werden, um sich Präsentationen oder Ausstellungen anzusehen.

8. Einsatz von Büchern/Geschichten, in denen Schikane als Thema im Mittelpunkt steht. Daraus können Unterrichtsaktivitäten abgeleitet werden, in die wiederum die erlernten und geübten Handlungskompetenzen integriert werden können.

Lektion
··
Unfaires und aggressives Verhalten positiv beeinflussen

Ziel: Kinder im Aufbau konstruktiver Verhaltensweisen fördern, die sie dazu befähigen, unfaires und aggressives Verhalten gegenüber anderen aufzugeben und/oder das negative Verhalten anderer in konstruktiver Weise zu beeinflussen.

Material: Plakatbogen, Filzstifte, Bleistifte, Friedensheft, Arbeitsblatt „Warum manche Menschen Schikane ausüben" (siehe Anhang, S. 285).

Arbeitsschritte: Schreiben Sie die Frage „Warum üben manche Leute auf andere Schikane aus?" an die Tafel. Fragen Sie die Schüler nach ihren Meinungen, Ideen, Vermutungen. Notieren Sie die Beiträge und besprechen sie sie mit den Kindern. Gehen Sie nun mit den Schülern das Arbeitsblatt „Warum manche Menschen Schikane ausüben" Punkt für Punkt durch.

Regen Sie die Schüler dazu an, Ideen zu entwickeln, wie man jemandem dabei helfen kann, unfaires und aggressives Verhalten zu verändern, also negative durch positive Verhaltensweisen zu ersetzen (das könnte auch auf sie selbst zutreffen), und ihre Vorschläge in ihr Friedensheft einzutragen. Gehen Sie darauf ein, dass manchen Kindern nicht bewusst ist, dass sie andere unter Druck setzen. Es kann zum Beispiel vorkommen, dass ein Kind ein anderes dazu zwingt, etwas Bestimmtes zu tun. Auch wenn es sich hierbei um eine gemäßigtere Form handelt, ist es dennoch Schikane.

Schreiben Sie die Überschrift „Unfaires Verhalten positiv verändern" an die Tafel. Geben Sie den Schülern nun Gelegenheit, ihre Ideen mitzuteilen. Notieren Sie die Beiträge.

Beispiele:

– Sich jemandem, der manchmal auf andere Schikane ausübt, grundsätzlich offen und zugänglich zeigen.
– Dazu beitragen, dass diese Person mehr Selbstvertrauen aufbauen kann.
– Auf ihre konstruktiven Stärken und Fähigkeiten aufmerksam machen.
– Wege aufzeigen, wie diese Fähigkeiten in positiver Weise genutzt werden können.
– Sportliche Aktivitäten schaffen, damit negative Energien in konstruktiver Weise abfließen können.
– Wann immer erforderlich, bei Erwachsenen Hilfe holen.

Vertiefung: Die Schüler notieren in ihrem Friedensheft die Situationen, in denen sie es geschafft haben, selbst auf unfaires Verhalten zu verzichten, und sich stattdessen in positiver Weise verhalten haben. Ebenso sollen die Schüler aufschreiben, wann es ihnen gelungen ist, das Verhalten eines anderen Kindes in positiver Weise zu beeinflussen. Nach einer Woche werden die Ergebnisse im Unterricht ausgetauscht. Verankern Sie in der Vorstellung der Schüler, dass jeder dafür verantwortlich ist, so viel wie möglich zur Beendigung von unfairem Verhalten und Schikane beizutragen! Ermutigen Sie Ihre Schüler, Teil der Lösung zu sein!

6. Baustein: Mitschüler-Mediation

Theorie

Konflikte liegen in der Natur des Lebens. Die meisten der eher geringfügigen Konflikte und auch einige der tiefer greifenden Konfliktsituationen können in der Regel – bei gegenseitigem Respekt und unterstützt durch Kommunikationsfähigkeiten und Problemlösungskompetenzen – ohne Hilfe von außen bewältigt werden. Es kommt jedoch vor, dass Menschen sich in Situationen verstricken, die so angespannt oder verletzend sind, dass sie alleine nicht mehr herausfinden. Was kann in solchen Fällen unternommen werden?

Schüler können Lehrer um Hilfe bitten. Aber Lehrer sind viel beschäftigte Menschen, die ohnehin unter hohen Anforderungen stehen und wenig Zeit haben, zusätzlich noch Schülerstreit zu schlichten. Darüber hinaus sind viele Lehrer nicht darin ausgebildet, in Konflikten die Mediatorenrolle zu übernehmen. In jahrelanger Erfahrung in Europa und Nordamerika hat sich die Mitschüler-Mediation als außerordentlich effektives Instrument zur Lösung aktueller Konflikte erwiesen. Gleichzeitig leistet sie einen wertvollen Beitrag zu einem sozialen Schulklima, in dem sich vertrauensvolle und friedliche Beziehungen zwischen Schülern aller Altersstufen entwickeln können.

Mitschüler-Mediation ist ein Konfliktlösungsverfahren, in dem Schüler der älteren Jahrgänge als Mediatoren ausgebildet werden und dann in Konfliktsituationen die Mediatoren-Rolle übernehmen können. Mitschüler-Mediatoren setzen ihre in der Ausbildung erworbenen Kompetenzen ein, um streitenden Schülern zu helfen, im gemeinsamen Gespräch das vorliegende Problem zu lösen. Die Konfliktparteien werden mit den einzelnen Schritten und Regeln des Verfahrens vertraut gemacht und wenden sie unter Anleitung der Mediatoren im Lösungsprozess an. Das Lösungsverfahren ist so strukturiert, dass Raum geschaffen wird, um in angemessener Weise Klagen und Beschwerden vorbringen zu können, die Situation von beiden Standpunkten aus zu betrachten und gemeinsam eine Lösung zu finden. In den meisten Fällen kann auf diese Weise ein Konflikt erfolgreich bewältigt werden. Manche Probleme sind allerdings so gelagert, dass sie sich einer Bewältigung durch Mitschüler-Mediation entziehen und die Interventionen Erwachsener erfordern.

Die Mediatoren-Ausbildung bereitet künftige Mitschüler-Mediatoren umfassend und entsprechend ihrer Aufgabenstellung vor. Lehrkräfte, die für den Stundenplan und den Einsatz von Mitschüler-Mediatoren verantwortlich sind, werden gemeinsam mit ihnen geschult und unterstützen sie bei der Entwicklung und Aneignung der erforderlichen Kompetenzen. Über diese Ausbildung und den späteren Einsatz von Mitschüler-Mediatoren gibt es im Buchhandel zahlreiche Handbücher und Trainingsvideos, die didaktisch gut aufbereitet und erprobt sind. Ein komplettes Trainingsprogramm würde den Rahmen dieses Buches sprengen. Darum beschränken wir uns hier auf einen Überblick über die Methode und ihre Bedeutung innerhalb des Programms „Frieden lernen".

Die übergeordnete Zielsetzung der Mitschüler-Mediation besteht darin, Schülern die Gelegenheit zu geben, ihren Streit mit Hilfe und unter Anleitung von Schülern derselben Schule zu klären und beizulegen. Über den Klärungsprozess gewinnen die beteiligten Schüler Einsicht in den Ablauf der Ereignisse, die schließlich zum Konflikt führten. Streitende Schüler werden dazu angehalten, sich Regeln gegenseitiger und respektvoller Kommunikation anzueignen und zu befolgen. Beide Konfliktparteien haben ein Recht darauf, angehört zu werden, und sind im Gegenzug dazu verpflichtet, der anderen Person bei der Darlegung ihrer Sichtweise zuzuhören. Das Gespräch hat vertraulichen Charakter. Das von allen Beteiligten schriftlich niedergelegte Einverständnis zu einer erarbeiteten Lösung verbleibt in den Unterlagen des Mediatoren-Teams und ist nur diesem zugänglich. Abgesehen von den unmittelbaren Vorteilen einer erfolgreichen Problemlösung besteht ein konstruktiver Nebeneffekt darin, dass alle beteiligten Schüler aus dieser Erfahrung Bestätigung und Stärkung ihrer Handlungskompetenzen beziehen.

Innerhalb des vorliegenden Programms „Frieden lernen" kommt der Mitschüler-Mediation zentrale Bedeutung zu. Sie ist eng mit den anderen fünf Bausteinen verknüpft. Um eine Vorstellung davon zu vermitteln, welchen Stellenwert Mitschüler-Mediation im Rahmen der Erziehung zu friedlichem Zusammenleben zukommt und wie sie in diesem Kontext wirkt, soll im Folgenden dargestellt werden, welche Aspekte bei der Einrichtung eines Mediatoren-Programms an einer Schule zu beachten sind und mit welchen Schritten sich Konfliktlösung mit Hilfe von Mediation vollzieht.

Schülern, die als Mediatoren arbeiten, werden durch das Trainingsprogramm zunächst Grundlagenkenntnisse über Konflikte und Verfahren zu ihrer friedvollen und fairen Bewältigung vermittelt. Danach werden sie an die praktische Mediation von Streitigkeiten herangeführt. Die folgenden Fähigkeiten werden von den Mediatoren während einer Mediationssitzung sowohl praktisch ausgeübt als auch mit den beteiligten Streitparteien eingeübt:

- Regeln gegenseitiger, effektiver Kommunikation
- Aktives Zuhören
- Umschreibende oder zusammenfassende Wiedergabe von Gesprächsinhalten
- Verzicht auf (Vor-) Urteile
- Offene Formulierung von Fragen, Vermeidung von gelenkten Fragen
- Einfühlungsvermögen
- Deutung von Körpersprache und -signalen
- Kreatives Denken und Mitdenken
- Brainstorming
- Finden von Lösungen, in denen alle gewinnen
- Wahrung von Vertraulichkeit

Der Mediator sollte während des Lösungsprozesses auf Folgendes achten:

- genau zuhören, um mitschwingende Gefühle und Meinungen zu erkennen;
- Körpersignale und Körpersprache des Gegenübers beobachten, um zusätzliche Informationen über dessen Gefühlslage zu gewinnen;
- nachfragen, wenn wesentliche Informationen zum Sachverhalt fehlen; Fragen offen und nicht gelenkt formulieren, sodass das Gegenüber sich frei über seine Gefühle oder in Bezug auf den Gesprächsverlauf äußern kann;
- die streitenden Parteien daran erinnern, das Problem anzusprechen statt den Streitpartner zu kritisieren;
- die Konfliktparteien darin unterstützen, eine Lösung zu finden, von der beide profitieren.

Es gibt viele und unbestreitbare Gründe dafür, Mitschüler-Mediation in einer Schule einzurichten. Es ist ein wichtiger Beitrag zu einem insgesamt effektiveren Kommunikationsstil. Sowohl bei den Lehrkräften wie bei den Schülern wird das Bewusstsein für Lösungswege und -techniken gestärkt. Auf Seiten der Schüler entwickelt sich zudem mehr Zugehörigkeits- und Verantwortungsgefühl für die Schule und das Schulleben. Die Mitschüler-Mediation stellt ein strukturiertes Verfahren zur Konfliktlösung dar, was in das Schulleben integriert ist und damit für alle zugänglich. Die Lehrer werden entlastet: Sie werden weniger stark durch die Schülerstreitigkeiten vereinnahmt.

Insgesamt trägt die Umsetzung von Mitschüler-Mediation zum persönlichen Wachstum aller am Schulleben Beteiligten und zu der Etablierung einer fairen und friedlichen „Streitkultur" an der Schule bei.

Die Einrichtung von Mitschüler-Mediation bedarf vorausschauender Vorbereitung und Organisation. Sollten Sie die Umsetzung an Ihrer Schule in Erwägung ziehen, können Ihnen die folgenden Vorschläge und Hinweise nützlich sein:

- Wahl eines Lehrer-Mediationsteams bzw. eines Mediationskoordinators.
- Wahl oder Bestimmung von Schülern, die als Mediatoren in Frage kommen (bei jüngeren Schülern sollte die Auswahl durch die Lehrer vorgenommen werden).
- Auswahl eines geeigneten Mediatoren-Trainingsprogramms.
- Information an die Eltern/Erziehungsberechtigten der am Programm teilnehmenden Schüler; Einholen des elterlichen Einverständnisses.
- Richtlinien für die Verfahrensweise erarbeiten, Abklärung organisatorischer Fragen:
  - Sollen die Mediatoren zu zweit arbeiten?
  - Wo sollen die Mediationssitzungen stattfinden?
  - Zu welchem Zeitpunkt sollen die Mediationssitzungen stattfinden?
  - Wie können die Mediatoren für ihre Mitschüler kenntlich gemacht werden?
  - Um welche Sachverhalte kümmern sich die Mitschüler-Mediatoren selbst, welche werden an die Erwachsenen weitergeleitet?
  - Wie wird vorgegangen, wenn eine Mediation keinen Erfolg bringt?
  - In welchen Zeitabständen soll sich das Mediationsteam treffen?
  - Wie soll das Mediationsteam unterstützt und betreut werden?
- In welcher Form soll die Schulbehörde über die Einrichtung eines Mediations-Programms informiert und eventuell eingebunden werden?
- In welcher Form können Eltern/Erziehungsberechtigte und gegebenenfalls sogar das Umfeld der Schule das Programm unterstützen?

Wenn Sie Mitschüler-Mediation an Ihrer Schule einführen möchten, ist es sinnvoll, sich für ein professionell gestaltetes Trainingsprogramm, wie es zum Beispiel bei Lehrerfortbildungen im Rahmen dieses Programms „Frieden lernen" bei der Cornelsen Akademie angeboten wird, zu entscheiden. Dort erhalten die Lehrer und Schüler eines Mediationsteams praktische Anleitung durch qualifizierte und erfahrene Mediationstrainer. Eigenverantwortliche Konfliktlösung einzuüben kann gar nicht hoch genug geschätzt werden. Es handelt sich um einen wesentlichen Beitrag zur Friedenserziehung, der Schüler für ihren eigenen Lernprozess sensibilisiert und sie darin einbezieht. Schüler erlangen so ein Bewusstsein für ihre eigene Friedenskompetenz, was auf anderem Wege nur schwer zu erreichen wäre.

Die fünf Schritte einer Mediationssitzung

Wie läuft eine Mediationssitzung im Einzelnen ab? Wenn ein Schülerstreit so weit eskaliert ist, dass er von den Beteiligten nicht mehr selbst beigelegt werden kann, können diese einen Mitschüler-Mediator um Unterstützung bitten. In den meisten Fällen ziehen Schüler diese Möglichkeit vor, anstatt Hilfe bei einem Erwachsenen zu suchen. Wenn möglich, sollten Mediatoren zu zweit arbeiten – ein Verfahren, das aus vielen Gründen von Vorteil ist. Steht für Mediationen ein separater Raum zur Verfügung, finden die Sitzungen hier statt.

Schritt 1: Einführung und Spielregeln

- Die Mediatoren und Streitparteien stellen sich vor.
- Die Mediatoren beschreiben ihre Rolle. Dabei stellen sie klar, dass ihre Funktion nicht darin liegt, zu beurteilen, zu bestrafen, Anweisungen zu geben oder zu bewerten, was richtig und was falsch ist.
- Weiterhin klären sie darüber auf, dass die Mediationssitzung vertraulichen Charakter hat. Davon sind Sitzungen ausgenommen, in denen Probleme diskutiert werden, die mit Drogen, Gewalt oder Missbrauch zusammenhängen. In solchen Fällen sind die Mediatoren verpflichtet, die betreuenden Lehrer zu informieren.

Regeln für die Mediationssitzung

- Alle Beteiligten verpflichten sich, bestmöglich zur Lösung des Streits beizutragen.
- Alle Beteiligten erhalten die Möglichkeit, ihre Sichtweise der Situation darzulegen.
- Alle verpflichten sich zu einem respektvollen Verhalten beim Zuhören (keine Unterbrechungen oder nonverbaler Ausdruck von Abschätzigkeit) und beim Sprachgebrauch (keine Schimpfwörter, Drohungen oder Beleidigungen).
- Es wird selbstverständlich keine Gewalt ausgeübt oder aggressives Verhalten gezeigt. Das Problem soll besprochen werden, ohne eine Person anzugreifen.

- Kann kein Einverständnis mit den Regeln erzielt werden, wird der Konflikt an einen Lehrer weitergeleitet. Stimmen die Beteiligten zwar grundsätzlich zu, sind aber noch zu aufgebracht oder wütend, um sich an einem Gespräch zu beteiligen, wird Zeit zur Beruhigung eingeräumt.

Schritt 2: Klärung der Situation, Problembeschreibung

- Der Mediator weist die Streitparteien noch einmal darauf hin, aufmerksam zuzuhören. Alle Beteiligten erhalten Gelegenheit, ihre Sichtweise der Situation zu beschreiben. Es spricht jeweils nur eine Person. Der Sprecher gibt möglichst vollständig wieder, wie er das Geschehen erlebt hat.
- Der Mediator fasst die Äußerungen des Sprechers zusammen, um Missverständnisse zu vermeiden. Er fragt nach, ob der Sprecher noch etwas hinzufügen möchte.
- Um alle Einzelheiten eines Problems sachlich zu erfassen, ist es entscheidend, nicht gelenkte, offene Fragen zu stellen, auf die nicht nur mit Ja oder Nein geantwortet werden kann, zum Beispiel: Was ist geschehen? Wie hast du in der Situation gehandelt? Wann hat das Problem angefangen? Was stört dich am meisten?
- Haben beide Parteien ihre Wahrnehmung von der Situation dargestellt, nutzt der Mediator die Aussagen beider Beteiligten, um das Problem verbal zusammenzufassen.

Schritt 3: Sammeln von Lösungsvorschlägen, Brainstorming

- Der Mediator erklärt den streitenden Parteien die Regeln, nach denen beim Brainstorming vorgegangen wird:
  - Alle Ideen und Vorschläge sollten geäußert werden, auch solche, die zunächst unwahrscheinlich oder „verrückt" erscheinen.
  - Niemand unterbricht denjenigen, der Vorschläge macht. Sie werden weder diskutiert noch bewertet.
  - Es werden so viele Ideen wie möglich gesammelt.
- Mit folgenden Impulsen kann der Mediator die Teilnehmer bei der Entwicklung des Brainstormings unterstützen:
  - Was sollte – deiner Ansicht nach – geschehen oder sich verändern?
  - Was brauchst du – zum Beispiel, damit es dir besser geht?
  - Wie hättest du dich anders verhalten können?
  - Wie könntest du dich anders verhalten, wenn dasselbe Problem wieder auftritt?

Schritt 4: Realistische Lösungen

- Der Mediator fragt jeden Beteiligten einzeln danach, welche der im Brainstorming gesammelten Vorschläge er/sie angemessen und akzeptabel findet.
- Die Streitparteien einigen sich auf einen Lösungsvorschlag. Dabei kann der Mediator anhand folgender Fragen die Beteiligten unterstützen:
  - Handelt es sich um eine Lösung, bei der im Ergebnis jeder gewinnt?
  - Bezieht die Lösung beide Parteien zu gleichen Teilen ein?
  - Unter welchen Bedingungen und in welchen Schritten soll die Lösung umgesetzt werden?
  - Handelt es sich um eine dauerhafte Lösung des Problems?

- Kann keine Einigung auf eine Lösung erreicht werden, wird das Brainstorming erneut aufgenommen, um weitere Lösungsmöglichkeiten zu finden. Danach wird Schritt 4 wiederholt. Kommt auch dann keine greifbare Lösung zustande, sollte der Streitfall an den betreuenden Lehrer weitergeleitet werden.

Schritt 5: Abschluss der Mediationssitzung

- Der Mediator fasst zusammen, auf welche Lösung sich die Kontrahenten geeinigt haben. (Entschuldigungen, die angeboten wurden, sollten an dieser Stelle Erwähnung finden.)
- Die Lösung wird vom Mediator in Form eines Übereinkommens zwischen den Parteien schriftlich fixiert und von allen Beteiligten unterschrieben. Dieses Schriftstück verbleibt zur Dokumentation beim Mediationsteam.
- Abschließend sollte angemessen gewürdigt und anerkannt werden, dass die Streitparteien ihr Problem bearbeitet haben und zu einer friedlichen Lösung gelangt sind.

Mitschüler-Mediatoren entwickeln die Fähigkeiten, die für die Durchführung von Mediation erforderlich sind, indem sie sie konkret anwenden, und erreichen so eine beträchtliche Kompetenz. Diese Befähigung wirkt sich auch auf andere Lebensbereiche der Schüler in grundlegender Weise aus. Untersuchungen haben ergeben, dass Schüler, die während ihrer Schulzeit als Mediatoren gearbeitet haben, später mit höherer Wahrscheinlichkeit Führungsrollen in der Gesellschaft und am Arbeitsplatz übernehmen. Auch die Schüler, die sich in Konflikten an Mediatoren gewandt haben, profitieren längerfristig von den Erfahrungen im Mediationsprozess. Sie haben praktische Erfahrung mit der Anwendung von Lösungsstrategien gesammelt. Es wäre ideal, wenn alle Schüler die Fertigkeiten und das Verfahren von Mediation genau so trainieren könnten wie die Mediatoren.

Das Programm „Frieden lernen" bietet den einzigartigen Vorzug, durch seine Konzeption ein Training sozialer Kompetenzen zu ermöglichen, das eine ganze Schule einbezieht. Kontinuierliches Unterrichten aller sechs Bausteine des Programms in jeder Klasse einer Schule gewährleistet, dass alle Schüler – auch diejenigen, die bereits an Mediation teilgenommen haben – soziale Fähigkeiten und Strategien zur Problemlösung erwerben. Dann haben schon diejenigen, die an einer Mediationssitzung teilnehmen, Vorkenntnisse und Werkzeuge zur Verfügung.

Das Wichtigste dieses Kapitels in Kürze

- ☑ Nicht alle Konflikte können durch Mediation gelöst werden.

- ☑ Mitschüler-Mediatoren sollten ein vollständiges und umfassendes Mediationstraining erhalten und von Lehrkräften unterstützt werden, die als Mentoren ausgebildet sind.

- ☑ Die Schulbehörde, die Schüler, Lehrer und Eltern sollten über das Mediationstraining und das Mediationsverfahren, das an der jeweiligen Schule angewandt wird, umfassend informiert werden.

Umsetzung und Auswertung

Beispiel für einen Umsetzungsplan

Phase 1: Klären und Abstimmen der Rahmenbedingungen

Die Umsetzung des vorliegenden Programms beginnt mit der Gründung eines Friedenskomitees. Dieser Schritt sollte jeder weiteren Planung vorangehen. Das Friedenskomitee setzt sich aus Vertretern des Lehrerkollegiums und der Elternschaft zusammen. Zu einem späteren Zeitpunkt können und sollen die Schüler einbezogen werden. In diesem übergeordneten Friedenskomitee sind Lehrerkollegium, Elternschaft und Schülerschaft einer Schule vertreten. Je nach Größe der Schule kann es auch sinnvoll sein, dass Lehrer, Schüler und Eltern jeweils ihr eigenes Gremium bilden, um die Arbeit des zentralen Friedenskomitees zu unterstützen. Das Friedenskomitee leitet in allen Phasen die Umsetzung des Programms „Frieden lernen".

Bei jedem Projekt besteht der erste Schritt darin, die nötigen Grundlagen zu seiner Verwirklichung zu schaffen. Zeit, Finanzen, beteiligte Personen und organisatorische Fragen sind Faktoren, die im Auge behalten werden müssen. Es wird sich später auszahlen, zu Beginn des Projekts ausreichend Zeit in die Vorbereitung sowie zur Klärung und Abstimmung von Rahmenbedingungen investiert zu haben. Später wird diese Voraussicht erheblich zum Gesamterfolg und zur Lebensdauer des Programms beitragen. Viele Vorhaben schlagen fehl, weil gerade dieser erste Schritt übersprungen wird.

Allerdings sollte auch vermieden werden, in der vorbereitenden Planung stecken zu bleiben. Manches Projekt kommt nie in Gang, weil seine Planung zum Selbstzweck gerät. Darum empfehlen wir einen verbindlichen Zeitplan, in dem festgehalten wird, wann von wem welche einzelnen Zielsetzungen und Aufgaben erfüllt sein sollten. Falls erforderlich, kann der Zeitrahmen so angepasst werden, dass seine Einhaltung garantiert und der Fortgang des Projektes in der gewünschten Bahn gewährleistet wird.

Phase 2: Erheben der Ist-Lage und Planen des Vorgehens

Die Erhebung der Ist-Lage in Bezug auf das aktuelle soziale Klima an der Schule ist wegweisend für die Planung und später eine wertvolle Hilfe, wenn die Zeit für die Auswertung und Neuanpassung des Programms gekommen ist. Maßnahmen, die an der Schule bereits erfolgreich angewendet werden, bilden wichtige Grundlagen, auf denen aufgebaut werden kann. Ein umfassendes und präzises Bild von der aktuellen Situation an der Schule entsteht durch eine Befragung der Schüler, Lehrer und Eltern. Die Einbeziehung aller Beteiligten gleich zu Beginn sowie das deutliche Signal, dass ihren persönlichen Erfahrungen, Sichtweisen und Rückmeldungen zentrale Bedeutung für die reibungslose und effektive Umsetzung dieses Programms zukommt, schafft eine günstige Ausgangslage für die spätere Zusammenarbeit. Als geeignetes Verfahren bietet sich ein ausführlicher Fragebogen an, der an alle Beteiligten ausgegeben wird und der die oben dargestellten Aspekte berücksichtigt.

Der Erfolg eines Projektes hängt ebenso von der Entwicklung eines konkreten Handlungsplans ab wie von der Flexibilität, mit der auf positive wie negative Unwägbarkeiten reagiert wird. Das Ziel von Anfang an im Auge zu behalten ist nicht gleichbedeutend mit einer starren Fixierung auf ein feststehendes Resultat. Im Gegenteil – das Kollegium sollte die Chance erhalten, durch eigene Ideen und Zielvorstellungen den Prozess zu bereichern und eventuell sogar korrigierend zu beeinflussen. Es ist zwar immer gut zu wissen, wohin die Reise geht, und so die nötigen Schritte auf der Route konkret zu planen, aber gleichzeitig gilt es, offen zu bleiben gegenüber dem lebendigen Gang der Dinge. Herausforderungen, Veränderungen und überraschende Erkenntnisse tragen zu der Dynamik bei, mit der sich ein Plan entwickelt.

Diese Dynamik verleiht dem Prozess eine Qualität, deren Wert genutzt werden sollte – unter gleichzeitiger Berücksichtigung der Planungsstrukturen, die die erforderliche Stringenz sicherstellen.

Die Größe einer Schule kann es erfordern, dass in einem nächsten Schritt zusätzliche Friedenskomitees gebildet werden wie ein Lehrer-Friedenskomitee oder ein Eltern-Friedenskomitee. Es sollte klar definiert werden, in welcher Umsetzungsphase sie welche Aufgaben zu erfüllen haben, mit anderen Worten: Ihr Verantwortungsbereich sollte abgesteckt werden.

Diese Informationen werden an alle Beteiligten weitergegeben (auch denen, die nicht einem Komitee angehören).

Phase 3: Die Botschaft vermitteln

Wenn positive Veränderungen angestrebt werden, ist es sinnvoll und der Absicht förderlich, zunächst die entsprechenden Einstellungen und Haltungen zu überprüfen und gegebenenfalls zu verändern. Grundsätze, Methoden, Strategien und vor allem Schülerverhalten konstruktiv zu verändern, setzt voraus, dass wir uns differenziert mit unseren eigenen Anschauungen zu Gewalt und Aggression, ihren Ursprüngen, ihren Erscheinungsformen sowie mit Tätern und Opfern auseinander setzen. Wenn Sie in Erwägung ziehen, dieses Programm den Mitarbeitern, Schülern und der Elternschaft Ihrer Schule (zum Beispiel im Rahmen einer Präsentation) vorzustellen, wird es für Ihr Vorhaben und für Ihre Verständigung mit den Adressaten von Vorteil sein, diesen Aspekt zu berücksichtigen.

Ein weiterer prägnanter Punkt, der bei der Vorbereitung einer solchen Präsentation beachtet werden sollte, ist die Wirkung, die dieses Programm in jedem einzelnen Zuhörer hervorruft. Es ist daher sinnvoll, die Darstellung des Programms zunächst auf die Bedürfnisse der Gruppe, an die sie sich richtet (Schüler, Mitarbeiter, Eltern), abzustimmen. Die Art und Weise, wie Informationen präsentiert werden, entscheidet darüber, ob die damit verknüpfte Botschaft erfolgreich vermittelt werden kann. Die Aufmerksamkeit der Zuhörer und die Bedeutung, die dem Gesagten beigemessen wird, hängen von dem Kontext ab, in den Informationen eingebettet werden. Wer aus den dargestellten Inhalten Verbindungen zu seinen persönlichen Lebensumständen und Anliegen ableiten kann, wird das Gesagte eher in sich aufnehmen.

Eine Präsentation des vorliegenden Programms sollte daher durch Beispiele aus dem Schulalltag veranschaulichen, dass jeder einzelne am Schulleben Beteiligte von den bestehenden Problemen betroffen ist und dass ein dringender Handlungsbedarf zu deren Lösung besteht, von der wiederum alle profitieren werden. Eine solche Präsentation sollte zugleich Forum für Fragen, Einsichten, Kommentare oder Bedenken seitens der Adressaten sein. Werden diese Beiträge ernst genommen und in angemessener Weise in die Planung und Umsetzung aufgenommen, erhöhen sich die Chancen, dass das Programm auf breite Zustimmung stößt.

Als professionell Erziehende sind wir dafür verantwortlich, Informationen über Sozialkompetenz und über die aktuelle Problemlage so sprachlich auszudrücken, dass sie von allen Adressaten verstanden werden können. Es ist sehr hilfreich, sich während einer Präsentation in die Situation der Zuhörer hineinzuversetzen und darauf zu achten, dass sie den Darstellungen inhaltlich folgen können und sich motiviert fühlen, diese Informationen zu nutzen.

Für die Form der Präsentation bieten sich verschiedene Optionen an: als Website, in gedruckter Form oder durch einen Referenten vor Zuhörern. Jede Präsentationsform ist durch einen entsprechenden Bedingungsrahmen, eine eigene Dynamik und eine bestimmte Zielgruppe gekennzeichnet. Auf einer Website kann eine große Informationsmenge detailliert auf einzelnen Seiten dargestellt werden, ohne dass sie den Empfänger überfordert. In gedruckter Form kann das Anliegen sehr konkret beschrieben werden. Es bietet zugleich die Möglichkeit, zu einem späteren Zeitpunkt Ergänzungen folgen zu lassen. Präsentationen durch Referenten zeichnen sich dadurch aus, dass sie die Zuhörer über den persönlichen Kontakt motivieren und zum Austausch in der Gruppe anregen.

Im Idealfall sollte die Einführung in das Programm als interaktive Lernerfahrung für die Teilnehmer gestaltet werden. Neben der Informationsvermittlung steht im Vordergrund, dass die Zuhörer die Notwendigkeit, die Rahmenbedingungen und die Realisierbarkeit des Programms erkennen und verstehen. Sieht die Präsentation zudem eine Beteiligung der Zuhörer an einigen praktischen Übungsbeispielen vor, wird dies das Verständnis für die Intentionen des Programms vertiefen und die Bereitschaft erhöhen, es aktiv zu unterstützen.

Phase 4: Umsetzung

Lange bevor im Unterricht konkret an Lektionen gearbeitet wird, sollte darüber nachgedacht werden, wann, wo und wie genau die Umsetzung des Programms erfolgen soll. Zuerst werden die von Schülern, Lehrern und Eltern vorab ausgefüllten Fragebögen ausgewertet. Die Ergebnisse können es durchaus erfordern, den ursprünglich gefassten Umsetzungsplan zu verändern. Diesbezügliche Flexibilität wird dazu beitragen, den Optimismus und die Bereitschaft der beteiligten Lehrkräfte zu erhalten, der Friedenserziehung in ihrer täglichen Arbeit mit ihrer Klasse Priorität einzuräumen,.

Kommt ein Lehrerkollegium zu der Entscheidung, bestimmte Bausteine des Programms im Rahmen eines Gemeinschaftsprojekts zur selben Zeit in seinen Klassen zu bearbeiten, wird damit ein kollegiales Forum geschaffen, in dem Lehrer sich über die Vermittlung derselben Lektionen im Unterricht und über vergleichbare Erfahrungen, Herausforderungen und Erfolge austauschen können. Fällt die Entscheidung zugunsten einer unabhängigen

Umsetzung des Programms in den einzelnen Klassen, liegt es in der Verantwortung des jeweiligen Lehrers, zu bestimmen, mit welchem Baustein und mit welchem Tempo begonnen werden soll. Diese Vorgehensweise eignet sich besonders gut, um das Programm der speziellen Situation in einzelnen Klassen anzupassen. Unabhängig davon, für welches Verfahren man sich entscheidet, ist es unerlässlich, dass sich das Lehrerkollegium in regelmäßigen Abständen trifft, um den Fortgang des Projektes gemeinsam zu diskutieren. Gegenseitige Kommunikation und regelmäßiger Austausch tragen zum Gelingen der Lernprozesse in den Klassen und zum Engagement der Lehrer bei.

Es wird empfohlen, mindestens zwei Lektionen in Friedenserziehung pro Woche durchzuführen. Ob Sie zunächst mit einem Baustein beginnen und diesen über einen längeren Zeitraum unterrichten oder ob Sie, was sich sicherlich vorteilhafter auswirkt, einige Bausteine kombinieren – es ist wesentlich, im Schulalltag solche Momente zu nutzen, in denen Schüler für Lernerfahrungen zugänglich sind. Das gilt besonders dann, wenn sich aktuell Probleme anbahnen oder bereits entstanden sind. Es ist weder notwendig noch möglich, einer Situation mit einer vorgefertigten Lösung zu begegnen. In vielen Fällen kann schon eine kurze Erinnerung, zum Beispiel an Ich-Botschaften, eine spürbare Wirkung erzeugen und einen Konflikt auf dem Schulhof so entschärfen, dass für den Rest der Pause eine positive und befriedete Atmosphäre geschaffen werden kann.

Wenn die konkrete Umsetzung der Lektionen in den Klassen beginnt, ist es sinnvoll, die im Folgenden beschriebenen Aspekte zu beachten. Ihnen vor der Durchführung des Unterrichts Beachtung zu schenken, trägt dazu bei, das Interesse und die Motivation der Schüler zu erhalten.

Phase 5: Auswertung

Es ist nicht damit getan, dieses Programm in Gang zu bringen und es dann im weiteren Verlauf sich selbst zu überlassen. Leben bringt fortwährend Veränderung. Deshalb sollten Planung und Umsetzung nicht gleichgesetzt werden, sondern jeweils sachgerechte Betrachtung und Behandlung erfahren. Eine fortlaufende Auswertung liefert den beteiligten Lehrkräften wichtige Informationen über den Prozessverlauf, darüber, welche Erfolge zu verzeichnen sind und welche Neuanpassungen anstehen. Nach außen hin dokumentiert die Auswertung die positive Wirkung, die das Programm auf die Schüler und auf die Schule als Ganzes ausübt, und trägt so dazu bei, die

Unterstützung der Eltern sowie eine Finanzierung oder die Unterstützung aus dem Umfeld Schule zu sichern. Darüber hinaus ermöglicht eine Auswertung allen Beteiligten, aus den eigenen Erfahrungen zu lernen. Die Umsetzung des Programms bedarf der Evaluation unter verschiedenen Aspekten und in regelmäßigen Abständen. So wird die bestmögliche Effizienz und Qualität der Arbeit erreicht. Zudem wird die aktuelle Bedürfnislage aller Beteiligten im Auge behalten. Zur Gewährleistung vergleichbarer Auswertungsergebnisse sollte das Auswertungsverfahren nicht verändert werden.

Vorab sollte definiert werden, anhand *welcher Kriterien* die Umsetzungsqualität des Programms gemessen wird. Wie erfolgreich das Programm greift, zeigt sich in den einzelnen Bereichen des Klassen- und Schullebens. Dazu gehören:

- die Qualität der gegenseitigen Kommunikation in allen Bereichen;
- Aufbau und Inhalt der Lektionen;
- Eignung des Materials;
- Integration des Programms in das tägliche Schulleben;
- Curricula;
- Fortschritte, die sich zeigen durch einen Rückgang von gewalttätigen/aggressiven Vorfällen, eine Reduzierung von Konfliktmediationen und einen Rückgang verlorener Unterrichtszeit infolge von Störungen (bedürfen der schriftlichen Erfassung); jeweils nach Altersstufen differenziert;
- Bereiche, die noch der Veränderung und Verbesserung bedürfen. Diese Bereiche des Schullebens sollten regelmäßig evaluiert werden.

Es ist durchaus möglich, dass an einer Schule die Verwendung zweier Auswertungsbögen gewünscht wird. Ein Bogen dient den beteiligten Lehrern zur Einschätzung und Anpassung der Umsetzung des Programms. Ein zweiter Bogen erfasst die Einstellung sowie den Grad der Zufriedenheit (positives Feedback und konstruktive Kritik) bei Schülern, Eltern und Lehrern. Letzteres kann dokumentiert werden, indem in regelmäßigen Abständen ein schuleigener Fragebogen versendet wird. Ein für alle drei Gruppierungen einheitlich gestalteter und wiederholt verwendeter Fragebogen erfüllt diesen Zweck zur Genüge.

An dieser Stelle soll auf die Bedeutung eines regelmäßig und fortlaufend verwendeten *Begleitbogens* hingewiesen werden. Jeder Vorfall, ob zwischen Schülern oder zwischen Schülern und Lehrern, bei dem aggressives/gewalttätiges Verhalten eine Rolle spielt, sollte schriftlich dokumentiert werden. Eine von Anfang an fortgeführte Protokollierung solcher Ereignisse trägt wesentlich dazu bei, dass seitens der Schule festgestellt werden kann, welche Fortschritte in welchen Bereichen zu verzeichnen sind und in welchen Bereichen mehr Zeit und Aufmerksamkeit investiert werden muss, um Fortschritte zu erzielen. Mit aggressivem Verhalten ist hierbei nicht nur körperliche Aggression gemeint, sondern auch verbale Aggression, Schikane, soziale Isolierung usw. Diese Formen von Aggressionen kommen für gewöhnlich in alltäglichen Situationen vor und bauen sich über einen längeren Zeitraum auf, um dann in körperliche Aggression umzuschlagen.

Der angesprochene Begleitbogen kann identisch sein mit dem Formular, das in der Schule zur Protokollierung von Disziplinproblemen verwendet wird. Führt die Protokollierung von Problemverhalten zu dem Ergebnis, dass dieselben Schüler wiederholt ein bestimmtes problematisches Verhalten zeigen, sollten diese Informationen in den Auswertungsprozess, der das Programm „Frieden lernen" begleitet, aufgenommen werden, um den Umsetzungsplan entsprechend anzupassen. Bereiche, in denen sich kein Erfolg einstellt, bedürfen der besonderen Beachtung. Empfinden beteiligte Personen die Situation als Überforderung oder brauchen sie Hilfe, Material usw. von außen, sollte dieser Sachverhalt als „aktueller Handlungsbedarf" im Auswertungsbogen dokumentiert werden.

Ein weiterer wichtiger Bereich, der regelmäßiger Betrachtung bedarf, besteht darin, wie sich die Umsetzung des Programms zu den Zielsetzungen oder Zielvereinbarungen, die vom Kollegium oder vom Friedenskomitee anfänglich festgehalten wurden, verhält. Mit einem Auswertungsverfahren steht der Schule ein Werkzeug zur Gewinnung von Einsichten und direktem Feedback zur Verfügung, das zum Erhalt positiver und tragfähiger Beziehungen unter allen Beteiligten sowie zu einem konstruktiven und kooperativen Klima auf dem Weg zu einer friedvollen Schule beiträgt.

Phase 6: Fortlaufende Betreuung und Begleitung

Für den Erfolg dieses Programms sind alle Phasen seiner Umsetzung gleichermaßen von Bedeutung. Durch die fortlaufende Überprüfung und Betrachtung dieser voneinander zwar abgegrenzten, aber aufeinander rückwirkenden Schritte bleibt die Friedenserziehung als eine Priorität des Schulalltags im Zentrum der Aufmerksamkeit.

Die Einstellung der Mitarbeiter einer Schule ist für die Umsetzung des Programms von größter Bedeutung. Der Ausdruck einer positiven Haltung, die in diesem Buch immer wieder zur Sprache kommt (Lächeln, Ermunterung, Freundlichkeit, Anerkennung usw.), ist von zentraler Bedeutung und sollte von den Mitarbeitern gepflegt, ausgestrahlt und empfangen werden. Es ist für eine Person nicht nur schwierig, sondern praktisch unmöglich, anderen Selbstachtung und Optimismus zu vermitteln, wenn diese Qualitäten in der eigenen Persönlichkeit nicht zur Entfaltung kommen. Das gilt für Schüler und Lehrer gleichermaßen. Die Voraussetzungen für den Erfolg unserer Arbeit schaffen wir in uns selbst. Gleichzeitig brauchen wir die Bestätigung und Anerkennung unseres Bemühens durch unsere unmittelbare Umgebung, um den eingeschlagenen Weg fortzusetzen und dabei wiederum mit anderen unsere wachsenden Kompetenzen und Erfolge zu teilen.

Es lohnt sich daher für die Mitarbeiter einer Schule, bewusst ein Arbeitsklima zu schaffen, das viele Gelegenheiten zu gegenseitiger Unterstützung und erfolgreicher Zusammenarbeit (und damit gemeinsam erlebte Arbeitszufriedenheit) bereithält. Motivation gedeiht besonders gut, wenn berufliche und private Erfolge gebührend anerkannt und gewürdigt werden, wenn eine hohe Bereitschaft zu gegenseitiger Unterstützung und Hilfe besteht und wenn im Alltag Freiräume geschaffen werden, in denen man es sich gemeinsam gut gehen lassen kann. Ein solches Klima motiviert nicht nur, sondern setzt auch Energien wieder frei, die andernfalls vom Arbeitsprozess absorbiert werden. Der Wert einer solchen Arbeitsumgebung ist sicher unbestreitbar und der Versuch, sich dafür einzusetzen, erscheint lohnend, auch wenn an heutigen Schulen oftmals innere und äußere Bedingungen herrschen, die diesen Versuch erschweren.

Die Einrichtung eines gut organisierten und leicht zugänglichen Bereichs für Friedenserziehung innerhalb der Schulbücherei erleichtert die Unterrichtsplanung und liefert einen schnellen Überblick über die Zielsetzungen des Programms. Wie für andere Unterrichtsfächer und -bereiche kann, je nach Ausstattung, ein eigener Raum, Büchertisch oder ein Regal für Friedenserziehung vorgesehen werden. Verwaltung und Betreuung stellen sicher, dass das jeweilige Ordnungssystem gepflegt wird und der Bestand laufend aktualisiert werden kann. Hierfür kommen in der Regel, aber nicht notwendigerweise, Mitarbeiter der Schule in Frage – mit viel Glück befindet sich eventuell unter den Eltern eine geeignete Person, die Freude an einer solchen Aufgabe hat.

Wenn einzelne Bausteine dieses Programms umgesetzt werden sollen, empfiehlt es sich, geeignetes Unterrichtsmaterial im Laufe der Zeit immer wieder anzupassen und zu ergänzen. Es ist leider unmöglich, dieses Buch bzw. jegliche Veröffentlichung zur Friedenserziehung mit genügend Übungen und Materialien auszustatten, die eine Schule über Jahre mit ausreichendem Unterrichtsmaterial versorgen würden. Um einen geeigneten und vielseitigen Materialbestand aufzubauen, sollten bereits erhältliche Unterrichtsprogramme und -hilfen gesichtet werden.

Darüber hinaus wird der Austausch von Unterrichtsideen und -materialien mit anderen Schulen oder Einrichtungen, die sich für die Umsetzung von Friedenserziehung entschieden haben, den Prozess an der eigenen Schule bereichern und mittragen. Von dieser Form der Kooperation profitieren alle Beteiligten und sie erschließt eine weitere Motivationsquelle für Lehrer und Schüler, ihren Weg zu einer friedvollen Schule weiterzugehen.

Alle in diesem Kapitel beschriebenen Aspekte sind wesentliche Komponenten zur Pflege und zum Erhalt einer konstruktiven und kooperativen Einstellung gegenüber Friedenserziehung.

Auswertung des Programms „Frieden lernen"

Die Ausführung einer Idee oder eines Projektes bedingt gründliche Voraussicht. Ist die Planung abgeschlossen und ein Projekt – oder pädagogisches Programm – auf den Weg gebracht, ist es für seinen langfristigen Erfolg von Vorteil, den Verlauf anhand eines klar definierten Auswertungssystems zu begleiten. Feedback für die beteiligten Lehrkräfte, Verzeichnen von Erfolgen oder Aufspüren von Schwachstellen sind nur einige nützliche Optionen, die eine gezielte Auswertung mit sich bringt. Regelmäßige Auswertung ermöglicht nicht nur den Lehrern, sondern auch Schülern und Eltern, sich am eigenen Fortschritt zu orientieren. Lehrer werden sich ihrer Fähigkeiten und ihrer Leistungen bewusst, wenn sie erleben können, wie aggressive Vorfälle zurückgehen und wie Effizienz und Zufriedenheit bei Kollegen und Schülern ansteigen. Auswertung ist der bestmögliche Weg, um diese konstruktiven Veränderungen konkret zu dokumentieren

Gründe für eine Auswertung:

Zeitersparnis; Erhalt von Interesse und Engagement; Überprüfung der Wirksamkeit des Programms bzw. einzelner Maßnahmen; Rückschlüsse auf notwendige Ressourcen; Erfolge erkennen und anerkennen.

Schritte erfolgreicher Auswertung:

1. Definition der Zielsetzungen des Programms, zum Beispiel:
   - Rückgang von Aggression;
   - Verbesserung der sozialen Bedingungen in den Klassen;
   - sicheres und friedvolles Schulklima.

2. Maßnahmen zur Überprüfung der einzelnen Zielsetzungen, zum Beispiel:
   – Protokollierungssystem für aggressive/gewalttätige Handlungen: Rückgang von Aggression;
   – Darstellung der Ergebnisse: Verbesserung der sozialen Bedingungen in den Klassen, zum Beispiel die Anwendung positiver Verhaltensweisen wie angemessener Sprachgebrauch, Teilen oder Hilfsbereitschaft anhand von Tabellen/grafischen Darstellungen veranschaulichen.

3. Sicheres und friedvolles Schulklima dokumentieren, zum Beispiel:
   – Auszeichnungen für Schüler, die sich durch sozial konstruktives Verhalten in besonderer Weise ausgezeichnet haben;
   – grafische Darstellung: für jeden Monat eine grafische Veranschaulichung für den Rückgang von aggressiven/gewalttätigen Vorfällen;
   – Dokumentation der Veränderungen im Schulklima zum Beispiel durch kleine Geschichten oder Anekdoten.

4. Definition von weiterführenden Zielsetzungen.

5. Probleme und Herausforderungen als Erfahrung nutzen.

Jährlich oder halbjährlich sollte ein Bericht an alle Schüler, Eltern und Lehrer der Schule herausgegeben werden, der die weitere Fortschreibung der Planung des Programms festhält. Diese Berichte sollten enthalten: die aktuellen Zielsetzungen, weiterzuführende bzw. neu definierte Zielsetzungen für den nächsten Zeitabschnitt, Maßnahmen, Herausforderungen und Problemstellungen, positive Erfahrungen und Erfolge sowie die Mitglieder der Gremien. Durch Erhalt solcher Berichte wird die Notwendigkeit und Bedeutung eines fortgesetzten, sich vertiefenden Engagements für das friedvolle Zusammenleben an der Schule bewusst erhalten.

Erfolg erfordert Entschlossenheit und Zielstrebigkeit. Übergeordnete Ziele sollten als Erstes definiert werden. Um Überforderungsgefühle zu vermeiden, werden dann untergeordnete Ziele festgelegt und die einzelnen Schritte bewusst klein gehalten. Jedes kleine erreichte Ziel ermutigt und weckt die Neugier auf das Kommende. Solche Erfolge verdienen Aufmerksamkeit und Anerkennung!

Wer die Mühe auf sich nimmt, tragfähige und detaillierte Rahmenbedingungen für die Umsetzung von „Frieden lernen" zu schaffen, bietet der betreffenden Schule und allen, die in ihr lernen und arbeiten, eine verlässliche Grundlage und Struktur. Der Beitrag jedes Einzelnen und jeder Gruppe ebnet den Weg und schafft den Antrieb, die Schule auf eben diesen Weg zu führen. Ein Umsetzungsplan weist die Richtung, die der Weg nehmen soll. Jede unterrichtete Lektion, jeder Baustein, der in das Schulleben integriert wird, und jeder friedlich bewältigte Konflikt bedeuten einen Schritt auf diesem Weg.

Die Auswertung trägt dazu bei, die Dynamik der Friedenserziehung an einer Schule lebendig zu erhalten. Haben Lehrer, Schüler und Eltern regelmäßig Gelegenheit, Einsichten in die Dokumentation von Erfolgen und Problemstellungen zu nehmen, werden alle Beteiligten in den Prozess einbezogen und ihr (Mit)Verantwortungsgefühl wird gestärkt. Damit wird der Erfolg sichergestellt.

Oft vergessen wir unsere Wertvorstellungen, Träume und Ideale über den vielen Anforderungen und Aufgaben unseres Alltagslebens. Die Umkehrung dieser Situation führt uns zu einem Leben entsprechend unserer Überzeugungen, Zielsetzungen und Träume. Eine Metapher soll dies verdeutlichen: Stellen Sie sich vor, Ihr Leben gleiche einem Gefäß – etwa einem Glas. Weiterhin enthält dieses Bild viele kleine Kiesel (Ihre alltäglichen Aufgaben, Besorgungen und Verantwortlichkeiten) und größere Steine (Ihre Träume, Wertvorstellungen und Ziele). Wenn Sie täglich Ihr Glas mit den kleinen Kieseln (Ihren täglichen Obliegenheiten) füllen, wird bald kein Platz mehr für die größeren Steine (Ihre Ideale und Werte) bleiben. Wenn Sie allerdings umgekehrt vorgehen und in Ihr Leben (oder in Ihr Glas) zunächst Ihre Träume, Werte und Ziele (oder die größeren Steinen) geben, werden Sie feststellen, dass Ihre Alltagspflichten (oder die kleineren Kiesel) leichter zwischen Ihren Idealen und Werten (den größeren Steinen) Platz finden. Ihr Leben ist dann genauso angefüllt, aber ausbalancierter und mit Sicherheit reicher und vielseitiger.

Das vorliegende Programm bietet die Chance, Werte und Ziele zu definieren und in den Mittelpunkt der Aufmerksamkeit zu rücken – mit positiven Auswirkungen auf die alltäglichen Verrichtungen, denen so mit mehr Effektivität und Zufriedenheit nachgegangen werden kann. Schulleben wird so ausgewogener und vielseitiger, eine Qualität, die zu einer harmonischen, lebendigen und förderlichen Lernumgebung beiträgt.

„Frieden lernen" ist ein Prozess. Jede einzelne Maßnahme, die ergriffen wird, um die beschriebenen Grundsätze zu verwirklichen, wird dazu beitragen, dass an Schulen – eventuell an Ihrer Schule – positive Voraussetzungen für pädagogische und soziale Entwicklung geschaffen werden können.

Schlussbemerkung

Wir als Lehrer sind nicht nur Teil des Bildungssystems, wir verkörpern es auch. Mit unseren Ideen, unserer Arbeitskraft und mit dem von uns gestalteten Unterricht tragen wir zu seiner Schaffung und seinem Erhalt bei. Wenn wir nicht dazu bereit sind, unser Verhalten zu überprüfen, wird sich an der gegenwärtigen Situation zweifellos kaum etwas ändern. Unbestreitbar tragen unsere Gesellschaft und die Medien beträchtliche Mitverantwortung an den negativen Grundeinstellungen, an der Gewalt und an dem Mangel an Verantwortung und Respekt, denen Kinder heute ausgesetzt sind. Die allgegenwärtige Darstellung negativer Verhaltensmerkmale führt dazu, dass Kinder sie als normale und akzeptable Mittel begreifen, um mit anderen zu interagieren. Umso wichtiger ist es, dass wir als Erzieher die Zeit und die Energie aufbringen, zu entscheiden, was wir jungen Menschen vermitteln wollen. Ebenso bedeutend ist, wie wir die erwünschten Verhaltensweisen vorleben können.

Jeder von uns besitzt die Fähigkeit und trägt die Verantwortung, seinen Unterricht neu zu überdenken und umzugestalten. „Frieden lernen" bietet einen umfassenden Ansatz, um dieses Bestreben auf den Weg zu bringen.

> Vor sehr langer Zeit versteckte sich ein Indianerjunge hinter einem Baum und beobachtete, wie andere Indianer mit den Weißen kämpften. In der Kultur der nordamerikanischen Ureinwohner wird die ältere Generation wegen ihrer Erfahrung und Weisheit geehrt und daher suchen die Jüngeren Rat und Erkenntnis bei ihnen. Also ging der Junge zu seinem Großvater. Er kniete sich still vor den alten Mann hin und wartete, bis dieser sich ihm zuwandte.
> Nach einer Weile des Schweigens begann der Großvater zu sprechen. „Was bewegt dein Herz, mein Sohn? Worüber bist du besorgt?" Der Junge antwortete: „Großvater, du hast mich gelehrt, dass alle Menschen gut sind und dass es keine Ausnahme gibt. Ich höre und sehe, dass es Menschen gibt, die gegeneinander Krieg führen. Unsere eigenen Brüder kämpfen brutal gegen den Weißen Mann und sie bekämpfen sich untereinander. Wie kann das sein, Großvater, wenn doch jeder Mensch gut ist?"
> Der Großvater nahm sich für seine Antwort Zeit. Schließlich sagte der Alte: „Im Herzen eines jeden Menschen leben zwei Wölfe: der Wolf des Krieges, der in Furcht lebt, und der Wolf des Friedens, der in Liebe lebt."
> Der Junge dachte lange über diese Antwort nach, die ihn allerdings nur noch tiefer in Verwirrung stürzte. Also fragte er weiter: „Aber, Großvater, wie entscheidet sich, welcher Wolf regiert?" Der Großvater des Jungen führte eine Hand zu seinem Herzen, hielt die andere Hand geöffnet vor sich und antwortete: „Im Herzen eines Menschen regiert der Wolf, der versorgt und gefüttert wird."

Anhang

zur Einführung des Programms „Frieden lernen"

Kopiervorlage
....
zur Einführung des Programms „Frieden lernen"

Was ist eine friedvolle Schule?

Manchmal wird gefragt: „Was ist eine friedvolle Schule? Wie sieht sie aus?"
Frieden ist oft schweigsam. Er spricht normalerweise aus Menschen, die höflich, respektvoll und fürsorglich sind. Wir können „sehen", wie Frieden auf
vielfältige Weise zu uns spricht.
Zum Beispiel:
■ durch Kinder, die zusammenarbeiten und sich gegenseitig helfen
■ durch positive Kommunikation
■ durch gegenseitige Achtung
■ durch das Verstehen und Akzeptieren der Unterschiede der Menschen
■ durch die Anwendung effektiver Problemlösungskompetenzen
■ durch die Entwicklung positiver Fähigkeiten, um Freundschaften
  schließen zu können, und von Teamgeist
■ durch eine sichere und fürsorgliche Lernatmosphäre.

Was ist ein friedvolles Klassenzimmer?

Zu einer friedvollen Atmosphäre gehören folgende Elemente:
■ Kooperation: Kinder lernen, zusammenzuarbeiten, zu vertrauen, sich gegenseitig zu helfen und untereinander zu teilen.
■ Kommunikation: Kinder lernen, genau zuzuhören und effektiv zu kommunizieren.
■ Akzeptanz: Kinder lernen, die Unterschiede der Menschen zu verstehen,
  zu respektieren und zu würdigen.
■ Gefühle positiv auszudrücken: Kinder lernen Selbstbeherrschung, lernen,
  wie sie bestimmt, aber nicht aggressiv auftreten und wie sie Gefühle positiv ausdrücken.
■ Konfliktbewältigung: Kinder erwerben Kompetenzen, um kreativ und
  friedfertig auf Konflikte reagieren zu können.

zur Einführung des Programms „Frieden lernen"

Warum brauchen wir eine friedvolle Schule?

1. Weil Menschen in einem friedvollen Umfeld gemeinsam arbeiten, kooperieren, teilen und sich umeinander kümmern.

2. Um das Lernen zu fördern.

3. Damit Menschen verantwortungsbewusst werden.

4. Damit Menschen Selbstbeherrschung lernen.

5. Damit Menschen Einfühlungsvermögen und Kompetenzen zur positiven Konfliktlösung erwerben.

6. Damit Probleme nicht vergrößert werden.

7. Damit Menschen nicht weh getan wird.

8. Um ein gutes Beispiel zu geben.

9. Um ein positives, fürsorgliches Umfeld zu haben, in dem sich alle unterstützen, willkommen und sicher fühlen, in dem jeder eine positive Einstellung zu sich und anderen hat und sich respektiert fühlt und zufrieden ist.

10. Damit sich Kinder bewusst werden, dass sie, indem sie für ihr Leben die Verantwortung übernehmen und innerlich friedlicher werden, kreativer und friedlicher in Bezug auf andere und ihre Arbeit in der Schule sind – eins ergibt sich aus dem anderen.

zur Einführung des Programms „Frieden lernen"

Der Verstand einer Gans

Wenn Sie im nächsten Herbst Gänse gen Süden in ihr Winterquartier fliegen sehen, überlegen Sie einmal, warum sie in V-Formation fliegen. Jeder der Vögel erzeugt durch seinen Flügelschlag einen Auftrieb für den direkt hinter ihm fliegenden Vogel. Durch die V-Formation kann der gesamte Schwarm mindestens 71 Prozent weiter fliegen, als es ein einzelner Vogel könnte.

Menschen, die gemeinsam einen Weg verfolgen und eine Gemeinschaft bilden, können schneller und leichter ans Ziel kommen, weil sie sich gegenseitig vorwärts bringen.

Verlässt eine Gans die V-Formation, fühlt sie den Luftwiderstand, dem sie dann ausgesetzt ist, weil sie alleine fliegt. Sie reiht sich dann schnell wieder in die Formation ein, um den Auftrieb zu nutzen, der durch den vor ihr fliegenden Vogel entsteht.

Wenn wir so viel Verstand haben wie eine Gans, dann bleiben wir im Verband mit denjenigen, die in die gleiche Richtung gehen wie wir.

Wenn die Leitgans ermüdet, reiht sie sich weiter hinten in der Formation ein und eine andere Gans übernimmt die Spitze.

Es ist vernünftig, sich bei der Verrichtung anspruchsvoller Aufgaben abzulösen, dies gilt für Gänse, die nach Süden fliegen, und auch für Menschen.

Die hinteren Gänse rufen laut, um die vorderen zu ermuntern, die Geschwindigkeit zu halten.

Welche Botschaft vermitteln wir, wenn wir von hinten hupen?

Und schließlich – und dies ist wichtig – wird eine Gans, die erkrankt oder angeschossen wird und deshalb die Formation verlassen muss, von zwei anderen Gänsen begleitet, um Hilfe zu leisten und Schutz zu gewähren. Diese bleiben bei der Gans, bis sie wieder flugfähig ist oder stirbt; erst dann setzen sie ihren Weg fort, allein oder in einer anderen Formation, um die Gruppe wieder einzuholen.

Wenn wir den Verstand einer Gans haben, stehen wir so zueinander.

Set für alle Fälle des Lebens

Ein Radiergummi, um all die kleinen Fehler verschwinden zu lassen.

Ein Cent, damit du niemals völlig mittellos bist.

Eine Murmel für den Fall, dass du selbst all deine Murmeln verloren hast.

Ein Gummiband, das dir hilft, deine Grenzen zu überschreiten.

Ein Faden, um alles zusammenzuhalten, wenn es scheint, als würde alles auseinander brechen.

Ein Kreisel für die Tage, an denen du das Gefühl hast, du könntest durchdrehen.

Und ein Gummibärchen, das dich daran erinnern soll,
dass das Leben auch süß sein kann!

Von einer unbekannten weisen Frau

Friedensvertrag

Ich verspreche, mich für eine friedvolle Schule einzusetzen:

1. Wenn Zuhören gebraucht wird:

   Ich werde zuhören.

2. Wenn Kooperation gebraucht wird:

   Ich werde kooperieren.

3. Wenn Liebe gebraucht wird:

   Ich werde mich einbringen.

4. Wenn Hilfe gebraucht wird:

   Ich werde helfen.

Unterschrift: _____

Datum: _____

zum 2. Baustein: Selbstwertgefühl

Ein Lächeln geschenkt

Hiermit wird bestätigt, dass

(wer?) _____

(wem?) _____

ein Lächeln geschenkt hat.

Lehrer/in _____

Ort, Datum _____

Kopiervorlage
zum 2. Baustein: Selbstwertgefühl

Fragebogen zum Thema Freundschaft

Beantworte diese Fragen bitte ehrlich auf einem Extrazettel. Schreibe jeweils die Nummer davor. Deine Antworten bleiben selbstverständlich geheim!

1. Name
2. Alter
3. Männlich/weiblich
4. Lieblingsfach
5. Kommst du zu Fuß oder mit dem Bus zur Schule?
6. Machst du in irgendwelchen Gruppen außerhalb der Schule mit (zum Beispiel in einer Sportgruppe)?
7. Wenn ja, schreibe auf, was du machst.
8. Wer ist dein bester Freund?
9. Schreibe drei Gründe auf, warum dies dein bester Freund ist.
   a.
   b.
   c.
10. Schreibe die Namen von drei Leuten auf, mit denen du in den Pausen zusammen bist?
11. Was macht ihr (du und deine Freunde) in den Pausen?
12. Wer ist der beliebteste Schüler in der Klasse und warum ist dieser Schüler deiner Meinung nach so beliebt?
13. Wer ist der schüchternste oder ruhigste Schüler in der Klasse?
14. Dürft ihr in Gruppen arbeiten?
15. Wenn ja, mit wem arbeitest du am liebsten zusammen?
16. Warum arbeitest du am liebsten mit diesen Mitschülern zusammen?
17. Wer ist beim Sport normalerweise der Mannschaftskapitän?
18. Wenn du ein Junge bist: Verbringst du auch Zeit mit Mädchen?
    Wenn du ein Mädchen bist: Verbringst du auch Zeit mit Jungen?
19. Wenn du ein Junge bist: Hast du eine Freundin?
    Wenn du ein Mädchen bist: Hast du einen Freund?

Kopiervorlage

zum 2. Baustein: Selbstwertgefühl

Umriss des Buttons
„Etwas Besonderes bewirken"

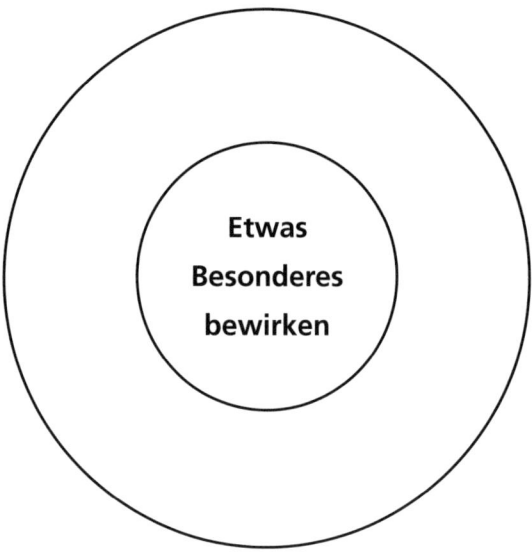

Etwas

Besonderes

bewirken

Kopiervorlage
zum 3. Baustein: Disziplin und Respekt

Schülerrechte und Schülerverantwortung

Rechte	Verantwortung
1. Recht auf Lernen und Unterricht	1. Verantwortung, im Unterricht zuzuhören, sich aktiv zu beteiligen und Aufgaben vollständig zu bearbeiten
2. Recht auf ungestörtes und friedliches Arbeiten	2. Verantwortung, sich bei Einzel- oder Gruppenarbeit ruhig zu verhalten, um andere nicht zu stören
3. Recht, darauf vertrauen zu können, dass andere die eigenen Dinge respektieren.	3. Verantwortung, das Eigentum anderer zu respektieren
4. Recht auf persönliche Sicherheit	4. Verantwortung, durch das eigene Verhalten zur Sicherheit beizutragen (kein Drohen, Schubsen, Treten, Schlagen oder Prügeln)
5. Recht darauf, angehört zu werden	5. Verantwortung, leise zu sein und zuzuhören, wenn andere sprechen
6. Recht auf eine saubere Klasse und eine saubere Schule	6. Verantwortung, aufzuräumen und Schmutz zu beseitigen
7. Recht auf freundliche und respektvolle Behandlung	7. Verantwortung, andere freundlich und respektvoll zu behandeln (keine Hänseleien, Schikane oder Beleidigungen der Gefühle anderer)

zum 3. Baustein: Disziplin und Respekt

Verantwortung lernen

Beantworte die folgenden Fragen so ehrlich wie möglich:

1. Wofür bist du zu Hause verantwortlich?

_____

_____

_____

_____

2. Wofür bist du in der Schule verantwortlich?

_____

_____

_____

_____

3. In welchen Situationen verhältst du dich sehr verantwortlich?

_____

_____

_____

_____

4. In welchen Situationen verhältst du dich weniger verantwortlich?

_____

_____

_____

_____

▶▶▶

Kopiervorlage
zum 3. Baustein: Disziplin und Respekt

5. Deine Selbsteinschätzung: Wie verantwortlich verhältst du dich meistens? (Kreuze eine Antwort an.)

☐ Ich verhalte mich fast immer sehr verantwortlich.

☐ Das kommt auf die Situation an, aber meistens verhalte ich mich verantwortlich.

☐ Ich verhalte mich in vielen Situationen verantwortlich, oft aber auch nicht.

☐ Ich verhalte mich nur selten wirklich verantwortlich.

5. Findest du, dass du mehr Verantwortung übernehmen solltest? Wenn ja, wie kannst du das tun?

_____

_____

_____

6. Ist es wichtig, sich verantwortlich zu verhalten? Schreibe deine Meinung auf:

▪ Es ist wichtig, weil

_____

_____

_____

▪ Es ist nicht wichtig, weil

_____

_____

_____

zum 3. Baustein: Disziplin und Respekt

Eine gute Regel ist ...

1. Eine gute Regel ist klar und eindeutig.

2. Eine gute Regel besteht aus einfachen Worten, damit jeder sie versteht.

3. Eine gute Regel sagt, was erlaubt ist und was nicht erlaubt ist.

4. Bei einer guten Regel merkt man sofort, ob sie befolgt oder gebrochen wird.

5. Eine gute Regel stellt sicher, dass die Person des Schülers/der Schülerin geachtet wird.

Kopiervorlage
zum 3. Baustein: Disziplin und Respekt

Welche Konsequenzen?

Regelverletzung	Konsequenz
1. In die Klasse rufen	
2. Aufstehen und durch die Klasse laufen	
3. Sich weigern, Hausaufgaben zu machen	
4. Bei einer Klassenarbeit mogeln	
5. Lehrer und Lehrerinnen unhöflich oder respektlos behandeln	
6. Sich prügeln	
7. Auf Fluren und Treppen rennen	

zum 3. Baustein: Disziplin und Respekt

Verhaltensweisen umkehren:
Aus negativem Verhalten wird positives Verhalten

Negatives Verhalten	Selbstbotschaft	Positives Verhalten
1. Aufstehen und herumlaufen		
2. In die Klasse rufen		
3. Schlagen, boxen, treten		
4. Wutanfälle		
5. Petzen, etwas weitersagen		

Kopiervorlage
zum 3. Baustein: Disziplin und Respekt

Schüler-Vertrag

Name: _____ Datum: _____

1. Verhaltensweise, die ich verändern werde:

   _____

2. Was ich tun werde, um dieses Verhalten zu verändern:

   _____

3. Was ich zur Wiedergutmachung tun werde:

   _____

4. Wo und wann ich das tun werde:

   _____

5. So viel Zeit werde ich wahrscheinlich brauchen, um die neue
   Verhaltensweise zu lernen:

   _____

6. Das habe ich aus dem Vorfall gelernt:

   _____

7. Falls ich nicht sofort Erfolg haben sollte,

   _____

Die Einhaltung dieses Vertrages wird überprüft am _____
                                                      (Datum)

Unterschriften:

_____   _____   _____
Schüler/in   Lehrer/in   Eltern

Kopiervorlage

zum 4. Baustein: Konfliktlösung und Gewaltprävention

Gefühle

Beschreibe, wie sich ein bestimmtes Gefühl für dich anfühlt.

Beispiele für Gefühle:

stolz	ängstlich	neugierig	enttäuscht
aufgeregt	unzufrieden	glücklich	eifersüchtig
beschämt	nervös	unglücklich	besorgt
verlegen	überlegen	verärgert	einsam
beleidigt	entmutigt	überrascht	erleichtert
schuldig	zuversichtlich	begeistert	liebevoll

Beispiele:

Wenn ich eine Klassenarbeit schreibe, bin ich nervös. Es fühlt sich an, als ob ich einen Stein im Bauch hätte.

Wenn ich gut gearbeitet habe, bin ich stolz. Es fühlt sich an, als ob ich auf Wolken schweben würde.

1. Wenn _____ , bin ich _____

Es fühlt sich an, als ob ich _____

2. Wenn _____ , bin ich _____

Es fühlt sich an, als ob ich _____

3. Wenn _____ , bin ich _____

Es fühlt sich an, als ob ich _____

4. Wenn _____ , bin ich _____

Es fühlt sich an, als ob ich _____

zum 4. Baustein: Konfliktlösung und Gewaltprävention

Von Wut erzählen

Schreibe die folgenden Sätze zu Ende:

Wut ist wie eine Mauer, die _____

_____

Wut ist wie eine Krankheit, die _____

_____

Wut ist wie ein Gummiball, der _____

_____

Finde selbst einen Vergleich:

Wut ist wie _____

_____

Schreibe zu jeder Frage einen oder zwei Sätze in dein Friedensheft.

1. Wie wirken wütende Menschen auf dich?
2. Was tust oder fühlst du, wenn jemand wütend auf dich ist?
3. Was tust du, wenn du auf jemanden wütend bist?
4. Was ist das Schlimmste an Wut?
5. Wie versteckst du deine Wut?
6. Wann kannst du deine Wut leicht überwinden?
7. Was tust oder fühlst du, wenn du die Beherrschung verloren hast?
8. Wann konntest du dich beherrschen und hast dich dabei gut gefühlt?
9. Kannst du mit deiner Wut etwas Bestimmtes erreichen?
10. Auf welche Weise schadet es dir, wütend zu werden?

Kopiervorlage

zum 4. Baustein: Konfliktlösung und Gewaltprävention

Wenn ich wütend bin ...

Ich achte darauf, wie mein Körper sich anfühlt.

Ich komme wieder zur Ruhe. So kann ich mir dabei helfen: tief ein- und ausatmen, langsam zählen, an etwas Schönes und Beruhigendes denken, Musik hören, einen Spaziergang machen, Selbstbotschaften (zum Beispiel: Solange ich ruhig bleibe, kann ich mich beherrschen. Wenn ich genau darüber nachdenke, hat er vielleicht ein bisschen Recht.).

Ich versuche zu verstehen, was die andere Person fühlt oder denkt und warum und wie das passieren konnte.

Ich überlege, wie wir das Problem lösen können. (Führe ein Selbstgespräch oder schreibe deinen Plan auf.)

_____

_____

_____

_____

_____

Rollenspiele – Umgang mit Gefühlen

Rollenspiel 1

Du hast einen Freund eingeladen, bei dir zu Hause zu übernachten. In letzter Minute ruft dein Freund dich an, um abzusagen, weil an diesem Abend seine ganze Familie zum Essen ausgeht. Später gehst du noch einmal hinaus und kommst an dem Haus vorbei, in dem dein Freund wohnt. In der Wohnung ist das Licht an und das Auto der Familie steht vor der Haustür. Also ist die Familie deines Freundes zu Hause. Außerdem stehen die Fahrräder von zweien deiner anderen Freunde neben der Haustür.

Rollenspiel 2

Als du in die Schule kommst, haben all deine Freunde Einladungen zu einer Geburtstagsfeier von einem Mitschüler. Als du an deinem Platz nachsiehst, kannst du keine Einladung für dich finden. Du hast immer geglaubt, dass die Person, die zur Geburtstagsfeier eingeladen hat, dein Freund ist.

Rollenspiel 3

Zum Geburtstag hast du von deinem Onkel etwas Geld bekommen. Von dem Geld hast du am nächsten Tag deinen Freunden nach der Schule Eis gekauft. Kurz danach erfährst du, dass Martin überall herumerzählt, du hättest das Geld für das Eis aus seiner Tasche gestohlen.

Rollenspiel 4

In einer Gruppe von Freundinnen findet jedes Mädchen dieselbe Tagesdecke besonders schön. Steffis Vater kauft ihr die Tagesdecke, nachdem sie ihn davon überzeugt hat, wie gut sie in ihr Zimmer passen würde. Tina erzählt nun ihren Freundinnen, dass Steffi die Decke nur gekauft hat, um anzugeben und um als Erste die Decke zu haben.

Kopiervorlage
....
zum 4. Baustein: Konfliktlösung und Gewaltprävention

Verschiedene Sichtweisen

Lies die folgenden Fragen. Kreuze an, was für dich zutrifft, oder schreibe die passende Antwort auf.

1. Unerwartet fällt Schnee. Du bist …
   - ☐ begeistert, ziehst dir deinen Mantel an, holst deinen Schlitten und stürmst nach draußen.
   - ☐ enttäuscht, denn du kannst kaltes Wetter nicht ausstehen und magst keine dicken Sachen anziehen.
   - ☐ _____

2. Du sollst vor der Klasse ein Referat halten. Du bist …
   - ☐ nervös und hast Schmetterlinge im Bauch.
   - ☐ vor Erwartung ganz aufgeregt und möchtest am liebsten gleich anfangen.
   - ☐ _____

3. Den ganzen Abend Stromausfall! Du findest das …
   - ☐ spannend und kannst es kaum erwarten, bei Kerzenlicht Gespenstergeschichten zu erzählen.
   - ☐ langweilig, weil du jetzt nicht mehr deine Computerspiele spielen kannst.
   - ☐ _____

4. Heute ist Schulfest mit anschließender Schülerdisco. Du …
   - ☐ freust dich schon seit langem darauf und kannst es kaum erwarten.
   - ☐ würdest am liebsten zu Hause bleiben, weil du nicht weißt, was du anziehen sollst.
   - ☐ _____

Vergleiche deine Antworten mit den Antworten deiner Mitschüler. Sind eure Sichtweisen ähnlich oder verschieden? Warum?

....
zum 4. Baustein: Konfliktlösung und Gewaltprävention

Rollenspiele – Verschiedene Sichtweisen

Rollenspiel 1

Schüler/in A: Du möchtest dir von einem guten Freund (Schüler/in B) fünf Euro leihen. Du bist in einer Notlage, weil du das Geld wirklich brauchst. Du bist davon überzeugt, dass gute Freunde sich gegenseitig helfen sollten.

Schüler/in B: Ein guter Freund (Schüler/in A) hat dich gefragt, ob du ihm fünf Euro leihst. Du fühlst dich nicht wohl dabei, denn du verleihst nicht gerne Geld an Freunde. Es dauert oft lange, bis sie es zurückzahlen.

Rollenspiel 2

Schüler/in A: Du besuchst Schüler/in B, ohne vorher Bescheid zu sagen. Dein Freund/Deine Freundin scheint verärgert zu sein. Du besuchst andere gerne dann, wenn du Lust dazu hast. Du bist mit Schüler/in B schon seit Jahren befreundet und bisher hat er/sie nichts gegen unangemeldete Besuche gehabt. Du fühlst dich abgelehnt und verletzt.

Schüler/in B: Schüler/in A hat dich besucht, ohne vorher Bescheid zu sagen. Du bist mit ihm/ihr seit Jahren befreundet. Trotzdem magst du es nicht, wenn Schüler/in A unerwartet vorbeikommt, weil es in letzter Zeit deine Pläne stört. Du planst gerne im Voraus und hättest es daher gerne, wenn er/sie seinen Besuch rechtzeitig ankündigt.

Rollenspiel 3

Schüler/in A: Du sollst mit Schüler/in B gemeinsam an einem Unterrichtsprojekt arbeiten. Du bringst am liebsten deine Arbeit hinter dich, damit du dir darüber keine Sorgen mehr zu machen brauchst. Darum möchtest du gleich heute mit der Arbeit anfangen, aber Schüler/in B möchte erst in ein paar Tagen damit beginnen. Das letzte Mal, als du mit jemand anderem an einem Projekt gearbeitet hast, hast du am Ende die ganze Arbeit alleine gemacht. Du bist beunruhigt. Du möchtest sicher sein können, dass Schüler/in B seinen Anteil an der Arbeit übernehmen wird.

Schüler/in B: Du bist sicher, Schüler/in A macht sich über das Unterrichtsprojekt viel zu viele Sorgen. Es bleibt genug Zeit für die Arbeit, und du erledigst immer deinen Anteil. Du musst erst noch andere Aufgaben fertig stellen, bevor du mit diesem Projekt anfangen kannst.

zum 4. Baustein: Konfliktlösung und Gewaltprävention

Beobachtungsbogen

Titel des Rollenspiels: _____

Schüler: _____

Fähigkeit	Schritte, die angewendet wurden	Schritte, die nicht angewendet wurden	Das ist gut!	So klappt es vielleicht besser

Schüler: _____

Fähigkeit	Schritte, die angewendet wurden	Schritte, die nicht angewendet wurden	Das ist gut!	So klappt es vielleicht besser

Aufmerksames Zuhören

- Schaue dem anderen beim Zuhören in die Augen.
- Zeige, dass du zuhörst. Du kannst mit dem Kopf nicken oder etwas sagen, damit der andere weiß, dass du ihm wirklich zuhörst.
- Höre zu, ohne schon eine Antwort vorzubereiten.
- Höre zu, ohne ein Urteil zu fällen.
- Warte mit deiner Antwort, bis der andere geendet hat.
- Frage nach, wenn du nicht sicher bist, ob du alles richtig verstanden hast.
- Fasse zusammen, was der andere gesagt hat, um sicherzugehen, dass du ihn richtig verstanden hast.
- Versuche, dich in die Gefühle des anderen hineinzuversetzen.

Das könnte ein aufmerksamer Zuhörer sagen

1. Ermutigende und unterstützende Worte:
   - Wirklich?
   - Interessant!
   - Ich weiß, was du meinst.

2. Fragen stellen:
   - Was ist dann passiert?
   - Wie hast du das gemacht?
   - Was hast du anschließend getan?

3. Zusammenfassen:
   - Das hörst sich so an, als ob du …
   - Du glaubst also, dass …
   - So wie du es sagst, scheint es …
   - Mit anderen Worten, du …

Kopiervorlage

zum 4. Baustein: Konfliktlösung und Gewaltprävention

Unaufmerksames Zuhören

- Thema wechseln

- Unterbrechen

- Sich vom anderen abwenden, wegsehen

- Nicht auf den anderen achten oder sich mit etwas anderem beschäftigen

- Sich über das, was der andere sagt, lustig machen

- Respektlose Bemerkungen machen

- Ungefragt Ratschläge erteilen

- Ein gelangweiltes Gesicht machen

Kopiervorlage
....
zum 4. Baustein: Konfliktlösung und Gewaltprävention

Mit anderen sprechen

- Schau deinen Gesprächspartner an.

- Behalte im Sitzen oder Stehen eine aufrechte Körperhaltung.

- Sprich langsam, deutlich und laut.

- Sprich mit Selbstvertrauen und Respekt vor dem anderen.

Rollenspiele – Aufmerksames Zuhören

Rollenspiel 1

Deine Tante und dein Onkel sind gerade von einem Australienurlaub zurückgekommen. Berichte, was sie über ihre Erlebnisse auf ihrer abenteuerlichen Reise erzählt haben und was sie dir mitgebracht haben.

Rollenspiel 2

Du hast zum Geburtstag ein neues Computerspiel geschenkt bekommen. Erzähle über das Thema des Spiels und erkläre die Spielregeln.

Rollenspiel 3

Als du gestern nach Hause kamst, wurde dir mitgeteilt, dass dein Großvater sehr krank ist und im Krankenhaus liegt. Erzähle, was passiert ist und wie es dir damit geht.

Rollenspiel 4

Dein bester Freund/deine beste Freundin zieht in eine andere Stadt und du wirst ihn/sie lange Zeit nicht sehen. Du bist darüber sehr traurig und weißt gar nicht, was du ohne ihn/sie anfangen sollst.

Ich-Botschaften

Szene 1: Du-Botschaft

Anne: „Julia, du bist eine schlechte Freundin. Immer tratschst du herum. Nichts kannst du für dich behalten. Als Lena meinen CD-Spieler genommen hatte, ohne mich zu fragen, und wir uns gestritten hatten, warst du die Einzige, der ich davon erzählt habe. Jetzt denken alle in der Schule, dass Lena ein Dieb ist. Du hast eine viel zu große Klappe! Dir werde ich nie wieder etwas anvertrauen."

Julia: „Halt den Mund! Du hast doch keine Ahnung. Ich habe nur versucht, dich zu verteidigen. Du bist undankbar und weißt meine Freundschaft nicht zu schätzen. Ich wollte nur, dass die anderen für dich Partei ergreifen, als Lena über dich gelästert hat. Dich sollte man besser nicht zur Freundin haben."

Szene 2: Ich-Botschaft

Anne: „Ich war wirklich wütend, als ich gehört habe, dass du anderen von meinem Streit mit Lena erzählt hast. Dass Lena meinen CD-Spieler genommen hatte, habe ich dir im Vertrauen erzählt. Es hat mich sehr verletzt, dass du mein Vertrauen gebrochen und mit anderen darüber gesprochen hast. Ich würde gerne deine Freundin bleiben, aber ich kann mich nicht mehr darauf verlassen, dass du etwas für dich behältst, wenn ich dich darum bitte."

Julia: „Das tut mir Leid, Anne. Ich finde es auch nicht gut, dass ich den anderen davon erzählt habe. Ich wollte dir nur helfen. Unsere Freundschaft ist mir sehr wichtig und ich werde so etwas nie wieder tun. Ich verspreche dir, es für mich zu behalten, falls du mir wieder etwas anvertrauen solltest."

zum 4. Baustein: Konfliktlösung und Gewaltprävention

Ich-Botschaften

Wenn _____

fühle ich mich _____

weil _____

und ich wünsche mir, dass _____

Rollenspiele – Ich-Botschaften

Rollenspiel 1
Dein Bruder/deine Schwester kommt ohne anzuklopfen in dein Zimmer.

Rollenspiel 2
Als dein Freund/deine Freundin dir deinen Lieblingspullover zurückgibt, hat er ein Loch.

Rollenspiel 3
Du findest, dass dein Trainer im Sportverein dich ungerecht behandelt.

Rollenspiel 4
Dein Freund/deine Freundin ist dir in der letzten Zeit aus dem Weg gegangen, und du weißt nicht warum.

Rollenspiel 5
Deine Eltern erwarten von dir, dass du zu Hause mehr Pflichten übernimmst als dein Bruder/deine Schwester.

Rollenspiel 6
Erfinde selbst eine Situation.

Kopiervorlage
....
zum 4. Baustein: Konfliktlösung und Gewaltprävention

Verschiedene Reaktionsweisen

Passiv (unsicher)

1. Die Person wirkt nervös.

2. Ihre Körperhaltung wirkt kraftlos und zurückgezogen.

3. Sie vermeidet Blickkontakt.

4. Ihre Stimme klingt leise und zögernd.

5. Sie tritt nicht für die eigenen Rechte ein.

6. Sie tut, was andere von ihr verlangen.

7. Sie lässt andere Personen Dinge tun, mit denen sie selbst nicht einverstanden ist.

Aggressiv (fordernd)

1. Die Person fixiert das Gegenüber mit dem Blick.

2. Ihre Körpersprache wirkt machtvoll und drohend.

3. Sie spricht laut.

4. Ihre Stimme klingt ungehalten und zornig oder schneidend-sarkastisch.

5. Sie äußert Angst auslösende und bedrohliche Botschaften.

6. Sie missachtet die Rechte anderer.

7. Sie gibt anderen das Gefühl von Minderwertigkeit.

Selbstbewusst (Selbstbehauptung)

1. Die Person hält ihren Körper aufrecht und gerade.

2. Sie behält Blickkontakt.

3. Sie spricht klar und deutlich, die Stimme klingt ruhig und selbstbewusst.

4. Sie achtet die Rechte anderer.

5. Sie lässt sich nicht von anderen zu Handlungen drängen, die sie selbst nicht befürwortet.

zum 4. Baustein: Konfliktlösung und Gewaltprävention

Selbstbehauptung

■ Ruhig bleiben.

■ Die Situation überdenken.

■ Ein inneres Gespräch mit sich selbst führen (zum Beispiel: „Ich bin wütend, aber ich habe mich trotzdem unter Kontrolle.", „Ich kann für mich einstehen.")

■ Aufrechte Körperhaltung.

■ Mit der anderen Person Blickkontakt halten.

■ Mit Klarheit, Entschiedenheit, Ruhe, Selbstvertrauen und Höflichkeit sprechen.

■ Ich-Botschaften verwenden.

■ Das Gegenüber immer respektieren.

Kopiervorlage
zum 4. Baustein: Konfliktlösung und Gewaltprävention

Rollenspiele – Selbstbehauptung

Rollenspiel 1
Du arbeitest mit einer Mitschülerin an einer Gruppenarbeit. Du findest, dass sie nicht ihren Anteil dazu beiträgt.

Rollenspiel 2
Du bist mit einem Mitschüler befreundet. Er spricht oft mit deinem Freund/ deiner Freundin und macht dich damit eifersüchtig.

Rollenspiel 3
Du hast einem Freund/einer Freundin für einen Tag Geld geliehen. Das ist jetzt schon drei Tage her und du hast dein Geld immer noch nicht zurück.

Rollenspiel 4
Du hast dir zusammen mit einem Freund einen Ball ausgeliehen, um damit nach der Schule zu spielen. Dein Freund fängt den Ball nicht auf und er fällt in ein riesiges Gebüsch. Ihr könnt ihn nicht wiederfinden, und du möchtest, dass ihr beide dafür die Verantwortung übernehmt.

Rollenspiel 5
Du hast eine neue Freundin. Du möchtest, dass deine beste Freundin sie näher kennen lernt, aber du hast Angst, dass sie auf deine neue Freundschaft eifersüchtig ist.

Rollenspiel 6
Dein Freund redet andauernd über deine Schwester und macht sie dabei schlecht.

Rollenspiel 7
Erfinde selbst eine Situation.

zum 4. Baustein: Konfliktlösung und Gewaltprävention

Ein Problem lösen

1. Beschreibe das Problem. Mein Problem ist:

_____

_____

_____

2. Was kann ich selbst tun, um das Problem zu lösen?
   Lösungsvorschläge:

_____

_____

_____

3. Frage dich bei jedem Lösungsvorschlag:
   - Ist die Lösung fair?
   - Ist sie sicher?
   - Wird es mir damit besser gehen?
   - Wird es der anderen Person besser gehen?
   - Ist das eine Lösung, in der wir beide gewinnen?
   - Wird die Lösung Erfolg haben?

4. Wähle eine Lösung aus. Beschreibe in einzelnen Schritten, wie du sie verwirklichst:

_____

_____

_____

5. Wähle eine andere Lösung, wenn die erste nicht funktioniert. Was kannst du noch tun, um das Problem zu lösen?

_____

_____

_____

Kopiervorlage
zum 4. Baustein: Konfliktlösung und Gewaltprävention

Einen Konflikt friedvoll lösen

1. Einen angemessenen Zeitpunkt und einen Ort bestimmen, an dem das Problem besprochen werden kann:
Es ist wichtig, dass die streitenden Parteien zur Ruhe gekommen sind und dass ein geeigneter Zeitpunkt und Ort für ein Gespräch gefunden wird. Wenn eine oder beide betroffenen Personen wieder wütend werden oder die Schritte und Regeln für das Gespräch nicht beachten, kann eine Auszeit erforderlich werden, bis das Gespräch wieder neu beginnen kann.
2. Die Grundregeln für das Gespräch befolgen:
   - Das Problem wird in Angriff genommen, nicht die andere Person (keine Beschimpfungen, keine Abwertungen usw.).
   - Offen und aufmerksam zuhören (keine Unterbrechungen, den anderen ausreden lassen).
   - Die Äußerungen der anderen Person respektieren oder nachfragen, um das Gesagte näher zu klären.
   - Sich in die Gefühle der anderen Person hineinversetzen.
   - Über die Gegenwart sprechen.
   - Vorwürfe oder Verallgemeinerungen vermeiden (nicht: „Immer machst du ..." oder „Du tust nie ...").
3. Das Problem beschreiben:
Alle Beteiligten beschreiben,
   - was geschehen ist.
   - wie es ihnen geht.
   - was sie brauchen/was sie sich wünschen.
4. Verantwortung übernehmen:
Alle Beteiligten
   - übernehmen die Verantwortung für ihre eigenen Handlungen.
   - sind bereit, Fehler zuzugeben, wenn sie im Unrecht sind.
   - sind bereit, sich zu entschuldigen und – falls notwendig – Wiedergutmachung zu leisten.
5. Eine Lösung finden, in der jeder gewinnt:
   - Ideen für eine Lösung sammeln.
   - Eine Lösung auswählen, die fair ist und bei der alle Beteiligen gewinnen.
6. Die Lösung in die Tat umsetzen.

Kopiervorlage

zum 4. Baustein: Konfliktlösung und Gewaltprävention

Rollenspiele – Einen Konflikt friedvoll lösen

Rollenspiel 1

Ein Freund möchte immer Basketball mit dir spielen. Er fragt nie danach, was du gerne spielen würdest. Du möchtest gerne Fußball spielen.

Rollenspiel 2

Eine Mitschülerin und du seid dazu bestimmt worden, an einer Gruppen-arbeit zusammen zu arbeiten. Ihr streitet euch um das Thema. Dich interes-siert das Thema „Delfine". Sie behauptet, Delfine wären langweilig, und möchte lieber das Thema „Wale" bearbeiten.

Rollenspiel 3

Du hast dir einen neuen Pulli gekauft. Deiner Freundin gefällt er sehr. Sie kauft sich sofort den gleichen Pullover. Du bist sehr verärgert, dass sie dei-nen Stil imitiert.

Rollenspiel 4

Dein Freund fragt dich dauernd, ob du ihm bei den Mathe-Hausaufgaben hilfst. Du hast ihm schon oft geholfen und bist es leid, dass er sich auf dich verlässt. Du sagst ihm, er soll es allein versuchen. Jetzt ist er böse auf dich.

Rollenspiel 5

Du hast dir von einem Freund/einer Freundin ein Fahrrad geliehen. Schon als du das Rad in Empfang nahmst, fiel dir auf, dass im Reifen nur noch we-nig Luft war. Jetzt ist der Reifen platt. Ihr streitet euch darüber, wer für die Reparatur verantwortlich ist.

Rollenspiel 6

Schreibe ein eigenes Rollenspiel über einen Konflikt, den du selbst erlebt hast.

Kopiervorlage
zum 4. Baustein: Konfliktlösung und Gewaltprävention

Konfliktlösung

Problem

Strategie

Lösung

Schikane

Schikane ist ein unfaires Verhalten, das andere verletzt, einschüchtert und bedroht. Schikane geht einseitig von einer oder mehreren Personen aus und wird meistens wiederholt ausgeübt.

Formen von Schikane

1. Direkt: Von Person zu Person, meistens körperlich oder mit Worten.

2. Körperlich: Jemanden körperlich angreifen und/oder verletzen.

3. Mit Worten: Beschimpfungen, Herabsetzungen, Beleidigungen, Drohungen, Einschüchterung.

4. Indirekt: Nicht von Person zu Person – Tratsch und Gerüchte verbreiten.

5. Ausschluss: Jemanden absichtlich nicht in einer Gruppe (beim Spielen oder in der Schule) mitmachen lassen.

6. Gegen das Geschlecht einer Person gerichtet: Jemanden anfassen, auch wenn er/sie das nicht möchte; Kommentare und Witze über eine Person machen oder jemanden ärgern, weil er/sie ein Junge/Mädchen ist; Gerüchte verbreiten.

Kopiervorlage
zum 5. Baustein: Umgang mit Schikane

Schikane oder nicht?

Schreibe ein „S" neben die Situationen, von denen du glaubst, dass es sich um Schikane handelt.

- ☐ 1. Ein großes Kind schubst ein kleineres immer wieder mit Absicht von der Schaukel.
- ☐ 2. Eine Gruppe von Kindern lässt ein neues Kind nicht beim Fußballspiel mitmachen. Jedes Mal, wenn es fragt, ob es mitspielen darf, wird es von den anderen weggeschickt.
- ☐ 3. Sarah und Miriam sind beste Freundinnen. Jetzt streiten sie darüber, wer beim Monopoly-Spiel an der Reihe ist.
- ☐ 4. Tim ist wütend auf Daniel und beschimpft ihn, weil er nicht zu Tims Geburtstagsfeier gekommen ist.
- ☐ 5. Ein paar Kinder haben Martin die Mütze vom Kopf gerissen, werfen damit herum und geben sie nicht wieder zurück. Martin sagt ihnen, dass sie damit aufhören sollen, aber sie hören nicht auf ihn.
- ☐ 6. Drei Kinder machen sich immer wieder so lange über Christians Brille lustig, bis er anfängt zu weinen.
- ☐ 7. Eine Gruppe von Mädchen läuft in der Pause Jens hinterher, um ihn zu küssen, obwohl er ihnen gesagt hat, dass er das nicht möchte.
- ☐ 8. Patrick und Bernd wetteifern oft im Armdrücken. Eines Tages tut sich Bernd dabei am Ellbogen weh.
- ☐ 9. Immer wenn Volker dazu Gelegenheit hat, zieht er den Mädchen von hinten am BH.
- ☐ 10. An der Bushaltestelle sagen Schüler und Schülerinnen aus der 6. Klasse zu einem gleichaltrigen Mädchen immer wieder sexuelle Schimpfwörter.
- ☐ 11. Ein Mädchen aus der 5. Klasse lässt Zettel herumgehen, auf denen steht, dass Christina für einen bestimmten Jungen in der Klasse schwärmt.
- ☐ 12. Kathrin weiß genau, dass Lena Angst vor Spinnen hat. Sie setzt eine Spinne in Lenas Schultasche.

Kopiervorlage
zum 5. Baustein: Umgang mit Schikane

Interview: Welche Erfahrungen hast du mit Schikane?

1. Hast du selbst Schikane erlebt oder hast du gesehen, wie jemand anders schikaniert wurde?

2. Wann ist das passiert?

3. Beschreibe bitte das Ereignis.

4. Wie hast du reagiert? War es erfolgreich?

5. Warst du alleine oder warst du in Gesellschaft von Freunden?

6. Was taten diejenigen, die den Vorfall gesehen haben?

7. Hättest du aus heutiger Sicht etwas anders gemacht?

8. Welchen Rat gibst du jemandem, der Schikane erleidet?

Das Interview kann unter Mitschülern, unter Schülern und Erwachsenen sowie unter Erwachsenen (Eltern/Lehrer usw.) durchgeführt werden.

Die Ergebnisse können mündlich ausgetauscht oder in Tabellen und grafischen Darstellungen veranschaulicht werden.

zum 5. Baustein: Umgang mit Schikane

Was kann ich bei Schikane tun?

1. Schikane erkennen

Stelle dir diese Fragen:
- Handelt es sich um verletzendes oder drohendes Verhalten gegenüber anderen?
- Ist es einseitiges Verhalten?
- Ist das Verhalten unfair?
- Fühle ich mich selbst in Gefahr?

2. Gegen Schikane vorgehen

- Entscheide, ob es gefährlich oder ungefährlich ist, allein gegen die Schikane vorzugehen.
- Bleibe ruhig.
- Entscheide, welche Strategien helfen könnten.
- Wenn es zu gefährlich ist, gegen die Schikane selbst vorzugehen, oder wenn deine Strategie nicht erfolgreich war, berichte einem Erwachsenen davon und bitte um Hilfe.

3. Schikane vermeiden

- Bleibe immer in der Nähe von Freunden.
- Bleibe möglichst immer in Sichtweite von Mitschülern und Erwachsenen.
- Halte dich nie allein an Orten auf, wo andere dich drangsalieren oder bedrohen könnten.
- Biete dich niemals als Zielscheibe für Schikane an.
- Provoziere die anderen nicht und tue nichts, was die Situation verschlimmern könnte.
- Gib nicht damit an, dass du viel Geld oder besonders schöne Sachen hast.
- Stärke dein Selbstvertrauen. Beschäftige dich mit Dingen, die du gut kannst und mit denen du dich wohl fühlst.

Kopiervorlage
zum 5. Baustein: Umgang mit Schikane

Sicher oder gefährlich?

Diese Fragen helfen dir zu entscheiden, ob es sicher ist, gegen Schikane selbst vorzugehen:

1. Ist die Person, die dich schikaniert, älter oder stärker als du?

2. Sind es mehr als eine Person?

3. Sind Freunde von dir in der Nähe, die dir helfen können?

4. Wie weit bist du vom nächsten Erwachsenen entfernt?

5. Fühlst du dich selbstbewusst genug, um der Person/den Personen, die dich schikanieren, entgegenzutreten?

6. Glaubst du, dass du alleine Erfolg haben wirst?

7. Hast du das Gefühl, in einer Falle zu stecken?

8. Ist diese Situation sicher oder gefährlich?

zum 5. Baustein: Umgang mit Schikane

Gegen Schikane: allein oder mit Hilfe?

Lies jede der folgenden Situationsbeschreibungen durch. Entscheide, ob du selber handeln würdest, um gegen die Schikane vorzugehen, oder ob du einem Erwachsenen den Vorfall mitteilen würdest. Wie begründest du deine Entscheidung?

Situation 1

Das stärkste Kind aus deiner Klasse verstellt dir an der Bushaltestelle den Weg. Es verlangt deine Hausaufgaben. Es droht dir, dich zu verprügeln, wenn du deine Hausaufgaben nicht abgibst.

Selbst handeln ☐   Mitteilung an Erwachsene ☐
Nicht sicher ☐   Beides ☐

Situation 2

Du warst mit drei Mitschülern gut befreundet, aber leider hattet ihr eine Meinungsverschiedenheit. Jetzt schließen sie dich aus gemeinsamen Unternehmungen aus und gehen dir aus dem Weg. Außerdem haben sie Tratsch und Gerüchte über dich verbreitet.

Selbst handeln ☐   Mitteilung an Erwachsene ☐
Nicht sicher ☐   Beides ☐

Situation 3

Ein größeres Kind aus einer höheren Klasse verfolgt dich seit Tagen während der Hofpause. Es hat sich über dich lustig gemacht und dich ausgelacht. Es hat dich bereits zu Boden gestoßen und dich getreten.

Selbst handeln ☐   Mitteilung an Erwachsene ☐
Nicht sicher ☐   Beides ☐

▶▶▶

Kopiervorlage
....
zum 5. Baustein: Umgang mit Schikane

Situation 4

Du bist neu an deiner Schule und kennst deine Mitschüler noch nicht. Einige Kinder deiner Klasse machen sich über dich lustig. Wenn du an einigen Mitschülern vorbeigehst, kichern und lachen sie, zeigen mit dem Finger auf dich und tuscheln.

Selbst handeln ☐   Mitteilung an Erwachsene ☐
Nicht sicher ☐   Beides ☐

Situation 5

In der großen Pause bist du allein in der Schülertoilette. Drei Schüler, die dafür bekannt sind, andere zu drangsalieren, kommen herein, fangen an, dich zu hänseln, und schubsen dich herum.

Selbst handeln ☐   Mitteilung an Erwachsene ☐
Nicht sicher ☐   Beides ☐

Situation 6

Du bist gerade in die Fußballmannschaft eingetreten. In der ersten Trainingswoche schließen sich jeden Tag zwei Mannschaftsmitglieder gegen dich zusammen. Sie stellen dir im Spiel ein Bein, stoßen dich mit dem Ellbogen und sagen Schimpfwörter zu dir.

Selbst handeln ☐   Mitteilung an Erwachsene ☐
Nicht sicher ☐   Beides ☐

Situation 7

Du trägst in der Schule ein Paar Shorts. In der Pause spielst du mit ein paar anderen Kindern Basketball. Gerade als du hochspringst, um auf den Korb zu werfen, zieht dir jemand von hinten die Shorts herunter, sodass jeder deine Unterwäsche sehen kann. Die anderen Kinder lachen und zeigen auf dich.

Selbst handeln ☐   Mitteilung an Erwachsene ☐
Nicht sicher ☐   Beides ☐

Kopiervorlage
zum 5. Baustein: Umgang mit Schikane

Mit Selbstvertrauen gegen Schikane

1. Bleibe ruhig oder versuche, wieder ruhig zu werden.
   - Tief atmen.
   - Stelle dir bildlich vor, was du alles tun kannst, um dich selbst zu behaupten.
   - Führe ein Selbstgespräch, das dich stärkt (zum Beispiel: „Ich kann mich schützen, indem ich mich selbst behaupte.").

2. Setze deine Fähigkeiten zur Selbstbehauptung ein.
   - Vermeide ängstliches Verhalten.
   - Verwende Botschaften an dich selbst (zum Beispiel: „Das ist Schikane und ich will es stoppen.").

3. Stimme der Person zu, die dich bedroht (zum Beispiel: „Klar, du hast Recht. Ich sehe wirklich so aus, als hätte ich vier Augen im Kopf.").

4. Antworte mit Humor (zum Beispiel: „Ja, diese Hosen habe ich im Secondhandladen gekauft. Ich habe dir auch welche mitgebracht.").

5. Wechsle das Thema (zum Beispiel: „Sag mal, gehst du heute Abend zu dem Spiel?").

6. Schmeichle der Person, die dich drangsaliert (zum Beispiel: „Ich habe heute dein tolles Manöver beim Fußball gesehen." Oder: „Ich wollte dir noch sagen, dass Hanna sich für dich interessiert. Sie findet dich nett.").

7. Versuche Täuschungsmanöver. Tu so, als ob du dich übergeben müsstest oder als ob dir schwindelig wäre. Gib vor, dein großer Bruder wäre bei der Polizei oder ein Kampfsportler und würde dich gleich abholen.

8. Frage um Rat (zum Beispiel: „Könnt ihr mir sagen, wo man richtig coole Jeans kaufen kann?").

zum 5. Baustein: Umgang mit Schikane

9. Verhalte dich in freundschaftlicher Weise. Behandle die Person, die dich schikanieren will, nicht wie einen Feind, sondern wie einen Freund. Versuche, sie in ein Gespräch zu verwickeln und über die Situation zu reden. Zeige Mitgefühl und versuche zu verstehen, weshalb die Person sich in dieser Weise verhält.

10. Ignoriere das Verhalten und gehe weg. Wer andere ärgert und bedroht, sucht nach Aufmerksamkeit. Sage „Nein" zu jedem Versuch, dich zu schikanieren. Kommentiere die Situation (zum Beispiel: „Solche Bemerkungen finde ich langweilig. Bis später.").

11. Was immer passiert – weigere dich, dich auf einen Kampf einzulassen. Eine Schlägerei macht alles nur schlimmer.

12. Gib deine Sachen ab. Wenn eine Situation gefährlich ist, ist es klüger, der Person zu geben, wonach sie verlangt.

13. Rufe oder schreie laut. In einer gefährlichen Situation wird der Angreifer durch lautes Schreien abgelenkt. Das kannst du nutzen, um wegzulaufen und Hilfe zu holen.

14. Gehe weg und hole Hilfe bei einem Freund oder Erwachsenen – Eltern, Lehrer, Polizisten oder jemand, dem du vertraust.

Diese Strategien funktionieren nicht in jeder Situation. Versuche einzuschätzen, welche Strategie Erfolg haben könnte. Das hängt von der jeweiligen Situation ab, zum Beispiel ob dich einer oder mehrere angreifen, ob Menschen in erreichbarer Nähe sind, ob du die Angreifer persönlich kennst usw. Probiere auch mehrere Strategien aus.

Was ist Petzen? –

Was ist eine Mitteilung?

Petzen

Wer petzt, sucht nach Aufmerksamkeit und will
andere in Schwierigkeiten
bringen.

Mitteilung

Wer einem Erwachsenen
einen Vorfall von Schikane
mitteilt, möchte, dass er/sie
selbst und andere sicher
sind.

zum 5. Baustein: Umgang mit Schikane

Mitteilung von Schikane

Entscheide, wem du den Vorfall mitteilen willst: Eltern, Lehrer, Verwandte, Polizei usw.?

Entscheide, auf welchem Weg du deine Mitteilung vermittelst: als schriftliche oder mündliche Mitteilung?

Lege einen geeigneten Zeitpunkt und Ort fest, um deine Informationen mitzuteilen.

Deine Mitteilung sollte folgende Informationen enthalten:
■ Wer war beteiligt?
■ Wann ist der Vorfall passiert?
■ Wo hat sich der Vorfall ereignet?
■ Was ist genau geschehen?

Merke dir: Wenn die Schikane nicht aufhört, musst du die Erwachsenen darüber informieren.

Rollenspiele – Mitteilung von Schikane

Rollenspiel 1

Während der ersten Woche des Fußballtrainings wirst du von einem Mitspieler mit Absicht gestoßen. Er stellt dir ein Bein und nennt dich „Blödmann".

Rollenspiel 2

In der Pausenhalle siehst du, wie zwei Kinder versuchen, mit einer Schere die Haare eines Mitschülers abzuschneiden.

Rollenspiel 3

Während der letzten Tage hast du immer wieder Zettel auf deinem Tisch gefunden, auf denen steht, dass du „schwul" wärst.

Rollenspiel 4

Jedes Mal, wenn du an einem bestimmten Kind vorbeigehst, stößt es dich mit dem Ellbogen, boxt oder schlägt dich.

Rollenspiel 5

Ein Mitschüler macht ständig dumme Witze über deine Familie, behauptet, ihr hättet kein Geld, und nennt deine Familienmitglieder „Asoziale".

Kopiervorlage
zum 5. Baustein: Umgang mit Schikane

Jeder ist verantwortlich

Jeder ist dafür mitverantwortlich, Schikane zu stoppen.

Die Mitverantwortung aller hat folgende Auswirkungen:

- Personen, die andere unter Druck setzen, werden daran gehindert, damit weiterzumachen.

- Denjenigen, die andere drangsalieren, wird das Publikum entzogen.

- Personen, die andere zu drangsalieren versuchen, verlieren Macht und Kontrolle über andere.

- Die Opfer von Schikane bekommen Hilfe und Unterstützung.

- Die Einstellung zu Schikane ändert sich, wenn jeder weiß, dass Schikane nicht akzeptabel ist und nicht zugelassen wird.

- Wer als Zeuge bei Schikane eingreift, zeigt, dass jeder dafür mitverantwortlich ist, Schikane zu stoppen.

Warum manche Menschen Schikane ausüben

Es kann verschiedene Gründe dafür geben, weshalb jemand andere Personen unter Druck setzt.

Solche Gründe können sein:
- Eigene Erfahrung als Opfer von Schikane.
- Schwaches Selbstvertrauen.
- Bedürfnis, andere zu beherrschen.
- Geringes Mitgefühl für andere.
- Wenig Kontrolle über die eigenen Gefühle.
- Wenig soziale Fähigkeiten.
- Unfähigkeit, mit den eigenen Gefühlen angemessen umzugehen.
- Schwierigkeiten, Probleme zu lösen.
- Aggression als Mittel, um mit Gefühlen – besonders Wut – umzugehen.
- Aggression als Mittel, um Probleme auszuhalten.
- Suche nach Aufmerksamkeit.
- Gefühl, andere kontrollieren und beeinflussen zu können. Freude am Machtgefühl und am Machtmissbrauch.

Literaturverzeichnis

1. Lebensführung

AKIN, TERRI (2000): Gefühle spielen immer mit – Mit Emotionen klarkommen. Mühlheim an der Ruhr

CANFIELD, JACK (1996): Hühnersuppe für die Seele. München

GAISBACHER, ELFRIEDE (1999): Emotionale Intelligenz im fächerübergreifenden Unterricht – Ich, Liebe, Tod/Trauer. Linz

KAUFMANN, BARRY (2001): Liebe heißt einverstanden sein. Bielefeld

KOHL, RÜDIGER (2000): Spiele, die still machen oder mucksmäuschenstill – Wie ich meine Klasse/Gruppe wieder zur Ruhe bringe. Niederzier

PESCHEL, ANDREAS (1998): Ich bin froh, dass es mich gibt. Neuried

WAGNER, NICOLE (2002): Respekt, Respekt! – Höflichkeit und gutes Benehmen. Mühlheim an der Ruhr

2. Selbstwertgefühl

BUNDESZENTRALE FÜR GESUNDHEITLICHE AUFKLÄRUNG (2002): Achtsamkeit und Anerkennung. Materialien zur Förderung des Sozialverhaltens in der Grundschule. Köln

FARBER, ADELE/MAZLISH, ELAINE (1988): Hilfe, meine Kinder streiten. Ratschläge für erschöpfte Eltern. München

FARBER, ADELE/MAZLISH, ELAINE (1989): Nun, hör doch mal zu. Elternsprache, Kindersprache. München

3. Disziplin und Respekt

BAIER, THOMAS (1997): Some day ... Selbstmanagement-Training mit Jugendlichen. Neuried

DREIKURS/GRUNDWALD/PEPPER (1987): Lehrer und Schüler lösen Disziplinprobleme. Weinheim und Basel

LOHMANN, GERT (2003): Mit Schülern klarkommen. Berlin

SINGER, KURT (1988): Lehrer-Schüler-Konflikte gewaltfrei regeln. Erziehungsschwierigkeiten und Unterrichtsstörungen als Beziehungsschwierigkeiten bearbeiten. Weinheim und Basel

SPREITER, M. (Hrsg.) (1993): Waffenstillstand im Klassenzimmer. Weinheim und Basel

4. Konfliktlösung und Gewaltprävention

CIERPKA, MANFRED (2001): Faustlos, ein Gewaltpräventionsprogramm. Göttingen

LOUGHTON, JENNIFER (2002): Hör doch endlich mal zu. Mühlheim an der Ruhr

SINGER, KURT (2002): Konflikte gewaltfrei lösen. Montessori-Landesverband Bayern

WALKER, JAMIE ([5]2004): Gewaltfreier Umgang mit Konflikten in der Grundschule. Berlin

WARWICK, PUDNEY/WHITEHOUSE, ELIANE (2002): Wut: Ein Vulkan in meinem Bauch. Berlin

5. Umgang mit Schikane

HERBST, JAYA (2002): Schon wieder ich. München

KASPER, HORST (2000): Streber, Petzer, Sündenböcke. Lichtenau

KASPER, HORST (2001): Schülermobbing – was tun wir dagegen? Lichtenau

KASPER, HORST (2003): Prügel, Mobbing, Pöbeleien. Berlin

KLIEBISCH, UWE (1995): Kooperation und Werterhaltung. Mühlheim an der Ruhr

SCHILLING, DIANNE (2000): Miteinander klarkommen – Toleranz, Respekt und Kooperation trainieren. Mühlheim an der Ruhr

STEWART, JAN (1994): Gegen die Spirale von Gewalt und Hass. Neuwied

STEWART, JAN (2002): Wut-Workout – Produktiver Umgang mit Wut. Mühlheim an der Ruhr

6. Mitschüler-Mediation

AUTORENKOLLEKTIV (Redaktion Norbert Diehl) (1997): Streitschlichtung durch Schülerinnen und Schüler. Pädagogisches Zentrum Rheinland-Pfalz, Baden-Baden

FALLER, KURT (2001): Mediation in der pädagogischen Arbeit. Mühlheim an der Ruhr

JEFFERYS, KARIN/NOAK, UTE (1995): Streiten – Vermitteln – Lösen. Lichtenau

MILLER, REINHOLD (1999): „Du dumme Sau" – Von der Beschimpfung zum fairen Gespräch. Lichtenau

MILLER, REINHOLD (1999): „Halts Maul, du dumme Sau" – Schritte zum fairen Gespräch. Lichtenau

WACKMANN, MARIA (1996): Konflikte selber lösen – Trainingshandbuch für Mediation und Konfliktmanagement in Schule und Jugendarbeit. Mühlheim an der Ruhr

WALKER, JAMIE (2001): Mediation in der Schule. Berlin

7. Übergreifende Titel

BAIER, THOMAS (1997): Pubiterror. Neuried

BAIER, THOMAS/ORTH-DAUPHIN, SILKE (2002): Lehrer und trotzdem gut drauf. Neuried

GEBAUER, KARL (1996): Ich habe sie ja nur leicht gewürgt. Stuttgart

GROSSMANN, CHRISTINA (2000): Projekt: soziales Lernen – ein Praxisbuch für den Schulalltag. Mühlheim an der Ruhr

KIRSCHNER, GERHILD (1997): Die Kinder stark machen – Aggressionsabbau durch Persönlichkeitsaufbau. Lichtenau

NEUMANN, URSULA (2003): Wenn die Kinder klein sind, gib ihnen Wurzeln, wenn sie groß sind, gib ihnen Flügel. München

OLWENS, DAN (1997): Gewalt in der Schule. Bern

RÜHL-GÖTZINGER, DORIS (2001): Null bock auf Zoff. Neuried

SCHILLING, DIANE (2000): Miteinander klarkommen. Mühlheim an der Ruhr

SCHOENAKER, THEO und JULITTA (2000): Die Kunst, als Familie zu leben. Freiburg

– Die Cornelsen Akademie –

Ihr Partner, wenn es um Weiterbildung geht!

Mit dem aktuellen und praxisnahen Fort- und Weiterbildungs-
angebot **unterstützt Sie** die Cornelsen Akademie kontinuierlich
und umfassend in Ihrer täglichen Arbeit.
Wir bieten Ihnen als Lehrerinnen und Lehrer sowie als Schulleitung ein umfangreiches Angebot in den folgenden Bereichen:

- Methodenkompetenz
- Medienkompetenz
- Selbstkompetenz
- Sozialkompetenz
- Fachkompetenz

Abgerundet wird unser Fortbildungsangebot durch **SchiLF-
Veranstaltungen**, die individuell auf die Bedürfnisse Ihres
Kollegiums zugeschnitten sind. Teilen Sie uns einfach Ihre
Vorstellungen mit. Wir unterbreiten Ihnen gern ein unverbind-
liches Angebot – schnell, unkompliziert und kompetent.

Wenn Sie „Frieden lernen®" an Ihrer Schule realisieren wollen,
sprechen Sie uns an - wir beraten Sie gern!

**Den Seminarkatalog und/oder eine Beratung erhalten Sie kostenlos
unter folgender Adresse:**

**Cornelsen Verlag
-Akademie-**

Mecklenburgische Str. 53
14197 Berlin

Tel.:   030 / 89 78 52 97
Fax: 030 / 89 78 5 8610
E-Mail: seminare@cornelsen.de
www.cornelsen-akademie.de